Matze Hielscher
Die Schule meines Lebens

MATZE HIELSCHER

## DIE SCHULE MEINES LEBENS

WEISHEITEN UND LEBENSTRICKS VON ZIEMLICH AUSSERGEWÖHNLICHEN MENSCHEN

PIPER

*Mehr über unsere Autoren und Bücher:*
*www.piper.de*

ISBN 978-3-492-06218-3
5. Auflage 2025
© 2020 Piper Verlag GmbH,
Georgenstraße 4, 80799 München, *www.piper.de*
Für einen direkten Kontakt und Fragen zum Produkt
wenden Sie sich bitte an: *info@piper.de*
Satz: psb, Berlin
Gesetzt aus der Arno Pro und der Interstate
Litho: Lorenz & Zeller, Inning am Ammersee
Druck und Bindung: CPI books GmbH
Printed in Germany

# Inhalt

Willkommen in der Schule meines Lebens    10

## WEGWEISER

**Doris Dörrie**
Über den Mut, die eigene Geschichte zu erzählen    18

**Wolfgang Joop**
Über die Herausforderungen eines kreativen Lebens    28

**Anne Will**
Über das Anerkennen des eigenen Erfolgs    42

**Jürgen Vogel**
Über den selbstkritischen Blick    50

**Hazel Brugger**
Über Gelassenheit und den Vorteil davon,
abgestempelt zu werden    60

**Klaas Heufer-Umlauf**
Über die richtigen Fragen und die richtige Haltung    68

**Frank Elstner**
Über noch mehr Fragen und das Loslassen
von Ideen    76

**Katrin Bauerfeind**
Über die Freude der vielen Möglichkeiten und
das Ende der Meckerei								86

**Atze Schröder**
Über die Kunst, sich nicht so wichtig zu nehmen			94

**Fynn Kliemann**
Über den Rausch des Machens							104

## ARBEITSWEISEN

**Hofpause**
Wie ich etwas Neues anfange							114

**Christoph Niemann**
Über Kreativität auf Knopfdruck						120

**Bosse**
Über Freiheit durch Struktur							128

**Kim Frank**
Über den Stolz auf die eigene Arbeit					136

**Madeleine »DariaDaria« Alizadeh**
Über die Herausforderungen der Selbstständigkeit		144

**Giovanni di Lorenzo**
Über Pflichtbewusstsein und Führung					152

**Tim Mälzer**
Über den Sinn des Lebens und das Vertrauen
ins eigene Bauchgefühl								162

**Paul Ripke**
Über Problemlösungen und Pionierarbeit  170

**Hofpause**
Wie monatliche Challenges mein Leben
verbessert haben  178

**Tim Raue**
Über Herkunft, Distanz und die eigene Demut  186

**Clueso**
Über positive Energie und Ausdauer  194

**Christian Ulmen**
Über Objektivität und die Frechheit
der Endlichkeit  204

**Sabine Rückert**
Über Selbstüberwindung und die Schönheit
des Alters  214

## LEBENSWEISEN

**Hofpause**
Meine liebsten Fragen  226

**Nora Tschirner**
Über Auszeiten, Therapien und
den Dorfältestenrat  234

**Sarah Kuttner**
Über das Entspanntwerden  246

**Lars Eidinger**
Über Erfolg und die Sucht nach dem Leben  254

**Titus Dittmann**
Über das Bezwingen von Ängsten  262

**Sibylle Berg**
Über das Retten der Welt im Rahmen
der eigenen Möglichkeiten  274

**Dunja Hayali**
Über Engagement und die eigenen Vorurteile  282

**Kübra Gümüşay**
Über Demut und ständige Weiterentwicklung  290

**Carl Jakob Haupt**
Über die Kunst, ein glückliches Leben zu führen  302

**Benjamin von Stuckrad-Barre**
Über das Schreiben, Freundschaften und
den Zweifel  314

Zum Schluss  328

Danke  334

*Für die Familie*

# WILLKOMMEN IN DER SCHULE MEINES LEBENS

Ich war schlecht in der Schule. Gerade so habe ich die Mittlere Reife geschafft und mich dann in eine Ausbildung zum Lampenverkäufer gerettet. Lange habe ich angenommen, dass es mir besonders schwerfällt, Dinge zu lernen. Ich habe außerdem gedacht, dass ich ganz einfach zu faul bin. Stundenlang saß ich in meinem Zimmer und habe so getan, als würde ich lernen. Meine Eltern haben sich immer gewundert, wie jemand, der so viel am Schreibtisch sitzt, so schlechte Noten schreiben kann. Sie wussten nicht, dass ich heimlich Stephen-King-Bücher gelesen oder Briefe an meine Lieblingsbands geschrieben – und manchmal sogar eine Antwort bekommen habe. Ich habe lieber das Schulradio moderiert und mit Freunden eine Schülerzeitung herausgebracht. Allerdings nicht für die Schule, auf die ich ging, sondern für das Gymnasium im Nachbarort. *Pennetrant* hieß das Meisterwerk. Bis heute ist mir unerklärlich, warum wir Autoren uns Pseudonyme gegeben und zugleich ein Foto von uns auf dem Cover platziert haben ...

Aus dieser Schülerzeitung wurde ein Fanmagazin. Für dieses Fanzine haben wir unsere Lieblingsbands interviewt und uns irgendwann auch selbst Instrumente umgehängt. Unsere Band hieß Virginia Jetzt!.

In den ersten Jahren haben wir alles selbst gemacht: Konzerte buchen, Radios kontaktieren, Platten pressen, die GEMA-Anmeldung, Rechnungen schreiben, durch das Land touren. Das Wissen darüber hatten wir aus unseren Interviews mit unseren Vorbildern. Denn wir haben immer auch danach gefragt, wie sie Dinge angehen und wie das Musikbusiness generell funktioniert. Virginia Jetzt! wurde einigermaßen erfolgreich. Wir hatten einen Plattenvertrag, spielten auf großen Festivals, liefen im Fernsehen und im Radio, gaben Autogramme und konnten gut davon leben. Nach elf Jahren hat sich die Band aufgelöst und ich habe mit meinem Freund Pierre das digitale Stadtmagazin *Mit Vergnügen* gegründet, das heute ein modernes Medienhaus mit vier lokalen Redaktionen ist.

Weder Pierre noch ich haben zuvor in einer anderen Redaktion gearbeitet. Wir haben nicht studiert und, zugegeben, auch eine ziemlich miserable Rechtschreibkenntnis. Doch wir haben wieder Leute befragt, wir haben gelesen, wir haben observiert. Wir wollten ganz einfach wissen, wie das Medienmachen funktioniert. Ich glaube, wir haben es mittlerweile ganz gut verstanden.

Erst mit den Erfolgen von *Mit Vergnügen* konnte ich meine Annahme begraben, dass ich nicht lernen kann und zu faul dafür bin. Ich habe erkannt, dass ich etwas, wofür ich mich wirklich interessiere, am besten ergründe, indem ich es ausprobiere und von denen lerne, die es schon richtig gut machen.

2014 habe ich Podcasts als mein passives Lernprogramm entdeckt. Als leidenschaftlicher Läufer hingen mir meine Musik-Playlists zu den Ohren raus. Mein Freund David hat mir Podcasts als Alternative empfohlen, und ich bin sofort süchtig geworden. Ich habe mich durch Gründergeschichten gehört, habe gelernt, wie man seine Zeit besser einteilt, wie man ein Unternehmen führt, wie man eine Geschichte hörbar macht, wie man seine Beziehungen stärkt und vor allem, wie man Fragen stellt. Ich habe unendlich viele Joggingrunden mit Tim Ferriss, James Altucher, Dax Shepard und Joe Rogan gedreht und dabei viel von ihnen gelernt.

Ähnlich wie zu Schulzeiten musste ich diese Podcast-Sache irgendwann natürlich auch selbst ausprobieren. So habe ich 2016 meinen Podcast *Hotel Matze* gestartet. Die Idee war, das, was ich aus amerikanischen Podcasts kannte – lange, tiefgründige Gespräche –, hierzulande zu machen. Vor dem ersten Treffen habe ich im Internet nach Fotos von Podcast-Aufnahmen gesucht, um zu sehen, welches Equipment meine Helden nutzen, und habe es nachgekauft. Ich habe Fragetechniken studiert, ein Stimmtraining gemacht, habe entfernte Bekannte für erste Tests interviewt und mich immer weiter durchgefragt.

In den letzten drei Jahren habe ich um die hundert Gespräche geführt. Immer mit der Intention, die Weltsicht meines Gegenübers zu verstehen und von ihm oder ihr zu lernen. Ich habe mit Ministern, Sängerinnen, Moderatoren, Unternehmerinnen, Fotografen, Autorinnen, Sommeliers, Influencerinnen und Spitzenköchen gesprochen.

Diese Stunden im *Hotel Matze* gehören, neben denen mit meiner Familie, zu den anregendsten der letzten Jahre. Manchmal bin ich nach einer Begegnung im Hotel noch tagelang aufgekratzt. In den besten Fällen vergessen mein Gast und ich während der Gespräche völlig die Zeit. Mit Benjamin von Stuckrad-Barre wollte ich zum Beispiel anderthalb Stunden sprechen. Als ich die Stopptaste des Zoom-Rekorders gedrückt habe, waren vier Stunden vergangen. Wir hatten wahrhaft die Zeit vergessen. Ein herrlicher Zustand. Danach schrieb ich einem Freund, dass ich mit »Stuckiman« quasi meinen Bachelorabschluss gemacht hätte. Und Anne Will war gefühlt mein Abitur. Man könnte sagen, dass *Hotel Matze* die Schule ist, die ich nicht hatte, aber gebraucht habe. *Hotel Matze* ist meine kleine Schule des Lebens.

Die amerikanische Sozialwissenschaftlerin Brené Brown sagt: »Was wir wissen, ist wichtig, doch wer wir sind, ist wesentlich wichtiger.« Darüber habe ich im *Hotel Matze* viel gelernt, denn durch die Begegnungen habe ich nicht nur etwas über das Leben anderer erfahren, sondern konnte auch mich selbst besser verstehen. Denn im Gegenüber findet man immer auch sich selbst wieder.

Ende 2018 habe ich mit meiner Frau und meinem Sohn eine Auszeit in Kalifornien genommen. Eines Morgens bin ich los, um am Strand von Oceanside eine Runde laufen zu gehen. Statt den neuesten Podcast zu hören, habe ich eine alte *Hotel Matze*-Folge gestartet. Ich lief Richtung Pier, als mir Tim Raue erklärte, warum er sich siezen lässt. Immer wieder musste ich anhalten, um mir auf dem Handy eine Notiz zu machen. Obwohl ich das Gespräch ja selbst vorbereitet, geführt und veröffentlicht habe, hatte ich viel von dem, was mir Tim Raue erzählt hat, vergessen. Die nächsten Tage verbrachte ich mit weiteren alten Folgen und vielen kostbaren wiederentdeckten Weisheiten. Aber dieses Mal schrieb ich mit.

Mit dem Blick auf meine vielen neuen Notizen – und auf meine Vorbilder Tim Ferriss und Howard Stern – wusste ich, dass ich aus meinem Podcast ein Buch machen muss. Also habe ich mich jeden Morgen in die Küche unseres Airbnbs gesetzt und angefangen, die ersten Lektionen in ein Google Doc einzutragen. Ein Jahr später habe ich im nicht ganz so sonnigen Brandenburg weitergeschrieben. Das Ergebnis dieser Arbeit hältst du nun in Händen.

*Die Schule meines Lebens* ist eine Mischung aus Interviewbuch und Inspirationsgeber. Ich möchte ergründen, wie man ein kreatives Leben führt, deshalb sind die meisten der hier zitierten Gäste auch Kreative im weitesten Sinne. Für mich bedeutet ein kreatives Leben jedoch nicht, jeden Tag an einer Staffelei zu stehen. Es bedeutet vielmehr, dass man die Schätze, die man in sich trägt, zum Ausdruck bringt und selbstbestimmt durchs Leben geht. Wie man das macht, wie man mit den Ängsten und Hoffnungen umgeht, die damit verbunden sind, worauf man achten und was man lieber lassen sollte, was hilft und was überhaupt nicht, das habe ich von meinen Gästen gelernt – und hier gesammelt.

Mein Anspruch ist es, im Podcast zeitlose Gespräche zu führen und meinen Gästen maximalen Raum zu geben. Gleiches gilt für dieses Buch, das wie ein Rezeptbuch mit Impulsen für ein kreatives Leben funktionieren soll. Wie beim Podcast kannst du also einfach irgendwo reinklicken beziehungsweise -blättern und loslesen. Die Chronologie der einzelnen Gespräche ist nicht wichtig. Bestenfalls gibt es genau dort, wo du hinblätterst, eine Inspiration, eine Sichtweise oder vielleicht sogar eine Lösungsidee für eine Herausforderung, die dich gerade beschäftigt.

Was mir noch wichtig ist: Niemand außer Anne Will spricht druckreif. Wir alle – allen voran ich selbst – benutzen immer wieder dieselben Wörter (bei mir ist es *sozusagen*), fangen Sätze immer wieder gleich an und sprechen sie nicht zu Ende. Beim Aufschreiben habe ich versucht, das Gesagte möglichst lesefreundlich zu formulieren, ohne in die jeweilige Sprechart einzugreifen – weil ich glaube, dass es sehr wichtig ist, wie jemand etwas sagt. Außerdem habe ich Gedanken zu einem bestimmten Thema zusammengeführt, wenn sie an verschiedenen Punkten in einem Gespräch aufkamen. Aus Gründen der Lesbarkeit habe ich im Text die männliche Form gewählt, die Angaben beziehen sich aber selbstverständlich auf Angehörige aller Geschlechter.

Von Paul Ripke und Wolfgang Joop habe ich gelernt, dass man sich sein ideales Leben herbeiwünschen kann. Und deshalb wünsche ich mir, dass diese Gang von Supertypen auch deine Lehrer werden. Ich wünsche mir, dass du von ihren Lebenserfahrungen und Weisheiten so viel mitnehmen kannst wie ich. Denn würde ich eine Schule eröffnen, stünden diese Menschen vor der Klasse.

Ich sitze ganz hinten und höre zu. Und keine Sorge, du musst nicht mitschreiben. Du kannst meine Notizen haben.

# WEGWEISER

# DORIS DÖRRIE

## ÜBER DEN MUT, DIE EIGENE GESCHICHTE ZU ERZÄHLEN

Ob ich ihr eine Freude machen könne, dafür, dass sie mein Bühnengast ist, habe ich sie vor unserem Gespräch gefragt. Und sie schrieb: Blumen, Blumen, Blumen. Es ist Dezember in München und ich bin gerade auf Live-Podcast-Tour quer durch Deutschland. Natürlich dürfen es für meine heutige Gesprächspartnerin Doris Dörrie keine Tankstellenblumen sein und natürlich auch kein kleines Sträußchen. In einem Blumenladen im Werksviertel werde ich fündig. Die nette Floristin bindet mir einen ansehnlichen Strauß zusammen, damit laufe ich sehr zufrieden zurück zur Location. Weil es keine Vase gibt, nehmen wir einen Sektkübel, und weil der Strauß darin nicht halten will, sammeln wir draußen Steine, um ihn zu fixieren. Die Bühnentechniker schauen ein wenig verwirrt, da ich vermutlich den Eindruck eines leicht verspulten Künstlers erwecke, der ohne *seinen* Blumenstrauß nicht auftreten kann. Ich nehme das mit den Blumen wirklich ernst, denn ich möchte Doris unbedingt eine Freude machen – genau wie sie mir mit ihrem Buch *Leben, schreiben, atmen*. Die Mischung aus biografischen Erzählungen und einer Anleitung zum Schreiben ist mein liebstes Buch aus dem vergangenen Jahr. Doris gelingt darin die beste Kombination in der Kunst: erzählen und inspirieren.

Doris Dörrie ist in Hannover aufgewachsen und zählt zu den bekanntesten deutschen Regisseurinnen. Der Film *Männer* war ihr großer Durchbruch, das ist 35 Jahre her. Er lief in zahlreichen Ländern, Doris bekam daraufhin sofort Angebote aus Hollywood, ging nach L. A., ist dann aber lieber wieder nach München zurückgezogen. Sie hat dreißig Filme gedreht, um die dreißig Bücher geschrieben, so genau weiß sie das auch nicht, ist ja auch nicht so wichtig – dazwischen inszeniert sie Opern und unterrichtet an der Filmhochschule München kreatives Schreiben. Was für eine Karriere!

**Ich habe von Doris Dörrie gelernt, wie man seine Stimme findet, dass man beim Nudelnkochen kreativ sein kann, und warum es sich lohnt, sinnlosen Tätigkeiten nachzugehen.**

## JEDE BIOGRAFIE IST ERZÄHLENSWERT

Der Saal tobt, als Doris und ich auf die Bühne kommen. Sie schwebt regelrecht herein in ihrem roten Anzug. Doris ist eine Meisterin der Inspiration und das sieht man ihr an. Ich frage, was sie mir beibringen würde, wenn ich bei ihr an der Hochschule einen Kurs in kreativem Schreiben belegen würde: »Dann würde ich versuchen, dich dazu zu bringen, erst mal deine Stimme zu finden – also herauszufinden, wie du auf die Welt schaust. Du! Wirklich nur du. Es geht darum, zu begreifen, dass jeder seine eigene erzählenswerte Biografie hat, denn keine Biografie ist langweilig oder zu klein. Jeder trägt einen unendlichen Schatz in sich, der es wert ist, erzählt zu werden. Nur kommen wir uns oft zu klein und zu dies und zu das vor – nicht originell genug, nicht begabt genug, nicht talentiert genug und all die anderen Dinge, die wir nicht sind. Ich würde versuchen, dir beizubringen, wie man genau hinschaut, ganz präzise, damit du merkst: Niemand sonst außer mir sieht die Welt so, wie ich sie sehe.«

# DORIS DÖRRIE

> **Jeder trägt einen unendlichen Schatz in sich, der es wert ist, erzählt zu werden.**

## JUST DO IT!

Doris erzählt von einer Improvisationstheatergruppe aus Kalifornien, die sie als junge Frau im Freizeitheim in Hannover erlebt hat. Sie war so begeistert von den Fähigkeiten der Schauspieler, dass sie sich direkt für eine Ausbildung in dieser Truppe beworben hat. Es klappte und sie wurde angenommen, ihre Eltern haben Doris finanziell unterstützt und so ist sie nach Amerika gezogen. »Ich habe dort gelernt, dass alles ein Handwerk ist. Auch das Schreiben, was es bei uns so immer noch nicht gibt. Und ich habe gelernt, alles erst mal zu versuchen. Diesen Gedanken hat Nike später im Slogan ›Just do it‹ manifestiert. Der Grund, warum ich Professorin geworden und es auch immer noch bin, ist, dass ich diese Ermunterung, die ich damals in Amerika erfahren habe, weitergeben möchte. Weil ich das Gefühl habe, dass in Deutschland zu wenig ermutigt wird. Wir sind so schnell damit, Leute zu kritisieren. Diese prinzipielle Ermunterung, die fehlt mir. Und wenn ich davon nur ein bisschen weitergeben kann, dann habe ich meine Aufgabe erfüllt.«

DORIS DÖRRIE

## ZWEI GRUNDREGELN FÜR DAS SCHREIBEN

Aus der Ferne wirkt es wahnsinnig, dass jemand so viele Bestseller geschrieben hat wie Doris Dörrie. Doch hier auf der Bühne winkt sie ab, als wäre das nichts Besonderes, und behauptet, dass sie jedem das Schreiben beibringen kann. Also los, wie funktioniert es? »Die oberste Regel ist, nicht nachzudenken. Das klingt sehr verwirrend auf den ersten Blick, weil man denkt: Oh Gott, wenn man so viel schreibt, muss man doch so viel nachdenken. Nein. Das Gegenteil ist richtig: Nicht nachdenken und die ganzen Bewertungen ausschalten.
Nun kann man natürlich nicht nichts denken. Das Gehirn denkt vor sich hin und macht, was es will. Aber diese Bewertungen wegzulassen, die Analyse, die Theorie, die Beurteilung – das geht relativ simpel, wenn man sich angewöhnt, möglichst mit der Hand zu schreiben, zehn Minuten am Stück – und immer weiter schreibt und nicht nachdenkt.
Die nächste wichtige und schwierige Regel ist, keine Qualität herstellen zu wollen. Dabei spürt man sehr schnell unser nationales Handicap: Made in Germany. Wir wollen immer, dass alles sehr qualitätvoll ist und Hand und Fuß hat. Aber gutes Schreiben hat erst mal nicht Hand und Fuß, sondern ist sehr sinnlich. Sich davon zu befreien, Qualität herstellen zu wollen, ist eine der wichtigsten Regeln, zusammen mit dem Nicht-Nachdenken. Es ist wirklich unglaublich, was da an Geschichten rauskommen kann.«
Zusammengefasst heißt das: Nicht nachdenken, einfach losschreiben, am besten mit der Hand. Okay.

## ETWAS HERSTELLEN STATT ZU KONSUMIEREN

Doris beginnt ihren Tag mit zehn Minuten ununterbrochenem Schreiben. Sie sitzt mit ausgestreckten Beinen im Bett, hat ein kleines Brettchen auf dem Bauch, darauf liegt ihr Notizbuch – so schreibt sie sich in den Tag.
»Schreiben gibt mir ein Gefühl von Vorhandensein in der Welt und größerer Bodenhaftung, die ich wirklich brauche. Wenn ich länger nicht schreibe, dann komme ich mir schnell vor wie ein abgeschnittener Luftballon. Ich werde dann sehr unleidlich, meine Familie rät mir dann auch zum Schreiben, weil ich sonst diffus unglücklich werde. Das hat auch damit zu tun, dass Schreiben für mich eine sehr einfache Umkehr von Konsum in etwas Kreatives ist. Konsum als etwas, was ich aufnehme, und Schreiben als etwas, was ich herstelle.«
Statt zum hundertsten Mal seinen Instagram-Feed zu durchforsten, kann man während Wartezeiten auch einfach ein Notizbuch nehmen und aufschreiben, was man gerade sieht. Und statt morgens als Erstes aufs Handy zu schauen, könnte man auch erst mal vor sich hin schreiben. Also Handy raus und Notizbuch rein ins Schlafzimmer!

## SCHREIBEN, WÄHREND DIE NUDELN KOCHEN

Doris hat eine beeindruckende Anzahl an Filmen und Büchern veröffentlicht, ihre Tochter allein aufgezogen und parallel an der Hochschule unterrichtet. Wie hat sie es geschafft, so viel zu produzieren?

»Das klingt in Summe alles so imposant. Das ist es aber gar nicht. Ich habe einfach gelernt, sehr schnell zu schreiben. Also zehn Minuten, das musste wirklich reichen, als mein Kind noch klein war. Das war immer die Zeit von Pasta auf dem Herd, al dente acht Minuten. Oder Kartoffeln, zwanzig Minuten, da hatte ich ein bisschen mehr Zeit, und in der habe ich geschrieben – mehr hatte ich erst mal nicht. Ich musste wirklich schauen, dass ich schnell bin. Und das auch jeden Tag machen. Das hat zu einer großen Disziplin geführt. Also mein Kind hat mich zur Disziplin erzogen. Du wirst dich wundern, was da alles entsteht an Material in diesen zehn, zwanzig, dreißig Minuten.«

Kennen wir nicht alle die typischen Ausreden? Dass man ja gern etwas kreativer sein möchte, statt einfach nur den Alltag zu durchlaufen, aber man glaubt, keine Zeit dafür zu haben. *Ich würde ja gern, aber ich schaffe das einfach nicht.* Ich bin mir sicher, dass es viele solcher Nudel-Momente gibt und dass jede und jeder von uns am Tag mindestens zehn Zwischen-Minuten hat, um ein Notizbuch aufzuschlagen und den Stift in die Hand zu nehmen. Und wer weiß, am Ende kommt vielleicht sogar ein ganzes Buch dabei heraus.

## SCHREIB ÜBER EINEN LEHRER

»Eine tolle Übung, die wir an der Uni immer machen, ist ›Schreib über einen Lehrer!‹. Es ist so toll, was da für Geschichten rauskommen, mit diesem unglaublich präzisen Blick von Kindern auf Lehrer. Zum Beispiel die Geschichte von einem Studenten, dessen Lehrer immer etwas Zahnpasta im Mundwinkel hatte. Ein anderer hat immer gespuckt und man sah die Spucketropfen auf dem Tisch vor ihm. Oder die peinlichen Socken. Alles, was Stunde für Stunde für Stunde vor einem auf und ab ging, diese Lehrer und Lehrerinnen. Man lernt bei dieser Übung diesen genauen Blick, also zu begreifen, dass man diesen Blick hat.« Ich muss sofort an meine Musiklehrerin Frau Boinski denken. Eine kleine ältere Frau mit einer Betondauerwelle, die uns Jungs im Stimmbruch gequält hat, indem wir laut vor der Klasse singen mussten. Ein kleiner Schauer läuft über meinen Rücken, vor meinem inneren Auge läuft sofort ein Film ab. Diese Übung geht nicht gut für Sie aus, Frau Boinski.

## FAUL SEIN IST AUCH WICHTIG

In ihrem Buch schreibt Doris davon, dass sie jeden Hängemattenabstand zwischen den Bäumen im Englischen Garten in München kennt, und auf der Bühne sagt sie mit Stolz, dass sie wahnsinnig faul sei. Auch das sieht sie als Ermunterung: »Faulsein ist wichtig. Ich brauche wahnsinnig viel Zeit, in der ich in die Luft gucke. Deshalb habe ich die Hängematte oder die Couch, auf der gar nichts passiert. Ich muss einfach rumliegen wie ein Wal, dann entstehen auch viele Dinge. Ich brauche also die Langeweile, weil dadurch wieder Dinge entstehen.«

## EINE ACHTSAMKEITSÜBUNG: WIE MAN EINEN WALD FEGT

Passend zur inneren Einkehr spielen in Doris' Filmen und Büchern Buddhismus und Zen immer wieder eine Rolle.
Für den Film *Erleuchtung garantiert* hat Doris in einem japanischen Kloster gedreht. Von den Mönchen hat sie eine besondere Übung für mehr Achtsamkeit gezeigt bekommen. Und zwar, wie man den Wald fegt. In ihrem Buch erwähnt sie das in einem Nebensatz. Mich hat diese Übung sofort neugierig gemacht.
»Das ist schon erstaunlich, wenn man den Wald fegt, weil es eine Lektion in kompletter Sinnlosigkeit ist. Das Kloster lag wunderschön außerhalb, dahinter der Wald. Da sind wir jeden Tag hingegangen und haben eine Stunde lang gefegt. Man soll dabei lernen, dass diese Tätigkeit komplett sinnlos ist. Denn alles, was wir tun, ist sinnlos, und wir tun es dennoch. Alles, was sauber war, wird wieder schmutzig, was hoch war, wird niedrig, was schön war, wird hässlich, was lebt, muss sterben. Alles ist ziemlich sinnlos und trotzdem geben wir uns Mühe damit – dieser Gedanke steckt dahinter.«
Und dann zeigt mir Doris auf der Bühne, wie das geht – wie man einen Wald fegt. Sie nimmt den Besen, den ich vorher besorgt habe, macht es ganz langsam und bedächtig vor und schwingt fegend über die Bühne. Dabei sieht sie fast aus wie eine Balletttänzerin. »Wenn ich fege, fege ich, wenn ich einatme, atme ich ein, wenn ich ausatme, dann atme ich aus. Das ist gar nicht so einfach, wenn du versuchst, ganz bewusst zu fegen.«

Als ich mit einsteige, sieht das mit dem Fegen nicht mehr ganz so elegant und selbstverständlich aus. Auch bei dieser Übung kommen Erinnerungen in mir hoch. Ich muss daran denken, wie ich samstags immer die Straße vorm Haus meiner Eltern fegen musste – was ich auch als eine Lektion in kompletter Sinnlosigkeit empfunden habe. Beim Gedanken an diese verhasste Tätigkeit bekomme ich Lust, auch diese Geschichte aufzuschreiben, um mich genau zu erinnern.

Ganz zum Schluss frage ich Doris, was sie auf eine große Plakatwand schreiben würde. Sie muss nicht lange überlegen: »Wann, wenn nicht jetzt?« Mit ihrem Strauß Blumen im Arm verabschiedet sie sich daraufhin in die Münchner Nacht.

# WOLFGANG JOOP

## ÜBER DIE HERAUSFORDERUNGEN EINES KREATIVEN LEBENS

Ich habe schon viele Absagen für Gespräche bekommen, aber die von Wolfgang Joop sind die besten. Er ist einer der bekanntesten deutschen Modedesigner. Seit den frühen Achtzigerjahren weiß jeder von Mailand bis New York, der sich ein bisschen mit Mode auskennt, wer Wolfgang Joop ist. In den letzten Jahren ist seine Bekanntheit darüber hinaus gewachsen, weil er Juror bei *Germanys Next Topmodel* war. Dabei wurde deutlich: Egal in welcher Umgebung Wolfgang sich auch befindet, durch ihn wird jede Situation ein bisschen tiefgründiger.
Ursprünglich sollte unser Gespräch das erste Interview im Jahr 2019 werden. Perfekter Start also. Ich verlasse gut gelaunt das Büro, als das Telefon klingelt. »Wolfgang Joop hat heute leider keine Lust auf das Interview«, verkündet mir eine seiner Mitarbeiterinnen. Im ersten Moment lasse ich den Kopf hängen, doch dann stelle ich fest, dass das die wahrscheinlich beste Absage ist, die ich je bekommen habe. Jeder hat mal schlechte Laune, doch die meisten Menschen ziehen trotzdem durch und oft werden solche Tage schwierig, vor allem für die Mitmenschen. Was bringt mir also ein schlecht gelaunter Wolfgang Joop, der keine Lust hat, meine Fragen zu beantworten? Und wenn jemand geradeheraus sein kann und keine Ausrede für schlechte Laune haben muss, dann ja wohl ein 74-jähriger Mann. Ich finde es also nicht respektlos, dass er so kurzfristig absagt, ich hätte es eher respektlos gefunden, wenn er es nicht getan hätte.
Ich bleibe dran. Rufe die Mitarbeiterin wieder an, schreibe Mail um Mail – dann kommt endlich ein neuer Termin für den Sommer 2019. Als es so weit ist, notiere ich neue Fragen, packe wieder meine Tasche und breche auf. Dieses Mal bin

ich schon auf dem Weg zur S-Bahn, als das Telefon klingelt. Leider ist der Pool übergelaufen, Herr Joop kann wieder nicht. Schade. Nach ein paar Wochen melde ich mich wieder. Inzwischen ist Wolfgang Joops Autobiografie *Die einzig mögliche Zeit* erschienen. Wir vereinbaren einen neuen Termin. Zwei Tage vorher lese ich, dass er sich den Fuß gebrochen hat. Absage Nummer drei. Ab hier übernimmt sein langjähriger Lebens- und Geschäftspartner Edwin Lemberg die Kommunikation und es beginnt ein heiteres WhatsApp-Pingpong, das über Monate andauert. Irgendwann ist das Jahr 2019 vorbei und ich habe das Gefühl, langsam kenne ich Wolfgangs Kalender. Ich weiß, wann er auf Ibiza oder Sylt ist und wann sein Physiotherapeut kommt. Als wir endlich einen neuen Termin gefunden haben, kommt Corona. Natürlich denke ich, dass Wolfgang Joop als Risikogruppen-Mitglied wieder absagen wird. Doch weit gefehlt. Von einem Virus lässt sich ein Joop doch nicht aufhalten.

Wir verabreden uns für einen Dienstag. Montag schreibt mir Edwin, dass das Wetter schlecht werden soll, ob wir nicht Mittwoch sprechen wollen, und dann wird es Donnerstag. Das Wetter ist perfekt. In der Bäckerei *Du Bonheur* in der Brunnenstraße kaufe ich Kuchen. Als ich in Wolfgangs Villa in Potsdam-Bornstedt ankomme, ist auf der Terrasse schon der Kaffeetisch gedeckt. Der gut aussehende Edwin begrüßt mich. Er warnt mich vor den Hunden und freut sich auf den Kuchen. Wolfgang kommt auf die Terrasse geschlendert und es ist gleich eine Vertrautheit da. Er will mir die Hand geben, ich bin lieber vorsichtig und wir begrüßen uns mit den Ellbogen. Wolfgang erzählt mir von seiner ersten Panikattacke, bevor ich überhaupt dazu komme, meinen Rekorder anzumachen. Es ist sofort klar: Der lange Weg hierher hat sich gelohnt.

**Ich habe von Wolfgang Joop gelernt, wie er die Zukunft entwirft, was es bedeutet, ein kreatives Leben zu führen, und dass die Leerstellen unserer Seele ein Geschenk sind.**

## ETWAS MACHEN, WAS ES NICHT GIBT

Wolfgang setzt seine große Sonnenbrille auf, nimmt ein Stück Kuchen. Ich stelle meine ersten Fragen. Er antwortet sehr gedankenflüchtig. Ich weiß nicht immer, wohin er inhaltlich will. Aber das macht nichts.
»Ich habe meinen Beruf nicht gelernt, den gab es vorher nicht. Uns gab es nicht, die Jil Sanders, die Helmut Langs, die Karl Lagerfelds – die deutschen Modeleute. Doch auf einmal gab es diese Generation von Supernoven – zu denen ich gehörte.« Jeder, der sich ab und zu mit Mode beschäftigt, kennt diese Namen. Sie sind wirklich Supernoven. Sich in solcher Gesellschaft zu wissen, ist doch irre. Und dass dieser Wolfgang Joop jetzt tatsächlich vor mir sitzt, auch.

## WIE ENTWIRFT MAN DIE ZUKUNFT?

Die Vögel zwitschern, manchmal bellen die Hunde. Jegliche Hektik wirkt hier weit entfernt. Auch wenn dieser Ort eine große Ruhe ausstrahlt, gibt es bei Wolfgang Joop selbst keinen inneren Ruhezustand. Wenn man einmal am Puls des Zeitgeistes war, will man nie wieder davon weg. Gerade jetzt, wenige Wochen nach dem Ausbruch von Corona, ist die Frage, wohin sich der Zeitgeist entwickeln wird, für einen Kreativen aufregend und aufreibend zugleich. Joop designt hier in seinem Arbeitszimmer seine Antwort darauf: »Wenn ich jetzt eine Kollektion für den Sommer 2021 entwerfe, will ich mich fast wehren, so weit zu denken, denn es kann so viel passieren, und wenn dieser Sommer 2021 eintritt, dann bin ich vielleicht nicht mehr richtig. Das kann ich nicht vorfühlen. Ich frage mich also, wie übersetze ich meine Emotionen in eine zeitgemäße Kunst, in eine zeitgemäße Mode? Der Zeitgeist ist jetzt verstört, also wie reagiere ich? Mit Mut und Übertreibung? So wie man sich Horrormasken aufsetzt, wenn die bösen Wintergeister vertrieben werden sollen? Oder mache ich es traditionell? Will man die alte Welt wieder? Will man sie restaurieren? Ich weiß nur eins: Frauen, die aus dem Konzentrationslager kamen, fast verhungert, beinahe schon gestorben, wollten, nachdem sie eine warme Dusche hatten, sich einmal ausschlafen und essen durften, ein schönes Kleid.«

Joop mag es, mit seinen Erkenntnissen zu provozieren. Er ist 1944 geboren und hier auf dem Anwesen aufgewachsen. In seiner Biografie erzählt er von der engen Verbindung zu seiner Oma, seiner Mutter Charlotte und zu Tante Ulla. Sein Vater war längere Zeit in Kriegsgefangenschaft. Wolfgang Joop hat acht Dekaden als Beobachter und Übersetzer des Zeitgeistes durchlebt.

»Du musst dir klar werden: Wo sind wir gerade gelandet und wo kann es hingehen? Kommt eine zweite Epidemie?

Kommt Corona zurück, wenn die Maßnahmen gelockert werden? Das sind die Fragen, die ich mir jetzt stelle und versuche zu beantworten. Also frage ich jetzt keinen Boutique-Besitzer, keinen Modeheini – denn der weiß ja auch nicht, wie es aussieht, wenn seine Tür wieder aufgeht –, sondern ich frage einen Arzt. So einfach ist das.«

## DER HOCHSTAPLER

Während der Vorbereitung auf unser Gespräch ist mir aufgefallen, wie sehr sich Wolfgangs Sprache über die Jahre verändert hat. Irgendwie hat sie auch immer in die jeweilige Zeit gepasst. In den Achtziger- und Neunzigerjahren sein breites Grinsen, die große Klappe, das Lebensbejahende. Der Überfluss. Irgendwann wurde sein Ton leiser und wahrhaftiger. Ich spreche ihn darauf an.
»Ich hatte früher sehr viel Lampenfieber. Ja, wirklich. Das dachten die Leute nie, aber ich hatte kein Papier in der Tasche, kein Diplom, kein gar nichts – nichts, was ich irgendwie formell vorlegen konnte. Ich kam mir manchmal vor wie ein Hochstapler. Mein eigener Erfolg und mein eigenes Glück kamen mir manchmal unheimlich vor und ich dachte, das stimmt doch alles gar nicht. Ich hatte noch so eine bürgerliche Erziehung in mir. Wenn du schlecht in Mathe bist, dann wirst du Straßenfeger, dann wird nichts aus dir. Das wurde mir immerzu eingetrichtert. Wenn ich ein Interview gegeben habe, dachte ich immer, ich muss was kompensieren. Ich muss das mit meiner Art kompensieren irgendwie.«

## KUNST UND KOMMERZ

Der Durchbruch kam für Wolfgang Joop mit seiner ersten eigenen Pelzkollektion. Anfang der Achtzigerjahre wollte plötzlich jeder auf den rasenden Joop-Zug aufspringen. Sein Nachname in Versalien mit dem Ausrufezeichen dahinter wurde zur Marke – JOOP!. Am bekanntesten war wohl sein Damenparfüm, für das er mit seinem Gesicht geworben hat. Das gab es vorher noch nicht, dass ein Mann für einen Frauenduft wirbt. Joop durfte alles und machte alles: Taschen, Schuhe, Brillen, Uhren, Möbel, Jeans. Durch sein Lizenzgeschäft wurde er sehr wohlhabend. Er zog nach New York in ein Penthouse. Die Fotos aus dieser Zeit zeigen einen Lebemann, der offensiv und zuversichtlich zwischen den ikonischen Models dieser Zeit lächelt und zum Prototypen des erfolgreichen Deutschen wurde. Irgendwann wollte Wolfgang Joop dieses Klischee nicht mehr bedienen, denn eigentlich wollte er ja Maler werden. Sein riesiger Erfolg als Modedesigner ist ihm irgendwie dazwischengekommen.
»Mein ganzes Selbstbild war nicht mehr okay. Ich wollte damals lieber – das war mein Ehrgeiz – anerkannt werden von der Avantgarde. Das Motto lautete: Fuck the Millions. Da merkten meine Partner: Der will nicht nur Geld, der will was anderes. Also waren da auch massives Misstrauen und die Angst, dass ich das Geschäft kaputt machen könnte. Ich war deprimiert, ich wollte Künstler sein, wenigstens in der Fashion. Maler konnte ich nicht mehr sein, das hatte ich aufgegeben. Ich wollte Anerkennung als Avantgarde-Designer. Aber du kannst nicht reich und berühmt sein und Avantgarde. Das sind eben Gesetze. Wir glauben eher einem Maler,

der leidet, als einem, der hier frech mit einem Porsche rumgeiert.«
Wolfgang wollte unbedingt zu denen gehören, die er selbst bewundert hat. Also verkaufte er seine eigene Firma, sogar seinen Namen und gründete das Label *Wunderkind*. Mit dieser Marke hat er Mode und Kunst zusammengebracht.

## ÜBER ILLUSIONEN

In seiner Biografie gelangt Wolfgang zu folgender Selbsterkenntnis: *Ich kann nur tun, was mir wie von selbst gelingt, und gelingt mir etwas, bin ich froh darüber. Konflikte, die Künstler zu Künstlern machen, halte ich mir in meiner Arbeit vom Leib. Mit allen Mitteln bin ich der, der ich bin.* Ich lese ihm die Stelle vor, er nickt stolz. »Ja, weißt du, das stimmt wirklich sehr. Es ist wichtig für mich, immer zu wissen: Das bin ich. Lehn dich nicht so weit aus dem Fenster und begib dich nicht auf ein Terrain, wo du grotesk wirkst und wo dir der Boden weich wird. Das ist genau die Sache, die ich mir auch schmerzhaft beigebracht habe. Es tut manchmal weh, Illusionen über sich selbst aufzugeben. Aber es lohnt sich, denn manchmal hält man sich viel zu lange mit der Unwahrheit auf.«
Ich frage mich, ob das etwas ist, was man nur durch Lebenserfahrung erlernen kann: das Aufgeben der Annahmen über sich selbst. Mich faszinieren Menschen, die alle Illusionen hinter sich lassen und sich der eigenen Wahrheit stellen.

## WAS BEDEUTET ES, EIN KREATIVES LEBEN ZU FÜHREN?

Als Kind durfte Wolfgang oft nicht raus, weil er starke Allergien hatte. Man hat ihm dann oft Stifte und Blätter gegeben, so hat er ganz früh angefangen zu zeichnen. Sein erstes Geld verdiente er mit kleinen Fälschungen der Gemälde alter Meister, seine ersten Jobs hatte er als Modezeichner für Frauenzeitungen, die nach seinen Entwürfen Schnittmuster anfertigten. Bis heute kann er allerdings keinen Knopf annähen. Ich frage ihn, was es für ihn bedeutet, ein kreatives Leben zu führen?

»*It can be a pain in the ass*, das kann es wirklich sein. Ich bin traurig und dankbar zugleich, dass ich nicht dieses klischeehafte Künstlerleben führen musste. So wie Francis Bacon, Lucian Freud oder auch Lars von Trier zum Beispiel – die alle mit Depressionen zu kämpfen haben und der Depression nur entfliehen können, indem sie ihr Werk schaffen. Ich bewundere Leute wie Stephen Hawking oder Sigmund Freud, deren Körper zerfiel, doch ihr Geist trug sie in einer Frische weiter. Das ist unglaublich. Aber dazu war ich nie bereit. Ich war nie bereit, so viele Schmerzen zu ertragen für dieses eine Werk. Lieber habe ich mich irgendwann abgewandt und ein anderes Talent gerufen. Ich habe multiple Talente. Keins ist groß genug, um langfristig allein zu bestehen, doch alle zusammen kriegen auch was hin.« Ich frage ihn, wann er seinen Frieden mit sich schließen konnte. Sein Antwort ist so einfach wie brutal:

WOLFGANG JOOP

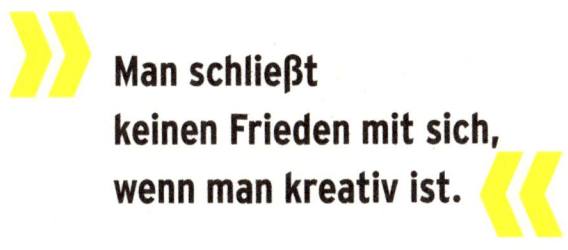

**» Man schließt keinen Frieden mit sich, wenn man kreativ ist. «**

## DIE LEERE STELLE IN DEINER SEELE IST EIN GESCHENK

Wir sitzen einander gegenüber, haben schon über eine Stunde gesprochen. Ich frage Wolfgang, wie viel Zeit ich noch habe, und er entgegnet: » So viel du willst. « Also spreche ich ihn auf ein Zitat über die Leerstelle der Seele von Simone Weil an, das er in seinem Buch aufgegriffen hat.
» Es ist mir in einem ganz seltsamen Moment begegnet. Ich hatte eine Schreibblockade. In solchen Momenten rufe ich manchmal lautlos um Hilfe. Also man könnte beinahe sagen, ich rufe irgendeinen Gott an. Ich glaube an diese kreative Kraft. Besonders, wenn man sich die Unordnung des Universums anguckt, dieses Chaos. Alle Formen darin gibt es immer wieder, sie sind also doch irgendwie übergreifend geordnet. «
Wolfgang erzählt weiter, wie er verzweifelt in seinem New Yorker Penthouse stand. Er hat den Arm mit geschlossenen Augen ausgestreckt, ein Buch aus dem Regal genommen und wahllos eine Seite aufgeschlagen. So fand er das Zitat von Simone Weil, das ihn nicht mehr losgelassen hat: » Simone Weil hat gesagt: ›Die leere Stelle in deiner Seele ist das

größte Geschenk von Gott, weil du sie selbst füllen musst – womit du willst: mit Religion, mit Liebe, mit Arbeit.‹ Das bedeutet, dass du in dich hineinhorchen solltest. Guck dich an, spiegel dich selbst. Du siehst, in dir ist dieses Chaos, genau wie da oben im Universum. Irgendeiner bewältigt es und das bist du. Deine Seele bewältigt das Chaos, das in dir steckt. Es ist nicht nur die Ratio. Es ist auch die Emotion, die sagt: Jetzt ist Schluss damit. So können wir nicht weitermachen, sonst kannst du ja gleich von ner Klippe springen. Und diese leere Stelle, die spürt der Künstler noch viel deutlicher. Da ist doch eine Aufgabe, die du nicht erledigt hast.«
Seine Augen sind hinter der Sonnenbrille verborgen, die Eindringlichkeit hinter seinen Worten spüre ich trotzdem. »Ich weiß, dass ich vielleicht noch viel weiter gekommen wäre und vielleicht eine noch befriedigendere Karriere gemacht hätte – für den Preis, auf anderes zu verzichten. Aber ich wusste nicht genau, mit was ich sie auffüllen sollte, diese leere Stelle.«
Die Vögel zwitschern immer lauter. Hinter uns geht langsam die Sonne unter. Wolfgang lebt auf Gut Bornstedt, dem Grundstück seiner Vorfahren. Den alten Stall hat er in eine geschmackvolle Villa umgebaut. Ich schaue auf den gepflegten Garten, die kleinen Bäume, am Ende des Grundstücks ist ein kleiner See, dahinter beginnt der Park Sanssouci. Ich kann kaum glauben, dass vor mir einer der wichtigsten deutschen Modedesigner sitzt und seine Karriere als nicht ganz befriedigend empfindet. Mein Herz wird schwer und das von Wolfgang auch. Seine Stimme wird noch dunkler, noch eindringlicher, er spricht jetzt langsamer. Jedes einzelne Wort ist genau gewählt. Er spricht für mich, für jeden, der zuhört,

und auch für sich selbst: »Denk über dich nach und fühle, dass da irgendwas nicht besetzt ist. Da wartest du doch auf irgendwas. Was ist es? Auf was wartest du? Denn du kannst mir nicht erzählen, dass du so verzweifelt bist, dass du nicht auf Rettung wartest. Wagst du es also, dir die ehrliche Antwort zu geben?«
Ich frage Wolfgang, was er an seiner Leerstelle gefunden hat. Nach kurzer Stille antwortet er: »Sie ist noch frei.«

## WAS IST DEINE LEBENSAUFGABE?

»Ich hätte beinahe gesagt, die wichtigste Aufgabe wäre gewesen, dass alle unheimlich glücklich miteinander sind, die zu mir, zu meiner Familie gehören. Dass alle ihr Lebensglück gefunden haben, *with a little help from Papa*. Aber nein, das ist überhaupt nicht meine Aufgabe. Jeder ist für sein eigenes Glück verantwortlich. Eine Beziehung wird nie funktionieren, wenn der eine sagt: Du musst mich glücklich machen. Nein, mach dich selber glücklich, dann kann ich dich auch glücklich machen. Dann kann ich dir dabei helfen. Mehr ist nicht drin. Ich bin ziemlich zufrieden, denn Glücklichsein halte ich für einen euphorischen Moment, der vergeht. Zufriedenheit ist etwas anderes als Glück. Und Mode ist auch kein Kleidungsstück. Mode ist eine Zeit, eine begrenzte. Und wenn du aus der Zeit rausfällst, bist du einfach grotesk. Du musst dich in deiner Zeit aufhalten und in dieser Zeit das erledigen, was du erledigen kannst. Du kriegst kein Nachsitzen.«

## KEINE AUSREDEN

Ich frage Wolfgang, was er hoffnungslosen Künstlern sagt, die in Krisenzeiten und darüber hinaus nicht kreativ sein können. Er wird streng: »Dann hast du wahrscheinlich nichts zu sagen. Wenn du jetzt denkst, es macht keinen Sinn, dann hast du wahrscheinlich recht. Dann hast du kein Talent und es existiert keine Notwendigkeit. Wer schreiben will, der wird schreiben. Viele Leute sagen: Ich komme einfach nicht dazu, weil ich ein Kind habe. Dann schreib doch nachts! Paula Modersohn-Becker war in Paris und hat gehungert, weil sie malen wollte. Sie musste ihren verhassten Ehemann um Geld anbetteln und sie musste zum Schluss zurückgehen nach Worpswede, weil sie nicht überleben konnte, und sie hat trotz allem wunderbare Bilder gemalt. Das mein ich damit. Wenn du was zu sagen hast, sag es, schreib es auf. Und wenn du malen willst, dann mal und du wirst malen, aber wenn du kein guter Maler bist, dann malst du vielleicht besser nicht.«

Bei diesen Worten muss ich an einen Ausspruch des Künstlers Christian Hoosen denken: »Kapitalismus kennt Krise, Karriere kennt Krise, Kunst kennt keine Krise.«

## WIE WÜNSCHT MAN SICH ETWAS?

Wenn man ein Kind fragt, was es sich wünscht, dann hat es sofort eine oder mehrere Antworten parat. Doch irgendwann sagen ihm die Erwachsenen, dass es jetzt genug sei und dass man ja schon genug habe. Später trauen wir uns dann

nicht mehr, unsere wahren Wünsche zu äußern, verlernen vielleicht sogar, sie zu kennen. Wolfgang Joop glaubt an die Kraft des Wünschens und des Betens. Wie funktioniert das? »Sag den Namen, sagt der Exorzist. Du musst den Namen des Teufels sagen, oder der Teufel, der Dämonen, die dich besetzen. Und so geht das mit Wünschen auch. Sag ihn, sag ihn laut, sag ihn deutlich. Warte nicht darauf, dass der liebe Gott deinen Wunsch entdeckt. Sag es ihm.«
Am liebsten würde ich Wolfgang umarmen und sicher würde er es auch zulassen. Große Bekanntheit und viel Geld bedeuten im Grunde nichts, wenn man nicht für das geliebt wird, was man eigentlich sein will. Ich bewundere ihn dafür, dass er da so klar ist und sich traut, das auch zu äußern. Wir drehen eine Runde durch sein Haus. Wolfgang zeigt mir seinen Schreibtisch, an dem er mit dem Zeitgeist tanzt. Die Buntstifte von Caran d'Ache sind überall verteilt. Entweder sucht er noch die passende Farbe oder die Zukunft wird bunt.

# ANNE WILL

## ÜBER DAS ANERKENNEN DES EIGENEN ERFOLGS

ANNE WILL

Ich fühle mich gut vorbereitet, bin schon zwanzig Minuten vor dem Termin am vereinbarten Treffpunkt. Im Viertel, wo Anne Will ihre Produktionsfirma hat, entdecke ich einen kleinen Park und frage mich, ob sie dort manchmal zum Lunch sitzt und einen Salat isst. Ob sie sich überhaupt eine Mittagspause gönnt? Und ob sie dann allein dort sitzt oder mit Kollegen? In diesem Moment habe ich keinen Schimmer davon, dass ich auf eine riesige Panne zusteuere.
Anne Will gilt als eine der einflussreichsten Fernsehpersönlichkeiten in Deutschland.
Zum Zeitpunkt unseres Gesprächs moderiert sie im zwölften Jahr die Talkshow, die ihren Namen trägt. Dort versammelt sie Schwergewichte aus Politik und Wirtschaft, die vor laufender Kamera ihre zum Teil sehr kontroversen Meinungen diskutieren. Es gibt nicht viele Interviews mit ihr, bis zum damaligen Termin noch keinen einzigen Podcast.
Schon seit 1992 macht Anne Will Fernsehen. Sie machte zum ersten Mal von sich reden, als sie 1999 als erste Frau die *Sportschau* moderierte. Ab 2001 übernahm sie die *Tagesthemen*, diesen Job machte sie bis 2007, dann startete ihre Talkshow, die sie mit ihrer eigenen Firma produziert.
Unser Interview fängt sehr locker an: Anne Will, vornübergebeugt, schaut mich bohrend, aber interessiert an. Sie erzählt vom ersten Mal betrunken sein – ich weiß gar nicht, wie wir darauf gekommen sind –, wir reden sogar über Schweißfüße und sind dabei, immer tiefer in ihre Biografie und Erfahrungen einzutauchen. Das Gespräch ist so launig und tiefsinnig, wie ich es mir wünsche. Bis zu dem Moment, als ich bemerke, dass ich vergessen habe, die Aufnahmetaste meines Rekorders zu drücken – wir sind bereits bei

Minute 25. Mein Kopf wird rot. Die Sicherheit meiner guten Vorbereitung habe ich augenblicklich verloren und gegen große Schweißflecken getauscht. Ich kann nicht wirklich erkennen, wie Anne Will das jetzt findet. Hilft nichts: Wir müssen noch einmal anfangen.

**Ich habe von Anne Will gelernt, dass man sich trauen muss, seinen Lebenslauf als Erfolg anzuerkennen, dass man, wenn man Glück hat, danach richtig arbeiten muss und dass man sich in jungen Jahren auch mal übernehmen darf.**

## WIE GEHT MAN MIT PANNEN UM?

Die peinliche Vorlage mit der Nicht-Aufnahme nehme ich als Aufhänger und frage, wann bei der großen Anne Will mal etwas schiefgegangen ist. Erst fällt ihr nichts ein. Na toll. Schließlich entgegnet sie: »Ich bin ein Freund von Pannen, denn dann merkst du, dass das Ding lebt. Ich moderiere jetzt seit 1992 und habe mir schon früh vorgenommen, mich über jede Panne zu freuen. Ganz am Anfang ist ein Studiogast nicht erschienen, eine Freundin fragte mich nach der Sendung, ob ich Zahnschmerzen gehabt hätte, weil ich so leidend aussah. Da habe ich mir gesagt, dass mir das nicht noch mal passiert.« Immerhin hat Anne Will mich dann noch dafür gelobt, dass ich den Fehler direkt angesprochen habe, weil man so unverkrampft weitersprechen kann, ohne an Anschlussfehler denken zu müssen. Sie empfiehlt, dass man alles, was in so einer Situation schiefgehen könnte, von sich wegschieben sollte. Nach diesem Gespräch habe ich mir lange eine Notiz zwischen meine Fragen gesetzt. Da stand »Aufnahme?!«. Bis jetzt hat sich der Fehler nicht wiederholt.

## MEHR SELBSTBEWUSSTSEIN BEI DER EIGENEN KARRIERE!

Gäbe es einen Wettbewerb für ungebrochenen Blickkontakt, wäre Anne Will Meisterin. Wenn sie dann noch ihre Augenbraue hochzieht, hat sie etwas Überlegenes, sehr Machtvolles an sich. Ihre Kraft ist dabei vollkommen unaggressiv, aber eben wirkungsvoll. Sie bestimmt, sie ist klar und hier (und überall sonst) eine Anführerin, die keine Probleme mit mangelndem Respekt des Gegenübers haben dürfte. Und sie setzt sich dafür ein, dass andere einen ähnlichen Weg gehen wie sie – das macht sie noch ein bisschen größer: »Frauen kämpfen noch immer um den gleichberechtigten Zugang zu Führungspositionen. Ich begreife meine Aufgabe für die Organisation *Pro Quote* darin, dass ich junge Kolleginnen zum Beispiel einlade oder ihnen schreibe und sage, dass ich das gut finde, was sie machen, und sie darin bestärke, weiterzumachen. Das gilt natürlich auch für die jungen Kolleginnen hier in der Redaktion. Ich will helfen, wenn ich merke, jemand verkauft sich unter Wert, und da sind Frauen oft noch viel zu bescheiden in ihren Forderungen. Da unterstütze ich gern, denn Frauen verkaufen ihren Lebensweg oft als eine Abfolge von Zufällen – das finde ich totalen Quatsch. Man sollte hingehen und sich trauen, das Wort Karriere in den Mund zu nehmen, und sagen: ›Ich habe eine Karriere gemacht, und das aus Gründen. Denn ich bin top kompetent und kann das, was ich mache, besonders gut.‹«

## DAS KARRIEREZIEL

Schon vor unserem Gespräch und auch, wie sie sich jetzt gibt, würde ich Anne Will als sehr zielstrebig einschätzen. Interessant ist, dass sie sich in Sachen Karriereplanung eher hat treiben lassen: »Ich hatte keinen Masterplan. Das finde ich immer klasse, wenn Leute das haben und genau wissen, wo sie in zehn Jahren sein wollen. Ich hatte das nicht. Das kann man mir zu Last legen, nach dem Motto: Ich habe mich so treiben lassen. Man kann es aber auch als gesunden Pragmatismus auffassen. Ich habe mir schon immer sehr genau angeschaut, an welchem Punkt ich gerade bin. Ich habe mich gefragt: Mache ich das, was ich mache, noch gern oder sollte ich mich jetzt langsam verändern? Und in den Phasen, in denen ich gemerkt habe, ich müsste jetzt mal was Neues machen, weil mich das, was ich gerade tue, zu langweilen beginnt, da kam dann immer ein Angebot. Insofern habe ich es gold angetroffen und hatte nie Existenzangst, was ich als großes Glück meines Lebens empfinde.«
Man hat zwar nur ein Leben, aber viele Lebensphasen. Statt den einen Plan zu haben, geht es vielleicht eher darum, zu wissen, in welcher Phase man sich gerade befindet und ob das Hier und Jetzt so noch richtig für einen ist: »Ich habe mich gegen die meisten Dinge entschieden, da wusste ich aber auch immer, warum. Ich wollte Dinge machen, in denen ich mich richtig aufgehoben fühle. Und das ist für mich

eher im seriösen Journalismus als im Unterhaltungsfach. Das ist nicht mein Interesse, das ist nicht mein Talent.«

## NACH GLÜCK KOMMT KÖNNEN

Anne Wills Erfahrung zeigt auch: Wenn glückliche Umstände dich auf die richtige Spur bringen, dann musst du arbeiten, um dort zu bleiben und weiterzukommen. Ihr persönlicher »Glücksmoment« war, als Gabi Bauer – ihre Vorgängerin bei den *Tagesthemen* – schwanger wurde und nicht in den Job zurückkehren wollte.

»Insofern war es Glück, dass sich eine Lücke zeigte – es wurde eine neue Moderatorin gesucht und ich wurde für den Job ausgewählt. Dann habe ich den Job aber auch voll genommen. Ich habe mir vorgenommen, diese Chance zu nutzen. Ich sagte mir: Da will ich mich etablieren, das will ich richtig gut machen. Und das war dann mein Anteil, das ist nicht mehr Glück, das ist Können, das ist Erfahrung, das ist Sich-Fortentwickeln, das ist am Job Wachsen.«

## WAS, WENN MAN ZU VIEL MACHT?

Von 1999 bis 2001 moderierte Anne Will die *Sportschau* und berichtete 2000 von den Olympischen Spielen in Sydney. In dieser Zeit hat sie ihr großes Hobby Sport zum Beruf gemacht. Sie erzählt mir, dass sie froh war, beides nach dem Ende der *Sportschau* wieder trennen zu können – sie fand diese Erfahrung aber sehr wertvoll:

»Man muss aufpassen, dass man sich nicht überfordert und zu viel macht. Ich finde aber, man darf auch aufpassen, dass man nicht zu wenig macht. ==Wenn du dich in einem Beruf durchsetzen willst und du dir da echt was erobern willst, darf man sich auch mal echt reinschmeißen.== Besonders, wenn man jung ist. Ich fand das eine super Zeit nach dem Volontariat. Ich war 26, als ich angefangen habe, als freie Mitarbeiterin zu arbeiten. Damals hatte ich mich noch nicht entschieden, wohin es gehen soll. Ich wollte eigentlich ins Radio, das fand ich schöner. Mein damaliger Chef hat mich gefragt, ob ich mal eine Moderation im Fernsehen ausprobieren will. Ich habe mich erst geziert, dann habe ich das aber gemacht. Er fand es super und ich fand es doof, trotzdem hat er mich als Moderatorin eingesetzt. Dann habe ich morgens eine Live-Berichterstattung mit Ü-Wagen im Radio gemacht, mittags einen Beitrag produziert und am Abend eine Fernsehsendung moderiert. Ich habe gearbeitet wie blöde. Fand das aber eine Zeit lang total klasse, weil ich herausfinden wollte, wofür ich eigentlich gebucht werde. Was bin ich wert, was kriege ich für mich an unterschiedlichen Formen und Formaten ausprobiert? Ich war total begeistert. Das habe ich eine Weile durchgezogen, bis ich gemerkt habe, dass ich total erschöpft war und nicht besser wurde, je mehr ich machte. Es war viel wichtiger, sich zu konzentrieren und zum Beispiel an meiner Interviewtechnik zu arbeiten. Damit habe ich mich also wieder umentschieden. Ich habe immer viel gearbeitet. Das darf bei einem jungen Menschen echt sein, dass der richtig reinhaut.«

Da stimme ich Anne Will voll zu, denn wie soll man sonst wissen, was einen auch unter großer Belastung noch erfüllt?

Ich hatte das Glück, dass ich mich im Grunde nie fragen musste, was ich mal werden will – es hat sich einfach alles irgendwie gefügt. Doch auch innerhalb bestimmter Berufe und Tätigkeitsfelder gibt es so unendlich viele Möglichkeiten – mich hat immer alles interessiert. Nach diesem Gespräch weiß ich, dass viel Machen dabei hilft, ein tieferes Verständnis zu entwickeln, um das große Ganze besser zu erfassen.

Ich bin beeindruckt von Anne Will und zugleich noch immer eingeschüchtert von ihrer Präsenz und ihrem bohrenden Blick. Auch wenn sie ihre Karriere nicht geplant hat, so weiß sie doch ganz genau, was sie will und was nicht. Das funktioniert bei ihr über Erfahrung. Nach unserem Gespräch musste ich erst mal mein verschwitztes Shirt wechseln. So fühlt sich vermutlich eine Abiturprüfung an. Was hätte Anne Will mir wohl für eine Note gegeben?

# JÜRGEN VOGEL

## ÜBER DEN SELBSTKRITISCHEN BLICK

## JÜRGEN VOGEL

Jürgen Vogel liebt Widersprüche. Er spielt in einem Arthouse-Film und macht zeitgleich Werbung für eine große Bank. Er verausgabt sich in der Rolle eines Psychopathen und gibt kurz darauf den sympathischen Familienvater in einem Blockbuster. Er hört am liebsten die Musik von introvertierten Indiemusikern, gleichzeitig liebt er schnelle Autos und bepflanzt mit großer Freude seine Terrasse. Er ist Frauenheld, Grenzgänger, Muskelmann, Zahnlückenträger, Opa und einer der bekanntesten deutschen Schauspieler.
Ich treffe Jürgen Vogel, weil er über eine neue Serie sprechen soll. Ein klassischer Promotermin also. Die Anfrage von seiner PR-Frau habe ich erst zwei Tage zuvor bekommen und versucht, mich in der Kürze gut vorzubereiten. Ich habe ein paar Trailer zu seinen alten Filmen geschaut. *Das Leben ist eine Baustelle* – der erste Film, in dem ich Jürgen auf der Leinwand gesehen habe. *Fräulein Smillas Gespür für Schnee, Der freie Wille, Keine Lieder über Liebe, Die Welle, Ein Freund von mir*. Wikipedia braucht zwei Spalten für all die Filme, in denen Jürgen von 1985 bis 2018 gespielt hat. Darunter sind kleine und große Produktionen, fürs Kino und fürs Fernsehen, dazu sämtliche Filmpreise, die man hierzulande bekommen kann. Jürgen hat schon jede Rolle gespielt: Triebtäter, Draufgänger, Ermittler, Romantiker, Komiker, Held. Er will, dass wir durch sein Spiel begreifen, dass wir vieles zur gleichen Zeit sind: »Wir sind ein Arschloch und fünf Minuten später sind wir für jemanden anderen ein ganz toller Mensch – und das zur gleichen Zeit, an einem Tag. Das bedeutet Menschsein. Herzlich willkommen in der Welt der echten Menschen, die Fehler machen und Arschlöcher sind und auf der anderen Seite ganz toll sind.«

JÜRGEN VOGEL

**Ich habe von Jürgen Vogel gelernt, dass man sich als Künstler überhaupt nicht wichtig nehmen darf, dass man mit dem Alter mehr Kritik annehmen muss und dass man sich bei seinen Kindern entschuldigen sollte.**

## WIE SIEHST DU DICH SELBST?

Jürgen spielt so viele verschiedene Rollen und ist auch sonst ein sehr facettenreicher Charakter. Da wollte ich wissen, wie er sich selbst sieht.
»Am Anfang der Karriere ist man oft sehr egozentrisch. Du willst dich ausprobieren, die und die Rolle noch spielen. Aber irgendwann hast du den Katalog abgearbeitet, irgendwann hast du all diese verschiedenen Figuren, die du dir mal vorgenommen hast, gespielt und dann kommst du ganz komisch zurück, ganz bescheiden und ehrfürchtig und denkst: Es geht am Schluss um den gesamten Film, es geht nicht darum, wie toll *du* das gemacht hast. Diese Art der Eitelkeit ist irgendwann befriedigt, dann denkst du: Ich will den Film – der ist wichtig. Der Film ist wichtiger als die einzelnen Figuren. Ich sehe mich als Handwerker, der versucht, einen Teil dieser Leistung zu erbringen, damit das Gesamtprodukt funktioniert. Ob ich Künstler bin oder nicht, das sollen andere sagen. Ich will ein Teil vom Ensemble sein, der seinen Part in Absprache mit allen anderen übernimmt.«
Jürgen fühlt sich mitverantwortlich dafür, dass die Tonfrau ihren Ton kriegt, der Kameramann sein Bild und dass sich seine Kolleginnen und Kollegen beim Spielen auch wohlfühlen. »Das ist auch meine Verantwortung. Wir sind ein

Team von Menschen, die im Grunde genommen ihren Part bringen, und alles andere, was mit diesem Künstler-Ding zu tun hat, das sollen andere sagen – also ich nicht, weil das finde ich falsch irgendwie.«

## VON WEM NIMMST DU KRITIK AN?

Wer so viel macht, muss sich auch viel anhören. Jürgen unterscheidet hier nach Außenwelt und Innenwelt: »Ich stehe mir vor allem selbst kritisch gegenüber, denn ich finde es ganz gefährlich, den Blick immer nach außen zu richten und mich zu fragen, wie andere mich jetzt finden. Die einzigen Menschen, vor denen ich Rechenschaft ablegen muss, sind meine Kinder und Menschen, die in meiner Nähe sind. Mit denen lebe ich ja, das ist mein Sozialkreis, in dem ich mich bewege. Ansonsten habe ich das nicht, weil da darf mich, kann mich auch keiner beurteilen. Das mache ich ja mit anderen auch nicht. Diese Sicht der Beurteilung habe ich ehrlich gesagt auch gar nicht. Dieses Gen fehlt mir. ==Mich selbst immer mit den Augen der Gesellschaft zu beobachten – das ist mir wirklich kackegal.==«

## WARUM SOLLTE MAN SICH IM ALTER IMMER MEHR INFRAGE STELLEN?

Ein anderes Gen, das Jürgen auch fehlt, ist das fürs Jammern. Er strahlt eine große Gelassenheit und Selbstsicherheit aus. »Du kannst entweder sagen: Oh, immer die anderen, ja, da war wieder jemand doof zu mir. Es gibt ja ganz viele Jammermänner und Jammerfrauen. Aber irgendwann hast du auch die Möglichkeit, dich zu fragen, was das alles mit dir zu tun hat und warum du dir diese Menschen in deinem Umfeld ausgesucht hast. Du kannst die anderen nicht verändern. Aber du kannst versuchen, bei dir etwas zu tun, Dinge vielleicht anders zu sehen und Alternativen ausprobieren.«

Wir sollten also nicht in alten Mustern verharren und in immer gleichen Abläufen mit den immer gleichen Menschen, die vielleicht gar nicht (mehr) gut für uns sind. »Sich selbst auch infrage zu stellen und zu sagen: Ich gehe jetzt mal in eine ganz andere Richtung, ich mach das nicht mehr so, wie ich immer geglaubt habe, dass es richtig ist, sondern ich probiere mal was anderes aus. Das halte ich vor allem im Älterwerden für superwichtig.«

Jürgen ist Jahrgang 1968. Er ist sechsfacher Familienvater und bereits Großvater. Trotzdem gehört er nicht zu den Menschen, die ihre Lebenserfahrung als Argument nutzen, um sich nicht mehr verändern oder einen neuen Blickwinkel ausprobieren zu müssen.

»Eigentlich ist das immer eine Tugend der Jugend. Wenn du total jung bist, probierst du alles aus. Ich finde, gerade im Älterwerden sollte das wieder anfangen, sollte man wieder zurück in die Pubertät, sich wieder Sachen eröffnen, wieder neu sehen, mit neuen Farben, denn die große Gefahr des Älterwerdens ist zu glauben, immer zu wissen, was richtig ist. Glaubenssätze wie: Ich weiß doch, ich bin doch jetzt vierzig, jetzt brauche ich mir doch so was nicht mehr sagen zu lassen. Ganz im Gegenteil: Je älter man wird, desto mehr Kritik aus dem engen Umfeld muss man einstecken können.«

JÜRGEN VOGEL

## WARUM SOLLTE MAN SICH BEI SEINEN KINDERN ENTSCHULDIGEN?

In unserem Gespräch passiert jetzt etwas, das ich als wirklichen Glücksfall empfinde, denn Jürgen wechselt seine Rolle. Er ist nicht mehr der Schauspieler auf Promotermin, sondern wird eine Art väterlicher Freund. »Ich habe mir immer geschworen, dass ich meinen Kindern die Möglichkeit gebe, dass sie mir sagen können, wie scheiße ich bin oder was ich scheiße gemacht habe. Und das Irre ist ja auch, dass du begreifst: Was für den einen Kacke war, war für den anderen vielleicht ganz toll. Du kannst es also eh nicht richtig machen, aber es ist wichtig, diesen Nährboden zu geben, dass sie es dir sagen können. Und dass du die Kritik auch mitnimmst und einsteckst und aushältst.«
Ich erwähne, dass ich ja auch Vater bin, und frage, wie er das hinbekommen hat.
»Man sollte das von Anfang an machen. Also zugeben, dass du Fehler gemacht hast, denn du machst als Eltern ja sowieso alles falsch. Aber dass du dann zu deinem Kind hingehst und dich entschuldigen – und auch sagen kannst: Es tut mir leid, es war ein Fehler. Das ist, glaube ich, eine ganz wichtige Erkenntnis und die fängt schon sehr früh an. Kinder begreifen das auch. ›Ach, guck mal, Papa hat das falsch gemacht und er gibt das sogar zu.‹ Das ermöglicht ihnen, ihre eigenen Fehler besser einzugestehen. Denn Kinder fühlen sich ganz oft ganz schön doof, weil wir ja immer so tun, als würden wir alles wissen und alles richtig machen. Wir werden unseren Kindern gegenüber menschlicher, wenn wir auch Fehler machen, besonders, wenn wir sie auch eingestehen und

sagen: ›Ja, guck mal, da war Papa genauso blöd, wie er es dir letzte Woche vorgeworfen hat. Da siehst du, dass das ganz normal ist.‹ Wenn diese Ebene von Anfang an bis zum Ende bleibt, dann ist das nicht nur eine geile Vater-Tochter- oder Vater-Sohn-Beziehung, sondern eine tolle Partnerschaft für das gesamte Leben. Dass man sich seinen Fehlern stellt und das auch zugeben kann – das finde ich eine ganz wichtige Sache und das konnten meine Eltern nicht, also tut mir echt leid. Wirklich nicht.«

Meine Eltern konnten das auch nicht – aber ich kann es. Ein paar Tage später habe ich mich für einen Blödsinn, den ich zu Hause gemacht habe, bei meinem damals fünfjährigen Sohn entschuldigt. Plötzlich ist es ganz still geworden. Er hat mich etwas erstaunt angesehen und dann gesagt, dass es schon okay sei. Ich glaube, dass dieser kleine Ratschlag von Jürgen meine Beziehung zu meinem Sohn wirklich nachhaltig beeinflusst hat. Durch die Entschuldigung entsteht eine Augenhöhe, weil wir die eigenen Fehler so nicht durch Stellvertreter-Streitereien oder Sturheiten vertuschen. Entschuldigungen funktionieren altersunabhängig.

## VON UNGEFRAGTEN RATSCHLÄGEN

Jürgen merkt, dass er mit seinen Erkenntnissen und Erziehungsratschlägen bei mir an der richtigen Adresse ist. Über seine neue Serie haben wir noch keine Sekunde gesprochen. Er fährt fort: »Ich sage meinen Kindern ja immer: ›Pass auf, ich sag dir jetzt was, weil du mich gefragt hast. Ich gebe dir jetzt eine Antwort, die meine Meinung ist. Nimm dir nur das davon, was sich für dich gut anfühlt. Nimm das mit! Und schmeiß das weg, was sich für dich komisch anfühlt. Wähle selber aus, denn jeder muss seinen eigenen Weg finden. Nimm nur die Sachen, die du gut findest, und den Rest mach anders.‹«

Sich als Vater, Dienstältester oder Chef mit seinem Rat über andere stellen, davon hält Jürgen nichts, auch nicht von ungefragten Ratschlägen: »Warte, bis sie dich fragen. Wenn du merkst, irgendwas läuft ganz schief, dann kannst du es schon machen, du musst es auch manchmal machen, das ist ganz klar, aber ansonsten: Versuch nicht, alles schon im Voraus zu regeln. Das ist ein Anfängerfehler. Die hören dir ja auch irgendwann nicht mehr zu. Aber wenn sie dich fragen und du dann antwortest und ihnen trotzdem die Möglichkeit gibst, das jetzt nicht alles genauso machen zu müssen – das ist, glaube ich, ein ganz gutes Prinzip.«

## DIE ROLLE DER EIGENEN ELTERN

Jürgen selbst hat seine Eltern verlassen, als er fünfzehn Jahre alt war, damals ist er von Hamburg nach München abgehauen. In der Vorbereitung für unser Gespräch habe ich gelesen, dass er glaubt, aus ihm wäre nichts Gutes geworden, wenn er in seiner Familie geblieben wäre. In einem anderen Interview sagte er wiederum, dass seine Eltern seine Vorbilder seien. Ist das nicht ein Widerspruch? »Ich komme ja da her, wo ich herkomme, also meine Role Models waren meine Eltern, mein Vater und meine Mutter. Und wenn ich in meinem Leben mehr erreiche als meine Eltern, mehr

sehe, mehr Glück empfinden und mehr geben kann als das, was meine Eltern konnten, dann habe ich mein Ziel mehr als erreicht. Das sind die Menschen, an denen ich mich messe, weil ich da herkomme, da bin ich groß geworden.
Die meisten Menschen machen den Fehler, dass sie sich an Hollywood messen – an Schauspielern und Superstars, und wenn sie das nicht erreichen, sind sie wahnsinnig unglücklich. Ich bin über jeden Tag, an dem ich leben und das machen darf, was ich mache, wahnsinnig glücklich. Weil ich weiß, wo ich herkomme und wie meine Perspektive war. Das hilft mir sehr dabei, mit den Dingen, die ich habe, glücklich zu sein.«

## JEDER MENSCH SOLLTE KREATIV SEIN

Mit dem, was Jürgen dann sagte, hat er mich dazu inspiriert, in diesem Buch vor allem von einem kreativen Leben zu schreiben: »Bestimmt hat jeder Mensch irgendwelche Dinge, die nicht klar verarbeitet sind. Wenn man etwas Kreatives macht – egal ob es Musik ist, ein Bild, Schauspiel oder Kamera –, kann man es schaffen, aus etwas Negativem etwas Positives zu machen.

**»Daran glaube ich:
Wenn du Dinge, die dich negativ geprägt haben, im Laufe des Lebens umwandeln kannst in etwas Gestalterisches, dann ist das toll. Deswegen bin ich auch der Meinung, dass jeder Mensch irgendwas Kreatives machen sollte.«**

Da geht es nicht darum, erfolgreich zu sein oder nicht, sondern nur darum, irgendetwas zu bilden, zu bauen, zu basteln oder darzustellen.«
Beflügelt von Jürgens Antworten verlasse ich das Hotelzimmer. Habe ich gerade mit einem Schauspieler oder mit einem Lebensweisen gesprochen? Jürgen Vogel ist das – um in seinen Worten zu sprechen – kackegal: »Du kannst sein, was du willst, aber denk nicht, dass du wichtiger bist als die anderen.«

# HAZEL BRUGGER

## ÜBER GELASSENHEIT UND DEN VORTEIL DAVON, ABGESTEMPELT ZU WERDEN

Kennst du auch Leute, die immer mit einem Bein wackeln, während man eigentlich gerade ziemlich gemütlich in der Küche zusammensitzt? Menschen, die immer etwas klären wollen, die immer wegwollen, schnell weiter, immer latent gestresst sind und dabei auch noch darüber jammern, dass sie gestresst sind. Keine Ruhe, nur Optionen, nur Wackelpudding. So gesehen ist Hazel Brugger eine ideale Zeitgenossin. Denn sie hat es gar nicht eilig, weder am Küchentisch noch auf der Bühne noch in ihrer Karriere.
Hazel verkauft mit ihren Comedy-Programmen deutschlandweit Hallen aus. Ganz gelassen steht sie dann auf der Bühne und bewegt sich kaum. Sie stachelt ihr Publikum nicht mit Klatscheinlagen an, sie versucht auch nicht, die Leute durch das eigene Lachen zum Lachen zu bringen, und präsentiert sich auch nicht als Allround-Talent. Wegen ihrer unterkühlten Art wurde sie als die »böseste Frau der Schweiz« bezeichnet. Eine Zuspitzung, die sie wichtig findet, wie sie mir noch erzählen wird.
Hazel ist in der Nähe von Zürich aufgewachsen und stand mit siebzehn Jahren das erste Mal auf einer Poetry-Slam-Bühne. Mittlerweile lebt sie in Köln und ist Teil des Ensembles der *heute-show*. Auf ihrem YouTube-Kanal hostet sie wöchentliche Formate wie *Deutschland Was Geht*. Dafür reist sie nach Wanne-Eickel, um die schärfste Currywurst Deutschlands zu essen, macht einen Dominakurs in Paderborn und besucht die Augsburger Puppenkiste. Diese aufwendigen und sehr unterhaltsamen Videos dreht sie zusammen mit ihrem Freund Thomas Spitzer in Eigenproduktion.

## HAZEL BRUGGER

**Ich habe von Hazel Brugger gelernt, dass man alles mal selber gemacht haben sollte, dass es gut ist, als Künstlerin abgestempelt zu werden, und dass man fürs Nichtstun einen festen Termin braucht.**

## ÜBERALL GUT AUFGESTELLT

Wir treffen uns am Tag nach ihrer ausverkauften Show in Berlin. Hazel sitzt ganz gerade, fast steif vor mir. Diese Frau kann vermutlich wirklich nichts aus der Ruhe bringen. Sie erzählt mit schweizerischer Gelassenheit, dass sie bald einen Schnittkurs machen wird, damit sie ihre Videos auch selbst schneiden kann und weiß, worauf sie achten muss, wenn sie mit einem Cutter zusammenarbeitet. Nun könnte man meinen, dass jemand so erfolgreiches wie Hazel das nicht unbedingt selbst können muss und stattdessen noch mehr Hallen bespielen und noch mehr Fernsehshows machen sollte. Sie sieht das anders: »Viele denken bei Moderation, dass man einfach ein bisschen labern muss und dann von der einen Thematik in die andere wechselt. Aber ganz viel, gerade wenn es filmisch ist, ist einfach Technik. Um zu verstehen, wie man das am besten macht, muss man auch selbst mal geschnitten haben. Ich glaube, jemand, der überall gut aufgestellt ist, checkt am Ende auch wirklich das Produkt, das er verkauft.« Wenn man selbst durchdrungen hat, wie etwas funktioniert, kann man es besser umsetzen und es später auch besser abgeben und genauer anleiten. Man kennt die Begrifflichkeiten und weiß, was möglich ist.

## GANZ VIEL IST GAR NICHT NÖTIG

Bei ihrer Liveshow am Vorabend ist mir ihr Understatement aufgefallen. Sie reist nicht mit einer großen Crew, sondern mit ihrem Freund Thomas, der das Vorprogramm macht und später den Merchandise-Stand betreut. Statt Schlüsselanhängern und Tassen mit ihrem Namen gibt es dort nur ein *Deutschland Was Geht*-Shirt. Zurückhaltender geht es kaum. Sie ins *Hotel Matze* zu bekommen hat auch eine Weile gedauert. »Ich mache wirklich nicht viel, im Vergleich zu dem, was ich vielleicht könnte oder sollte. Ich sage deutlich mehr ab, als ich mache. Weil ganz viel einfach nicht nötig ist, glaube ich. Ich habe mich eher so als Fünfzigjährige vor Augen, die wirklich was verändert hat.«
Hazel denkt nicht an den nächsten kurzfristigen Erfolg, sondern an ihr Selbstbild in 25 Jahren. Dieses riesige Zeitfenster ermöglicht ihr eine ungeahnte Gelassenheit.

## WOVON TRÄUMST DU?

Bei so viel Weitsicht will ich natürlich wissen, welches Zukunftsbild sie hat. »Ich hätte gerne eine Firma, eine Produktionsfirma, mit der Sachen gemacht werden, auf die ich alle stolz sein kann. Da muss ich dann auch nicht vor der Kamera sein.« Sie meint eigene Podcasts, Sendungen und Live-Events. »Überall, wo dann der Stempel Hazel Brugger drauf ist, wissen die Leute, ah, das ist cool, das entspricht diesem Style von Hazel, den ich mag. Ich möchte einfach eine Stringenz, eine Farbe reinbringen, von der die Leute sagen können: Ja, diese Farbe finde ich geil.« Als großes Vorbild nennt Hazel Conan O'Brien. Er ist Talkshow-Moderator, Komiker, Schauspieler, Fernsehproduzent und Autor und einer der bekanntesten und reichsten Medienmenschen der USA.

## WARUM HAT ES VORTEILE, ABGESTEMPELT ZU WERDEN?

Manche Künstler wollen unbedingt zeigen, was sie alles draufhaben, und auf keinen Fall in eine bestimmte Schublade gepackt werden. Sie wollen zeigen, dass sie nicht nur auf der Bühne witzig sind, sondern auch nachdenkliche Songs schreiben und sich richtig gut mit dem politischen Weltgeschehen auskennen. Hazel dagegen hat überhaupt kein Problem damit, als die böseste Frau der Schweiz abgestempelt zu werden: »Ich war schon sehr früh eindimensional und diese eine Person. Und das ist auch, glaube ich, etwas, was grundlegend ist für den Erfolg in der Comedy, aber auch bei allem anderen. Es ist wichtig, dass du einen Unique Selling Point hast, wo alle sagen: Wer ist das? Ah, das ist die böseste Frau der Schweiz. So hat mich eine Zeitung betitelt und das finde ich völligen Quatsch natürlich. Ich bin nicht die böseste Frau der Schweiz, aber diese Aussage beschreibt ganz genau, was die Zuschauer in dem Moment kriegen. Nichts ist wichtiger, als klar gelabelt zu sein in dieser total diversen Zeit. Die Leute könnten ja alles anschauen, und wenn sie dann sagen, ich will jetzt die böseste Frau der Schweiz sehen, dann wollen sie ganz klar einen Sirup von dieser Person.«

## EIN TERMIN FÜRS NICHTSTUN

Gelassene Menschen wie Hazel sind meistens so entspannt, weil sie regelmäßig etwas tun, um sich in Gelassenheit zu üben. Hazel meditiert wie ich mit der App *Headspace* und sie hat einen Termin fürs Nichtstun: »Ich versuche zum Beispiel, jeden Dienstag vier Stunden gar nichts zu machen. Dann erkennst du dich selbst auch viel besser, dann siehst du viel besser: Bin ich jetzt gestresst, bin ich nicht gestresst? Das Hauptproblem ist, dass Leute süchtig danach sind, sich schlecht zu fühlen, um sich dann ein bisschen besser zu fühlen, wenn sie sich dafür loben können, wie schlecht sie sich fühlen. Also wenn sie zeigen können: Guck mal, wie viel ich aushalte. Mir ist das irgendwann aufgefallen, weil mein Vater so ist. Das habe ich voll von ihm. Er arbeitet auch mega viel und redet immer nur darüber, wie stressig alles ist. In der Zeit, in der er darüber redet, könnte er ungefähr 45 Minuten am Tag sparen. Ich finde, das ist so richtig unattraktiv, wenn man immer nur drüber spricht, wie gestresst man ist, weil Stress ist einfach ein Mechanismus. Stress haben ist so ein bisschen wie auf Toilette gehen. Jeder hat es, jeder macht es, aber niemand will das sehen.«

Mein Stressempfinden wird wesentlich größer, wenn ich keine regelmäßige Rückzugsmöglichkeit habe. Ich habe eine ganze Weile gebraucht, um das zu verstehen und wirklich danach zu handeln. Zuerst habe ich mir vorgenommen, einmal die Woche vormittags nicht direkt ins Büro zu gehen. Das hat nur ein paar Wochen funktioniert, dann landeten wieder Geschäftstermine und Prioritäten von anderen in meinem Kalender. Dann habe ich Dienstag- und Mittwochvormittag »Besetzt unverhandelbar« eingetragen. Dieses *unverhandelbar* macht mir und allen, die Einblick in meinen Kalender haben, unmissverständlich deutlich, dass da nichts zu machen ist. Das funktioniert nun seit einem Jahr. Diese Zeit nutze ich, um zu lesen, nachzudenken, für mich zu schreiben, Sport zu machen. Mit der Perspektive von Hazel, dass es eben nicht darum geht, was der nächste Erfolgskick sein könnte, sondern darum, wie man sich mit fünfzig Jahren sieht, hat man überhaupt nicht das Gefühl, etwas zu verpassen.

Vielleicht hast du ja Lust, hier eine Pause einzulegen und dir darüber Gedanken zu machen, was oder wo du mit fünfzig Jahren im Bezug auf deine Karriere sein willst? Ohne ein Ziel ist es schwer loszufahren. Das heißt nicht, dass man unterwegs nicht länger anhalten, abbiegen oder umkehren kann. Also: Welche Adresse gibst du jetzt in dein Navi ein?

# KLAAS HEUFER-UMLAUF

## ÜBER DIE RICHTIGEN FRAGEN UND DIE RICHTIGE HALTUNG

## KLAAS HEUFER-UMLAUF

**G**ute Freundschaften beginnen manchmal mit einer kleinen Beleidigung. Das erste Mal habe ich Klaas Heufer-Umlauf wahrgenommen, als er sich im Fernsehen über meine frühere Band Virginia Jetzt! lustig gemacht hat. Damals war er zwanzig Jahre alt, sah aus wie zwölf und hatte gerade bei VIVA angefangen. Statt angepasst und höflich zu sein, stand er oft mit der sprichwörtlichen Axt im bunten Fernsehstudio und hat sich über die Künstler lustig gemacht, deren Musikvideos er ansagen musste.

Heute, fast zwanzig Jahre später, ist Klaas durch seine gemeinsame Show mit Joko Winterscheidt zum berühmtesten und erfolgreichsten Showmaster und Produzent des Landes aufgestiegen. Von *MTV Home* zu *Duell um die Welt* zu *Circus HalliGalli* zu *Die Beste Show der Welt* zu *Late Night Berlin*. Oder: Vom gelernten Friseur in Oldenburg zum Medienmogul in Berlin.

Über die Jahre haben wir uns angefreundet und machen uns noch immer gern lustig übereinander. Heute treffen wir uns in seiner Firma Florida TV, wo über achtzig Leute arbeiten. Auf die Frage, was er besonders gut kann, sagt er: »Reden in allen Darreichungsformen.«

**Ich habe von Klaas Heufer-Umlauf gelernt, dass man nur beurteilen kann, was man kennt, dass die Existenzangst bleibt und dass Haltung nichts mit Erfolg zu tun hat.**

## WARUM MACHST DU DAS, WAS DU MACHST?

Die Frage nach dem Sinn unseres Tuns beschäftigt uns alle. Knapp fünfzig Millionen Mal wurde der TEDx-Talk *Start With Why* von Simon Sinek schon aufgerufen. Damit ist er einer der meistgesehenen TED-Talks aller Zeiten. Sinek lehrt darin: »Menschen kaufen nicht, was man macht; sie kaufen, warum man etwas macht.« Mit einer einfachen Warum-Frage ist Sinek weltberühmt geworden, hat aber auch viele Künstler und Unternehmer in eine Identitätskrise geführt, weil sie einfach nicht wissen, was sie auf diese Frage antworten sollen. Denn es scheint, als könne man erst, wenn man diese Frage zu beantworten weiß, richtig erfolgreich sein. Mit diesem Gedanken im Kopf frage ich Klaas, warum er das macht, was er macht. Er antwortet lax: »Was hätte ich denn machen sollen? Ich habe kein Abitur, ich bin Friseur, ich bin kein guter Friseur. Ende der Veranstaltung. Mir ist wenig eingefallen, was mir Spaß macht und wo ich zumindest das Potenzial bei mir sehe, dass ich das besser hinkriege als jemand anderes. ==Es gibt ganz viele Sachen, bei denen ich weiß: Das kann jemand anderes besser. In diesem Fall glaube ich zumindest, dass ich am Rennen teilnehmen kann.==«

Verkürzt ausgedrückt: Klaas macht das, was er macht, weil er sich für gut genug für den Job hält und weil er weiß, dass er gut kann, was er tut. Keine große Mission. Kein riesiges Why. Nur ein: Ich bin gut genug.

## MAN KANN NUR BEURTEILEN, WAS MAN KENNT

Eine andere Frage, die man sich am Anfang einer Karriere stellt, ist die Frage nach dem *Was*. Was soll ich machen? Mache ich das, wovon ich denke, dass es andere mögen werden, oder mache ich, was ich will? Klaas sagt dazu: »Ich wollte immer Fernsehen machen, das ich selber gut finde. Ich habe ganz oft erlebt, dass Leute, die beim Fernsehen arbeiten – ob vor oder hinter der Kamera –, sagen: ›Ich finde das zwar scheiße, aber die Leute wollen das sehen.‹ Fernsehen machen, das man gar nicht richtig beurteilen kann, weil es einem nicht gefällt – das finde ich nicht vorstellbar. Wenn mir dieser Kompass fehlt, weil ich wie ein Großhändler denke, der fragt, was denn ganz viele verschiedene Generationen mit ganz vielen Interessen sehen wollen, dann muss ich mich von meiner eigenen Urteilskraft entfernen und mich in Leute hineinversetzen, die ich eigentlich nicht verstehe. Wie soll man dann was Besonderes machen?«
Man weiß vorher nie, ob eine Idee ankommt. Wenn man aber bei sich selbst anfängt und damit, was einem gefällt oder fehlt, dann weiß man schon mal, dass man einen Kunden sicher hat: sich selbst.

## EINE ZIELFÜHRENDE KÜNDIGUNG

Manchmal gibt es in einer Karriere den einen Augenblick, der rückblickend alles ins Rollen gebracht hat. Bei Klaas war das eine mutige Kündigung: Es gab in Deutschland zwei führende Musiksender, VIVA und MTV, die jedoch zusammengehörten. VIVA war bunt und schrill und kommerziell und MTV eher lässig, kantig und bei den coolen Kids angesehen. Klaas war Moderator bei VIVA und wollte zu MTV wechseln, weil er sich mehr mit dem Sender identifizieren konnte. Er wusste von einer neuen Show, die dort produziert werden und die ein gewisser Joko Winterscheidt moderieren sollte. Für dieses Format wurde noch ein zweiter Moderator gesucht. Klaas wollte das unbedingt übernehmen. Joko kannte er zwar – aber nicht besonders gut. Die Sender-Chefs wollten seinen Wechsel jedoch nicht erlauben, da Klaas ja genau genommen bei einem anderen Sender gearbeitet hat. Stattdessen sollte jemand von außen gecastet werden. Für den unzufriedenen Klaas blieb damit nur die Kündigung und eine der wenigen Nächte, in denen er nicht schlafen konnte: »Am nächsten Morgen habe ich dann bei VIVA gekündigt. Ich saß vor einer Art Musikfernsehen-Tribunal. Sie sagten: ›Wenn du durch diese Tür gehst, dann bist du raus, dann bist du richtig weg.‹ Ich bin danach wirklich zu meinem Schreibtisch gelaufen und habe meinen Scheiß in einen Karton gepackt – wie man das so aus amerikanischen Filmen kennt. Bevor ich ganz fertig war, klingelte das Telefon und dann hat mich eine Frau, die bei dem Meeting dabei war, gefragt, ob ich denn bei MTV anfangen möchte … Die haben sich vermutlich gedacht, bevor der jetzt gar nicht mehr kommt, geben wir ihm halt, was er will. Aber mich so einfach wechseln lassen, das ging offensichtlich nicht.« Diese neue Sendung hieß *MTV Home* und war die erste Show, die Joko und Klaas zusammen moderiert haben. Das war der Startschuss. Damit sind sie zum bekanntesten Moderatoren-Paar der jüngeren TV-Geschichte geworden.

Was viele Gäste im *Hotel Matze* verbindet: Sie machen, was sie persönlich für richtig halten. Das sieht bei erfolgreichen Menschen oft ganz einfach aus, denn es wirkt von außen so, als stünden sie ohnehin an einem Buffet voller Optionen. Doch diese Geschichte von Klaas zeigt, dass man sich nicht erst dann entscheiden kann, wenn man erfolgreich und finanziell abgesichert ist. Er hat seinen Fernsehjob ohne Plan B gekündigt, damals ein großes Wagnis. Ich glaube, man hat immer die Möglichkeit, sich zu entscheiden, wie man zu einer Sache steht. Man muss sich eine gewisse Haltung nicht erst erarbeiten – eine Haltung und eine Meinung sollte man sich immer leisten.

## DIE EXISTENZANGST BLEIBT

Wenn man in der Arbeitswelt anfängt – ganz egal in welchem Beruf –, geht es erst einmal darum, die Miete bezahlen zu können und ein Einkommen zu haben, mit dem man an der Supermarktkasse die Ware auch bezahlen und einpacken kann. Es geht darum, sich eine Existenz aufzubauen, sich nach vorn zu arbeiten, wahrgenommen zu werden. Das treibt an. Aber wie ist es bei den Menschen, die es geschafft haben, deren Konto so gut gefüllt ist, dass sie sich das ganze Haus und den ganzen Supermarkt kaufen könnten? Klaas sagt dazu: »Eine gewisse Existenzangst ist auch ganz vielen berühmten Menschen noch zu eigen – ob Schauspielern oder Moderatoren. Ganz viele Leute, die sich eigentlich keine Gedanken machen müssten, sind getrieben von der Angst, vergessen zu werden.«

Ich weiß nicht, ob das nun beruhigend ist oder nicht. Erst hat man Angst, dass man nichts erreicht, und dann hat man Angst, es wieder zu verlieren. Die Angst bleibt also – dagegen hilft vielleicht ein mentales Training à la Titus Dittmann. Du findest es im Kapitel über ihn.

## DIE KRAFT EINER SEHR EINFACHEN FRAGE

In Klaas' Karriere gab es eine Frage, die alles verändert hat. Es war allerdings keine große Sinnfrage, sondern sein Versuch, kostenlos die Welt zu bereisen. »Es gab damals einen Film mit Cameron Diaz, der hieß *Love Vegas*. In einer MTV-Sendung wurde verlost, dass zwei Zuschauer für drei Tage nach Las Vegas fliegen können. Zusammen mit meinem Redakteur Thomas Schmitt sollte ich das Paar begleiten – so konnten wir unseren Wunsch erfüllen, auch mal dahin zu fliegen. Wir sind ohne Drehgenehmigung hin. Thomas hat gefilmt, ich hatte ein Mikro in der Hand und wir haben uns spontan was ausgedacht, das hat Spaß gemacht. Zurück in Berlin bin ich zu Thomas ins Büro und habe gesagt, dass wir uns was überlegen müssen, damit wir überall hinreisen können. So haben wir uns *Das Duell um die Welt* ausgedacht. Wir haben uns gefragt: Wie kriegen wir es hin, dass solche Reisen einer bezahlt?«

Die kleine Frage nach etwas Abenteuer und kostenlosem Reisen hat zu einer der größten Fernsehshows der letzten Jahre geführt und Klaas den ganz großen Durchbruch beschert. Das zeigt auf so schöne Weise, dass man unbedingt den eigenen Ideen folgen und einen Weg suchen sollte, sie umsetzen zu können. Niemand kann voraussagen, wie viele Leute ein bestimmtes Format sehen wollen. Also frag dich, was du selbst sehen willst oder wie du selbst die Welt siehst. Der eigene Blick ist immer der originellste – siehe Doris Dörrie. Nach dem Gespräch weiß ich, dass das größte Talent von Klaas nicht sein Humor oder seine Sprache ist, sondern sein eigener Blick.

# FRANK ELSTNER

## ÜBER NOCH MEHR FRAGEN UND DAS LOSLASSEN VON IDEEN

**D**as wahre Leben ist keine Fernsehshow. Das wird mir in dem Moment deutlich, als TV-Legende Frank Elstner uns im *Mit Vergnügen*-Büro besucht. Als es an der Tür klingelt, schauen alle gespannt zum Eingang. Im Fernsehen würde jetzt eine Hymne laufen, vielleicht die Eurovisionsmelodie von Marc-Antoine Charpentier. Frank Elstner würde breit grinsend die Arme ausbreiten, die Showtreppe nach unten laufen und den Applaus genießen. Im echten Leben ohne Scheinwerfer trägt die TV-Legende eine Steppjacke, läuft an den Mülltonnen im Innenhof vorbei, sagt »Guten Tag« und begrüßt mich mit festem Händedruck. Man ist fast schon ein bisschen enttäuscht von der Realität in so einem Moment, denn unser Gast ist wahrlich eine Legende, für die man immer einen Teppich ausrollen sollte.

Ich kenne Frank Elstner, seit ich Fernsehen schauen darf. Er hat *Wetten, dass..?* erfunden und moderiert. Ich habe ihn bei *Jeopardy!*, *Verstehen Sie Spaß?* und *Nase vorn* gesehen und durch sein neues, großartiges Interview-Format *Wetten, das war's..?* wiederentdeckt. Also habe ich ihn für ein Gespräch angefragt und nun ist er da. Ganz unkompliziert, ganz unlegendenhaft.

Er schaut sich erst einmal in unserem Büro um und stellt ganz viele Fragen. Wie viele Leute hier arbeiten, was wir alles machen, seit wann wir das machen, wie wir uns finanzieren. Das passt zu ihm, denn auf die Frage nach seiner größten Fähigkeit antwortet der 77-Jährige knapp: »Neugierig sein.«

**Ich habe von Frank Elstner gelernt, wie die richtigen Fragen seine größten Erfindungen hervorgebracht haben, warum er nicht um jeden Preis an einer Idee festhält und mit welcher Erkenntnis er ein gutes Gespräch führt.**

## WIE MAN DAS FANTASIE-POTENZIAL ANZAPFT

Frank Elstner hat bei Radio Luxemburg als Moderator angefangen und dort eine Erkenntnis gehabt, die ihm später seine größten kreativen Erfolge beschert hat: »Radio hat einen unglaublichen Vorteil: Wenn Sie nix sagen, dann können Sie kein Radio machen. Die Pausen müssen durchgesprochen werden, und wenn Sie einen schlechten Tag haben, dann müssen Sie sich was einfallen lassen. Wenn mir etwas nicht eingefallen ist, dann habe ich irgendwelche Spiele gemacht. Rätselspiele, Fragen gestellt. Ich hatte eine Sendung, die hieß *Der fröhliche Wecker*, die habe ich drei Jahre gemacht – jeden Morgen von sechs bis acht. Ich bin nun wirklich kein Frühaufsteher, bin dann aber um fünf Uhr aufgestanden und um kurz vor sechs im Sender gewesen. Damals habe ich die grünen Karten erfunden. Ich habe meinen Hörern gesagt: ›Wer mir eine grüne Karte schickt, auf der ein guter Spruch steht, den wecke ich und rufe ihn persönlich an.‹ Ich habe Tausende von Karten gekriegt. Ich musste mich auf die Sendung überhaupt nicht mehr vorbereiten, nur Karten vorlesen. So sind für mich von Anfang an die Hörer die Zulieferer gewesen. Als ich mal *Wetten, dass..?* erfunden habe, habe ich das ausgedehnt auf die Zuschauer. Ich habe nicht eine einzige Wette erfunden, sondern die Zuschauer haben das gemacht. Und dieses Potenzial, dieses Fantasie-Potenzial anzuzapfen, das schreibe ich auf meine Liste, da war ich der Erste, der das professionell gemacht hat.« Wie beiläufig er erwähnt, dass er mal *Wetten, dass..?* erfunden hat. Herrlich. Man stelle sich vor, dass Paul McCartney sagen würde: »Als ich mal *Let it be* geschrieben habe.«

## WAS BRAUCHT MAN, UM KREATIV ZU SEIN?

Jeder Kreative braucht etwas anderes, um aus sich schöpfen zu können. Benjamin von Stuckrad-Barre hat L. A. gebraucht, um sein Buch *Panikherz* zu schreiben, Bosse braucht eine Jogginghose und ein gutes Getränk für seine Hits und DJ Koze sucht die Nacht, weil ihm der Tag zu laut summt. Was braucht Frank Elstner, um auf seine Ideen zu kommen?

»Es kommt besonders viel aus mir heraus, wenn ich unter Druck stehe. Der damalige Programmdirektor vom ZDF, der spätere Intendant, Herr Stolte, hat mir damals gesagt: ›Frank, wenn du mir eine gute Idee auf den Tisch legst, dann kriegst du von mir eine Samstagabend-Show.‹ Ich habe ihm *Wetten, dass..?* hingelegt, habe die Show gekriegt und habe gemerkt, dieser Weg geht. Auf der anderen Seite habe ich auch vieles aus der Not heraus erfunden. Zum Beispiel bei Radio Luxemburg. Wir hatten kein Geld. Die Aktionäre waren fast alles nur Franzosen und Belgier, die wollten immer Geld rausnehmen aus dem Sender, ohne Geld reinzustecken. Und für unser Programm selbst hatten wir verhältnismäßig wenig Geld. Ich habe ein Quiz erfunden, das hieß *Die blaue*

*Stunde.* Das war, wenn Sie so wollen, Google für Arme. Ich habe meinen Zuhörern gesagt, ich spiele jetzt eine Platte und stelle ihnen vorher eine Frage. Wer mich nach der Platte anruft und die richtige Lösung hat, der kriegt von mir einen Blauen, damals waren die Hundertmarkscheine blau, deswegen auch *Die blaue Stunde.* Das wurde eine der beliebtesten Sendungen, die der Sender je hatte, und kostete so gut wie nichts, bis auf drei bis vier Blaue, die wir pro Stunde verloren haben. Das war so eine spitzbübische Lösung von mir, wo ich was Neues gemacht habe. Ich habe was gemacht, was die Zuschauer interessiert. Und was nicht teuer ist. Ich hab zu mir selbst gesagt: Lass dir mehr solche Sachen einfallen! Und dann sind mir Dutzende von Sendungen eingefallen, die nach diesem Prinzip hergestellt worden sind.« Frank Elstner hat erkannt, wie kreativ das Publikum sein kann und wie gern die Leute mitmachen. Seine große Fähigkeit scheint zu sein, sich Formate ausdenken zu können, die die kollektive Kreativität anzapfen.

## DIE ERFINDUNG VON *WETTEN, DASS..?*

Mit der beiläufigen Erwähnung, dass er mal *Wetten, dass..?* erfunden hat, will ich ihn nicht davonkommen lassen. Bis heute ist diese Sendung die erfolgreichste europäische Fernsehshow aller Zeiten. Frank Elstner hat sie sich ausgedacht und moderiert, später dann an Thomas Gottschalk abgegeben. Zuletzt führte Markus Lanz durch die Sendung, bis sie 2014 nach über dreißig Jahren eingestellt wurde. Wie kam Frank Elstner auf die Idee?

»Ich konnte nicht einschlafen und habe mir, in diesem berühmten Dämmerzustand, bevor man schläft, die Frage gestellt: Warum wird im Fernsehen eigentlich nicht gewettet? Und da merkte ich: Hoppla, jetzt hast du etwas angefasst, was wirklich was werden könnte. Ich bin aufgesprungen, in die Küche gegangen, habe eine Flasche Rotwein aufgemacht und drei Stunden wirklich nur darüber nachgedacht: Was ist, wenn man im Fernsehen wettet? Das Papier gibt es heute noch und es ist immer noch das Original hinter *Wetten, dass..?* Es gibt darin bereits die Saalwette, es gibt Sätze wie: Bloß nie um Geld wetten, das kriegst du in einer öffentlich-rechtlichen Anstalt nicht durch. Den Rest kennen Sie.«

Den Rest kennen alle, die in den Achtziger- und Neunzigerjahren in Deutschland Fernsehen geschaut haben. Wie keine andere Sendung hat *Wetten, dass..?* es geschafft, die ganze Familie vor dem Fernseher zu versammeln. Bei den Hielschers natürlich immer stilecht im Schlafanzug.

## DER WEG ZUM ERFOLG

Der Erfinder Elstner erkannte schnell, was ihn zum Erfolg geführt hat: »Ich habe natürlich darüber nachgedacht, wie ich auf die Frage kam, warum im Fernsehen nicht gewettet wird. Und habe für mich abgeleitet:

> Du musst dir mehr Fragen stellen. Denn wenn man sich keine Fragen stellt, dann sucht man auch nicht nach Antworten. «

**WIE FÜHRT MAN EIN INTERVIEW?**

Der große Fragesteller hat Tausende von Interviews geführt. In der ZDF-Reihe *Die stillen Stars* hat Frank Elstner Nobelpreisträger interviewt, in *Menschen der Woche* waren jahrelang die ganz großen deutschen Stars zu Gast und erst kürzlich haben sich Jan Böhmermann und Helene Fischer von ihm befragen lassen und sehr offen und vertrauensvoll geantwortet, was bei beiden eher selten ist. Wie macht er das? »Es gibt Kollegen von mir, wenn die in ein Interview gehen, dann gehen sie wie ein Boxkämpfer in den Ring und wollen gewinnen. Ich will in einem Interview nicht gewinnen, sondern ich möchte meinen Gesprächspartner so weit kriegen, dass er mir was schenkt. Dass er mir, weil ich aufmerksam bin, weil ich ihm zuhöre, vielleicht etwas sagt, was er noch nie zuvor gesagt hat. Und Sie müssen sich auf einen Interviewpartner auch verlassen können. Die Menschen haben sich im Laufe der vergangenen Jahre daran gewöhnt, dass ich nicht zu denen gehöre, die jemanden reinlegen. Ich habe meine Gäste in meinen Sendungen immer in den Mittelpunkt gestellt und nicht mich. Das ist, glaube ich, auch ein ganz wesentlicher Unterschied. Ich bin eher eine Art Geburtshelfer als ein Feierlaunenkönig.«

Er erinnert sich an den deutschen Philosophen Hans-Georg Gadamer, der gesagt hat, dass ein Gespräch voraussetzt, dass der andere recht haben könnte. »Das ist für mich eine Art Leitsatz im Leben geworden. *Der andere könnte recht haben* heißt, ich denke über das nach, was er sagt. Auch wenn ich vielleicht ganz anderer Meinung bin, aber irgendwo im Hintergrund bleibt immer übrig: Der andere könnte recht haben.«

## WIE MAN MIT DEN EIGENEN IDEEN UMGEHT

Es gibt Menschen, die kleben an einer Idee und hüten und polieren sie wie einen Schatz, und es gibt Menschen wie Fynn Kliemann, die sehr sorglos mit ihren vielen Einfällen umgehen. Wie macht das Frank Elstner, der beruflich knapp sechzig Jahre lang Ideen produziert hat? Wie geht er mit den eigenen Ideen um?

»Ich habe so viel erfunden, dass ich mir in der Verfolgung der einzelnen Erfindungen nicht die Zeit erlaube, mich damit zu beschäftigen. Das würde mich ja bremsen. Ich habe auch selten nachgeguckt, was an einem Erfolg noch alles so dranhing. Vielleicht ist das eine gewisse Faulheit von mir, ich weiß nicht, wie ich das nennen soll. Wenn etwas mal läuft, dann läuft es und dann mache ich auch einen Haken dran. Das ist eine meiner großen Eigenschaften: Ich kann einen Haken an eine Sache machen. Der Mensch, der eine Idee hat, der er ein Leben lang hinterherläuft, hat es schwer. Man muss viel mehr an vielen verschiedenen Punkten und Stellen arbeiten. Es gibt einen kreativen Philosophen, Edward de Bono, der hat mal das Beispiel gebracht: Wenn ich nach Öl suche und ich bohre in der Wüste an einer Stelle immer tiefer, dann komme ich nicht leichter an Öl, als wenn ich alle zehn Meter bohre. Das heißt: lieber hundert Bohrlöcher nebeneinander als ein zu tiefes. Ob das stimmt, kann ich Ihnen nicht sagen, aber das passt zu meinem Leben.« Nicht an der einen Idee festhalten, sondern viele Ideen in die Welt setzen und sie irgendwann auch wieder loslassen können – das ist eine Fähigkeit, die man als Kreativer trainieren sollte. Der Erfolg einer Idee hat nicht nur mit ihr selbst zu tun, sondern auch mit dem Zeitgeist und ihrer Umsetzung. Apropos loslassen: Herr Elstner schaut auf die Uhr. Wir müssen das Gespräch beenden, denn er muss gleich noch nach Hamburg, weil er mit dem NDR über eine neue Erfindung sprechen möchte. Leise verschwindet die Legende wieder durch die Tür – auch jetzt läuft keine Musik. Auf die Frage, ob er jemals eine Midlife-Crisis hatte, antwortete er übrigens: »Nein, aber ich hoffe, die kommt noch.«

# KATRIN BAUERFEIND

## ÜBER DIE FREUDE DER VIELEN MÖGLICHKEITEN UND DAS ENDE DER MECKEREI

**KATRIN BAUERFEIND**

2010 hatte das deutsche Internet zum ersten Mal einen Star – und das war Katrin Bauerfeind. Alle meine Freunde waren verliebt in die lustige Moderatorin der Sendung *Ehrensenf*, ich natürlich auch. Danach wechselte sie ins Ensemble der *Harald Schmidt Show*, moderierte unzählige TV-Sendungen und Fernsehshows, darunter *Bauerfeind assistiert* und den Deutschen Fernsehpreis. Sie hatte eine eigene Radiosendung, hat drei Bestseller geschrieben und macht einen Podcast mit den Namen *Bauerfeind hat Fragen*. Katrin Bauerfeind ist in einer Kleinstadt in Baden-Württemberg aufgewachsen, wo niemand – nicht mal die eigene Familie – so wirklich daran glauben wollte, dass aus ihr eines Tages ein Star wird.

Wir treffen uns am Morgen nach der Liveaufzeichnung ihres Podcasts. Ihre Routine auf der Bühne ist unschlagbar. Sie weiß ganz genau, was sie machen muss. Mit einem Fingerschnippen wechselt sie von der Fragestellerin zur Entertainerin. Sie erkennt intuitiv, wenn das Publikum im Raum unaufmerksam wird, und bezieht es mit ein. Keine zwölf Stunden nach Beginn ihrer Show sitzt sie hellwach, als wäre nichts gewesen, in meinem Hotelzimmer und ist gut gelaunt. Sie erzählt mir, dass man sich früher nicht getraut habe, sie morgens anzusprechen – davon ist nichts mehr zu spüren. Sie lacht ihre rauchige Bauerfeind-Lache und sprudelt mit viel Erkenntnisgewinn los.

**Ich habe von Katrin Bauerfeind gelernt, dass man einfach alles machen sollte, wenn man nicht weiß, was man machen soll, dass man sich an den guten Tagen erfreuen muss und dass das Leben gar nicht so stressig ist.**

KATRIN BAUERFEIND

## MACH EINFACH ALLES

Für mich ist es schwer nachzuvollziehen, warum so viele Menschen ihr ganzes Leben lang nur eine Sache machen (wollen), denn es macht so viel Freude, immer wieder etwas Neues auszuprobieren. Doch viele von uns quälen sich ewig mit der Suche nach dem einen. Katrin sagt dazu: »Komischerweise gilt es in unserer Gesellschaft als erstrebenswert, möglichst eine Sache im Leben zu finden, die man für immer machen will. Für mich klang das – in Anbetracht der Möglichkeiten auf der Welt – schon immer irgendwie absurd. Schon in der Schulzeit sagen alle: Du musst langsam mal wissen, was du werden willst! Aber man nimmt ja beim Metzger auch nicht immer nur Salami, wenn's auch noch Schinken und Lyoner, Gesichts- und Leberwurst gibt. Ich glaube, das Leben der meisten Menschen wäre anders verlaufen, wenn unsere Erziehung eben nicht auf diese vermeintliche Sicherheit abzielen würde. Wenn meine Eltern gesagt hätten: Katrin, gib dir für alles, was du spannend findest im Leben, fünf Jahre. Werde Gärtnerin, Flugbegleiterin, Moderatorin, Innenarchitektin, Schlagersängerin und Rennfahrerin, was du willst. Gib immer dein Bestes, nimm mit, was geht, und versuch, so weit wie möglich zu kommen: Versuch, die Beste, die Erfolgreichste oder die Inspirierendste zu werden. Dann lass los und mach das nächste. Wie oft hängen wir jahrelang in einem Job oder an Dingen, um hinterher festzustellen: Es hat sich nicht gelohnt? Ich fände spannender, den Gedanken ernst zu nehmen, dass man nur einmal lebt, und rauszufinden, was im Leben für einen drinsteckt.«

## DENK ERST MAL POSITIV

Während man in Amerika sagt *Just do it!*, fragen wir in Deutschland eher *Bist du dir sicher?*, wenn jemand etwas Neues wagt. Oder entgegnen noch schlimmer: *Schuster, bleib bei deinen Leisten* – ein Sprichwort, dessen Verfallsdatum schon lange überschritten ist. »Wir verwenden viel Energie auf Negatives, malen es uns in allen Farben und Facetten aus, haben Bedenken und machen jemandem etwas madig, bevor es überhaupt losgegangen ist – häufig unbewusst. Komischerweise ist das gesellschaftlich bei uns anerkannter, als zu sagen: ›Hau rein, geile Idee, meld dich, wenn du was brauchst, und vor allem viel Glück!‹ Man könnte doch die gleiche Energie auch auf etwas Positives verwenden. Allerdings gilt man dann als esoterisch, realitätsfremd oder verträumt. Hermann Hesse hat in etwa gesagt: Man muss das Unmögliche erreichen wollen, denn das was möglich ist, erreicht man sowieso. Heißt: Die Realität holt dich sowieso ein, aber bis dahin ist Optimismus doch zwischendurch auch mal was Feines.«

## TRAU AUCH DEN GUTEN TAGEN

Diese Grundskepsis färbt nicht nur auf Neuerungen ab, sondern auch auf die guten Momente. Jeder kennt den Satz »Freu dich nicht zu früh«. Was für ein Quatsch: »In meiner Familie tut man sich eher schwer mit der Idee, das Leben einfach zu genießen. Es herrscht eher das Motto: Erst die Arbeit, dann das Vergnügen – aber eigentlich gibt's immer irgendwas zu arbeiten, weswegen es selten vergnüglich wird. So hat man immer den Eindruck, das Leben sei ungemein hart und beschwerlich, weil man sich das Schöne trotz Schufterei quasi nie wirklich verdienen kann. Wir gönnen uns selten was. Dem Glück traut man nicht, den schlechten Zeiten aber schon, denn die sind ja ernst. Glück ist uns suspekt, so als gehöre sich das eigentlich nicht, als würde man direkt durchdrehen, wenn man es sich mal gut gehen lässt. Denn nachher rächt sich das womöglich noch, dann bezahlt man doppelt und dreifach mit Krankheit und schweren Schicksalsschlägen. So denkt man bei uns. Aber die schlechten Zeiten, die nehmen wir sehr ernst. Das ist aus meiner Sicht eine katholische Sicht aufs Dasein, die ein gutes Leben verhindert.«

Ich kenne das auch. Es gibt ganz wenig Erfolge, die ich gefeiert habe. Meine Frau muss mich zu so etwas regelmäßig zwingen. Die Flaschen Sekt, die wir in der Firma bisher auf unsere Erfolge getrunken haben, kann ich an einer Hand abzählen.

Katrin erzählt weiter: »Der Vater einer meiner engsten Freundinnen hat im Urlaub mal gesagt:

KATRIN BAUERFEIND

> **Heute geht's uns gut, heute sind wir gesund, heute können wir es uns leisten, also genießen und feiern wir das! Wir machen das nicht irgendwann, wir machen das jetzt, heute! Man muss die guten Momente im Leben wertschätzen und festhalten. Dann steht man auch die schlechten Zeiten besser durch. Die Kleinigkeiten und den Alltag zelebrieren ist nicht die Welt, aber am Ende ist das das Leben.**

Dann hat er einen Sekt aufgemacht und wir haben alle zusammen den Sonnenuntergang geguckt. Damals hab ich zum ersten Mal verstanden, wie das gemeint ist, die vermeintlichen Selbstverständlichkeiten wertzuschätzen.«

KATRIN BAUERFEIND

## DEIN LEBEN IST NICHT SO STRESSIG, WIE DU TUST

Ich merke Katrin im Gespräch an, dass sie lernen musste, die guten Momente zu feiern und nicht alles Private immer wieder absagen zu müssen, weil beruflich gerade so viel los ist. Sie ist stolz, dass sie das jetzt kann. »Es gibt diese Attitüde, immer gestresst zu sein. Ich habe mich irgendwann selbst mit meiner Geschichte genervt. Immer zu sagen: ›Leute, Wahnsinn, ich hab irre Stress, null Zeit, viel los grad bei mir, vielleicht schaffen wir nächsten Monat nen Kaffee!‹ Es gab Jahre, in denen ich meinen Freunden nichts anderes erzählt hab. Ich fand das ermüdend. Immerhin bin ich nicht Beyoncé, dann wär der Wahnsinn ja vielleicht noch gerechtfertigt. Am Ende geht es doch darum, hier im Rahmen seiner Möglichkeiten mit guten Menschen eine gute Zeit zu haben – wofür sonst der ganze Quatsch?«
Genau, wofür denn der Quatsch? Also: Ich kaufe jetzt eine Flasche Sekt und rufe meine Freunde zusammen. Es war eine gute Woche. Ich habe viel geschafft und du bestimmt auch. Lass uns anstoßen. Auf dich! Auf uns! Auf euch! Prost.

# ATZE
# SCHRÖDER

## ÜBER DIE KUNST, SICH NICHT SO WICHTIG ZU NEHMEN

## ATZE SCHRÖDER

Schon die erste Nachricht von ihm hat mich überrascht. »Dein Podcast ist mir sehr gut bekannt und ich bin so was wie ein Fanboy. Ich freue mich, dass du an mich gedacht hast.« Von Atze Schröder, der seit zwanzig Jahren mit Minipli-Frisur, Fliegerbrille, zu engem Shirt und zu enger Hose auf der Bühne steht und prollige Witze macht, hätte ich nicht gedacht, dass er meinen Podcast hört. Atze und Matze, das will auf den ersten Blick nicht richtig passen. Das dachte er wohl auch und fragte mich irgendwann im Gespräch, warum ich ihn eigentlich eingeladen habe.
Der Grund: Immer wieder haben mir Freunde und Bekannte von diesem Atze vorgeschwärmt – Leute, von denen ich nicht unbedingt angenommen habe, dass sie auf seine Kunst stehen. Und weil ich ein neugieriger Mensch bin, der auf seine Freunde hört, habe ich ihn eingeladen. Wie sich dann herausstellt, meinten meine Freunde vor allem den Mann hinter der Rolle. Denn Atze Schröder ist eine Kunstfigur – die Haare, die Klamotten, alles Inszenierung, und der Mann dahinter fast schon das komplette Gegenteil.
Nun sitzt er vor mir. Der Mann, der Atze spielt, spricht warm, hat fast etwas Gebücktes an sich. Alles, was laut, schrill, drüber ist, ist meilenweit entfernt. Stattdessen diese wahnsinnig lieben, neugierigen Augen und ein Auftritt, den ich als unscheinbar beschreiben würde. Dieser nette Herr tut alles dafür, dass man ihn auf einer Party erst einmal übersehen würde.

**Ich habe von Atze Schröder gelernt, wie man Kritik und sich selbst nicht zu wichtig nimmt, wozu Neugierde führen kann und was Nietzsche ihm beigebracht hat.**

ATZE SCHRÖDER

## NIMM ES NICHT PERSÖNLICH

Atze ist durch seine Serie *Alles Atze* auf RTL bekannt geworden und zählt zu den erfolgreichsten Comedians in Deutschland. Während der Vorbereitung auf unser Gespräch habe ich viele Artikel über ihn im Feuilleton gefunden, die nicht gerade wohlwollend sind. Ihn stört das gar nicht: »Von Anfang an musste ich ja immer damit leben, dass mich die einen super fanden und die anderen so richtig scheiße. Da gewöhnt man sich tatsächlich dran. Manchmal kann ich auch wirklich herzhaft drüber lachen. Ich weiß noch, als *Alles Atze* anlief, 2000 muss das gewesen sein. Da war der erste Gästebucheintrag auf meiner Homepage: ›Atze, du siehst aus wie ein wieherndes Pferd, dem man auf den Kopf geschissen hat.‹ Mein Patenkind fragte mich, ob mich so etwas nicht trifft. Da hab ich gesagt: ›Er fand es wohl nicht ganz so gut.‹ Ich hab mich dran gewöhnt ... Gerade so eine Figur wie Atze, bei der ich von Anfang an alles sehr ironisch angegangen bin, wird natürlich falsch verstanden. Ich muss damit leben, dass die Figur schwer einen auf den Deckel kriegt. Mich trifft es nicht persönlich, ich hab ja noch einen Schutzschild dazwischen. Atze ist ja eine Kunstfigur. Und bis heute habe ich Spaß daran, wenn Leute mich mit ihr verwechseln, also wenn sie denken, es gibt diese Atze-Welt wirklich.«
Er erzählt von einer Kritik aus dem Jahr 2006, die ihn dann doch beeinflusst hat. Den Namen des Verfassers kennt er noch immer. Die Überschrift des Artikels lautete »Was an Atze nervt«. Der Mann, der Atze spielt, stellte damals fest, dass der Autor recht hatte. Atze hat wirklich genervt, denn er

war in jeder Fernsehshow auf der Bühne – er war viel zu präsent. Daraufhin hat er weniger öffentliche Auftritte gemacht.

## DIE LEINE DES SCHICKSALS

Atze erzählt von seinem Weg vom Schlagzeuger einer Coverband zur Figur Atze Schröder. Und der geht in Kurzform so: Angefangen hat alles, weil ein Veranstalter neben seiner Coverband noch jemanden für eine Moderation gesucht hat. Und so fing Atze auf der Bühne an, Witze zu erzählen. Es waren Witze von seinem Vater, Witze, die er irgendwo aufgeschnappt hat – frei aus der Hüfte, nichts Aufgeschriebenes. Die Band löste sich auf, Atze übernahm bereits gebuchte Konzerte, und statt Schlager zu spielen, erzählte er noch mehr Witze. Die Verkleidung kam nach und nach dazu. Seine Kunstfigur lehnte er an Berichte über die Männer seiner Schwester an. Bei einem Festivalauftritt in Kiel stand im Publikum jemand vom NDR, der danach begeistert fragte, ob Atze mit auf eine Comedytour durch den Norden kommen wolle. Bei einem dieser Termine saß dann im Publikum eine Fernsehproduzentin, die ihn nach dem Auftritt wiederum fragte, ob er sich vorstellen könne, aus diesem Atze den Protagonisten einer Fernsehserie zu machen. Während er mir das so erzählt, kann er es selbst kaum glauben. »Ich habe nie an der Leine des Schicksals gezogen, wollte nie in eine bestimmte Richtung, sondern war immer sehr neugierig, was hinter der Tür ist. Wenn ich irgendwo reinkomme, muss ich wirklich jede Tür aufmachen, um zu sehen, was ist dahinter – das ist schon fast sprichwörtlich.

Ich hab nie in eine bestimmte Richtung gezogen, sondern war immer bereit, anderen zuzuhören und darüber nachzudenken, ob das nicht vielleicht doch eine gute Idee ist.«

## KÜNSTLER VS. DIENSTLEISTER

Schaut man sich seine Videos aus dem Jahr 2002 an, dann sieht man den gleichen Atze wie jetzt. Atze ist Atze geblieben. Alle, die versucht haben, seinen richtigen Namen zu veröffentlichen, hat er verklagt. Wie Bruce Wayne und Batman schützt er seine Identität. Auch dem Versuch, seinem Publikum eine andere Seite von sich zu zeigen, widersteht er. Katrin Bauerfeind sagte mal, dass jeder Mensch gekannt sein will und gerade bei Künstlern gibt es häufig den Drang, sich auch mal ganz anders zu präsentieren. Nicht so bei Atze: »Ich sehe mich ja mehr als Dienstleister. Ich gebe den Leuten, was sie an dem Abend wollen, und spüre auch eine Verantwortung. Wenn da Pärchen kommen, die zwei Karten gekauft haben, vielleicht noch einen Babysitter brauchen und mit Pausen-Sektchen einen Hunderter ausgeben an so einem Abend, dann verspür ich die Pflicht, die gut zu unterhalten.«

## DAS PUBLIKUM NICHT BELÄSTIGEN

Vor ein paar Jahren hatte sich Atze vorgenommen, politischer zu werden. Die Stimmung im Land hatte sich verändert, besonders bei der sogenannten Flüchtlingsfrage gingen die Meinungen auseinander. Atze hat das auch in den Kommentaren auf seiner Facebook-Seite wahrgenommen, er wollte auf seine Art Stellung zu den vorherrschenden Themen beziehen, hat es dann aber gelassen.

»So viel Resthirn hatte ich, das erst mal auszuprobieren, bei einer kleinen Tour. Ich hab gedacht, ich kann jetzt einen Paradigmenwechsel vornehmen und ganz anders sein auf der Bühne, aber das war vielleicht auch eine Selbstüberschätzung.«

Auf der kleinen Tour hat er jeden Abend improvisiert, hat Witze mit mehr Haltung ausprobiert und das Publikum direkt gefragt, wie sie das finden. Das Publikum wollte jedoch ganz klar Atze, so wie man ihn kennt.

»Ich fand es arrogant, dass ich meine eigenen Wünsche auf dem Rücken des Publikums austrage. Das klingt jetzt heroischer, als es war, aber ich fühlte mich dann doch verpflichtet, die Leute weiterhin zu unterhalten. Ich hab mir gedacht, wenn die Leute Atze-Karten kaufen und ihren Atze so wollen, wie sie ihn kennen, kriegen sie ihn auch. Dann kann ich meine künstlerische Seite, die ich jetzt vielleicht anders empfinde, woanders ausleben. Das geht auch. ==Ich kann ja viel besser zu Hause für mich ganz künstlerisch ein Buch schreiben, ein Bild malen oder einen Stein ins Wasser werfen, ohne das Atze-Publikum damit zu belästigen. Ich habe es letztendlich als meine eigene Arroganz empfunden, dass ich gedacht hab, mein Wichtigsein und meine politischen Statements auf die Bühne bringen zu müssen, und deswegen hab ich es gelassen.«==

ATZE SCHRÖDER

## WAS ÜBERSIEHT MAN?

Wenn Atze auf der Bühne steht, dann steht er dort allein mit seinem Programm. Die Hallen sind längst zu Arenen geworden und seine Shows werden immer noch größer. Aus unternehmerischer Sicht wirkt die Arbeit eines Comedians wahnsinnig einfach und lukrativ. Man könnte sich einfach ein paar Witze schreiben lassen und die dann immer wieder erzählen. Was übersieht man?
»Ich musste erst lernen, dass Fleiß unheimlich wichtig ist in dem Job. Als Schriftsteller ist Fleiß wichtig. Als Bassist in einer Band war es auch wichtig, fleißig zu sein, aber das ist das, was keiner sieht, weil es eine gewisse Leichtigkeit ausstrahlt. Nehmen wir mal Karl Lagerfeld. Wenn der mal wieder etwas Zitierfähiges vor irgendwelchen Kameras rausgehauen hat, dann sieht ja in dem Moment keiner, dass er einfach ein Workaholic war. Er hat ja immer gesagt: ›Ich arbeite gar nicht, ich tu nur das, was mir Spaß macht.‹ Aber er war ein wahnsinnig fleißiger Mensch. Und so ist es bei mir im Kleinen eben auch. Ich war über Jahrzehnte sehr zielstrebig, sehr fleißig, obwohl ich eigentlich ein fauler Sack bin. Talent gehört sicherlich auch dazu, und Glück und Durchsetzungsvermögen. Aber Fleiß ist ein ganz ganz wichtiger Faktor und das passt mir überhaupt nicht, dass ich all die Jahre so fleißig sein musste. Bin ich auch nicht mehr so. Aber jetzt kann ich es mir ja mittlerweile erlauben.« Vor einiger Zeit war er auf einem Segeltrip, seine nächste Tour war schon gebucht. Doch Atze hat sich spontan entschieden, sie abzusagen, um noch ein bisschen weitersegeln zu können. Sein Manager sagte dazu nur: Endlich verstehst du es.

**Ich kann nix. Wirklich. Ich verfüge über keinerlei Talent. Aber wenn man das erst mal weiß, kann man immer andere Leute fragen. Viele trauen sich viel zu viel zu und scheitern dann an sich selbst. Ich scheitere nicht, weil ich mir nicht zu viel vornehme.**

## VON NIETZSCHE LERNEN

Vor dem Gespräch war ich mir nicht sicher, wie es verlaufen wird. Ich hatte Sorge, dass mir die Bühnenfigur gegenübersitzen könnte und der Ruhrpott-Proll meine Fragen beantwortet. Doch vor mir sitzt wirklich – um beim Batman-Vergleich zu bleiben – der echte Bruce Wayne. Und der genießt es, auch mal nicht witzig und prollig sein zu müssen und eine andere Seite zeigen zu können: »Ich glaube ja daran, dass wir uns immer selbst begegnen, in allem, was wir tun. Dass es immer nur eine Spiegelung ist von dem, was wir sind. Die Dinge, die dir so passieren, die passieren ja oft nicht aus heiterem Himmel, sondern weil du der Matze bist, der du bist. Darum treten dir Leute entsprechend gegenüber, kreuzen Ereignisse deinen Weg. Und das ist meiner Meinung nach immer ein Spiegel. Von Nietzsche gibt es ein Zitat: ›Werde, der du bist.‹ Und darum geht es, glaub ich, im Leben. Dass man erkennt, dass alles, was um dich herum ist, mehr mit dir zu tun hat, als du denkst. Dass du dich immer überall spiegelst.«

Nach unserem Podcast hat Atze so viel positives Feedback bekommen, dass er sich dann doch getraut hat, auch seine maskenlose Seite mehr zu zeigen. Nicht auf der Bühne, aber im Podcast *Betreutes Fühlen*, den er zusammen mit Dr. Leon Windscheid macht. Große Empfehlung, unbedingt mal reinhören!

## WAS MÖCHTEST DU GEWESEN SEIN?

Zum Schluss frage ich Atze, wer er gewesen sein möchte. »An was soll man sich erinnern? An gar nichts. Ich möchte in Vergessenheit geraten. Ja, das wär mir wichtig, dass man mich vergisst. Die Lieben, die ich hab, werden sich meiner schon erinnern, aber das reicht mir auch. Für alle anderen möchte ich einfach nur verschwinden.«

Auf die Frage, was er auf ein großes Plakat am Alexanderplatz schreiben würde, antwortet er: »Nimm dich nicht zu wichtig.«

# FYNN KLIEMANN

## ÜBER DEN RAUSCH DES MACHENS

Wenn man den Ortsnamen »Rüspel« liest, denkt man nicht unbedingt, dass hier der Zeitgeist sein Zelt aufgestellt hat. 248 Einwohner leben hier, anderthalb Stunden von Hamburg entfernt. Aus einem Kaff wie diesem wollten früher immer alle abhauen. Mindestens nach Hamburg, aber bestenfalls nach Berlin. Jetzt wollen alle dorthin, weil es einen Einwohner gibt, der von hier aus mit die aufregendsten Beiträge der aktuellen Popkultur liefert.

Ich habe den Namen Fynn Kliemann erstmals als selbst ernannten Heimwerker-King auf YouTube wahrgenommen. Dort hat er schnodderig erklärt, wie man eine Mauer baut. Obwohl ich mich nicht ansatzweise dafür interessiere, habe ich das Video – genau wie inzwischen zwei Millionen Zuschauer – begeistert angeschaut. Aus dieser kleinen Mauer ist nun das *Kliemannsland* entstanden. Ein Paradies für Hobbybastler, Querdenker, Freigeister, für Menschen, denen man »Das geht nicht« sagt und die dann rausfinden, wie es doch geht. Hier wird auf drei Hektar gewerkelt, gebastelt, gekocht, Musik gemacht und manchmal auch rumgehangen. Letzteres aber eher selten, denn Häuptling Fynn macht vor, dass es immer etwas zu tun gibt, meistens mehrere Sachen zugleich.

Auf dem Hof entstehen die Videos für Fynns YouTube-Kanal. Er hat ein Buch geschrieben und es selbst herausgebracht und eine eigene Klamottenmarke gegründet, die er in seinem Webshop verkauft. Er betreibt einen Antiquitätenhandel, eine Werbeagentur, er baut Webseiten, veranstaltet Events im Kliemannsland, er spricht auf Konferenzen, hat ein eigenes Projektmanagement-Tool erfunden, und wenn er abends nach Hause kommt, geht er in sein kleines Studio unterm Dach, raucht sich heiser und produziert Musik, bis ihm die Augen endlich zufallen. Fynn ist der Beweis dafür, dass Kreativität eine unerschöpfliche Ressource ist. Je mehr man sie verwendet, desto mehr hat man davon.

Als ich ihn im Mai 2018 besuche, gibt es erst einmal Mittagessen im Kliemannsland. Wir sitzen an einer großen Tafel auf dem Hof. Fynn hat am Morgen über seinen Instagram-Kanal gefragt, ob ein paar Leute vorbeikommen und für ein anstehendes Event mithelfen wollen. Ein paar Stunden später sind ungefähr zwanzig Leute da, die jetzt mit uns essen. Manche von ihnen sind stundenlang angereist. Sie bekommen kein Geld für ihre Hilfe, sie wollen einfach mitmachen. Fynn sitzt ganz natürlich dazwischen. Während er isst und wir uns ein bisschen unterhalten, schneidet er parallel am Handy ein Video.

**Ich habe von Fynn Kliemann gelernt, warum er ein harter Geschäftsmann ist, warum er so sorglos mit seinen Ideen umgeht und was es kostet, wenn man so viel macht wie er.**

## DENK NICHTS KAPUTT

Fynn führt mich durchs Kliemannsland und zeigt mir all die kleinen Werkstätten, Ateliers und Ecken mit verrücktem selbst gebauten Zeug, die man aus seinen Videos kennt. Ein riesiger Teich, den er und seine Leute ausgegraben haben, um darin zu surfen. Ein Saal, in dem bekannte Künstler spielen, weil sie auf den Kanälen von Fynn landen oder weil sie, wie die freiwilligen Helfer, einfach mal hier sein wollen. An jeder Ecke noch eine Idee, noch ein Plan. Fynn scheint eine gewisse Befriedigung daraus zu ziehen, dass sich sein Gegenüber einfach nicht erklären kann, wie er das alles hinkriegt. Er liebt es, dass man kopfschüttelnd vor einem seiner Projekte steht und fragt: Das auch noch? Ja klar!

»Ich bin einfach nur einer von vielen Verrückten, die das hier machen. Vielleicht aber der, der am sorglosesten mit Ideen umgeht und sagt: Das machen wir jetzt einfach. Das ist, glaube ich, der wichtige Punkt. Diese Komponente ist total relevant für das Vorankommen hier auf dem Hof. Es gibt viele Menschen, die sehr viel kaputtdenken, und das mache ich einfach nicht. Ich starte immer und zwinge andere Leute dazu, genauso frei zu denken. Und dann fliegen die meinetwegen fünfmal auf die Schnauze und sind trotzdem noch zehnmal so schnell am Ziel, als wenn sie am Anfang alles mehrfach überdacht hätten. Das ist meine Aufgabe hier und der verpflichte ich mich auch.« Statt auf eine Eingebung, den richtigen Moment oder einer Erlaubnis von außen zu warten, fängt er einfach an. Seine Identität ist nicht abhängig von äußeren Zustimmungen. Fynn schöpft aus sich selbst.

## WIE FINANZIERT MAN FREIGEISTER?

Wahrscheinlich liegt es daran, dass ich selbst Unternehmer bin, aber ich kann mir so einen Ort nicht anschauen, ohne an die Wirtschaftlichkeit zu denken. So ein Hof kostet Geld, Videos machen kostet Geld, Freiheit kostet meistens auch

Geld und der Häuptling vom Kliemannsland sagt mir, dass er niemandem etwas schulden will.

»Eigentlich bin ich hauptsächlich Unternehmer. Ich bemühe mich aber nicht aktiv darum, sondern habe komischerweise ein ganz okayes Händchen für Ideen, die man vielleicht mal erfolgreich vermarkten kann. Ich habe einerseits voll Bock, ein bissiger Geschäftspartner zu sein und richtig hart zu verhandeln, zu feilschen, mit Leuten über Geld zu reden, große Investments einzusacken – denn Geld spielt natürlich eine Rolle. Aber wenn ich dann aus der Verhandlung raus bin, habe ich überhaupt keine Relation mehr zu dem ganzen Kram.«

Fynn erzählt, dass hartes Verhandeln dazu führt, dass er sich außerhalb der Verhandlung überhaupt nicht um Geld kümmern muss. Und er sagt auch, dass er nicht weiß, wie viel Geld er eigentlich verdient. »Ich kann dir mein Gehalt nicht sagen, weil das halt immer da ist. Ich verdiene hier was und da was, habe aber überhaupt keinen Überblick. Zum Glück bin ich umgeben von Menschen, die so was für mich mitdenken.« Er verhandelt also hart, damit er sich danach nicht mehr um seine Finanzen kümmern muss und damit das entstehen kann, was in den Videos und auf dem Hof so unbekümmert daherkommt. Wenn er sich für ein Experiment tagelang erfolglos mit dem Bau eines Schrottmagneten beschäftigt, muss er nicht darüber nachdenken, was das jetzt kostet. Er kann dabei frei sein, weil er es vorher verhandelt hat. Eine schlaue Trennung!

## NICHTS GLAUBEN, ALLES SELBST PROBIEREN

Sollte Fynn sich mal irgendwo bewerben müssen und die Standardfrage nach seinen Stärken gestellt bekommen, könnte er »Skepsis« antworten. »Ich glaube erst mal pauschal nichts. Wenn jemand sagt: ›Du baust diesen Grill, dafür brauchst du die Paste, damit die Stangen zusammenhalten‹, dann sage ich: ›Ne, die ist voll teuer, die andere wird es bestimmt auch tun. Wird nicht so heiß, glaube ich, das hält.‹ So musst du an alles rangehen. Ich glaube nix, ich probiere immer alles aus und dann weiß ich, ob es stimmt oder nicht.«
Fynn hatte für sein Musikprojekt schon einen Plattenvertrag unterschrieben. Als ihm bewusst wurde, dass daran auch zahlreiche Verpflichtungen hängen, hat er ihn wieder aufgelöst. »Ich denke, es muss einen anderen Weg geben, und der andere Weg ist immer, dass ich mein eigener Chef sein muss. Das heißt, ich gründe einfach selbst und dann mache ich den Vertrag mit mir aus. Ich mache dann das, was ich will. Das meine ich mit ›niemandem etwas schulden‹.«

**FYNN KLIEMANN**

> **Ich brauche niemanden, das ist ein wichtiges Fundament in meinem Dasein. Meine grundsätzliche Lebensstrategie ist, mich niemals abhängig zu machen, niemals von irgendwem abhängig zu sein.**

### NICHT BESSER ALS DIE ANDEREN

Wir sitzen in einem kleinen Studioraum. Das Album, das Fynn in ein paar Monaten veröffentlicht wird, heißt *nie*. Die Art, wie er es in die Welt bringen wird, ist komplett neu für die Musikindustrie. Er wird nur so viele Alben herstellen, wie vorher in seinem Onlineshop vorbestellt werden. Über hunderttausendmal wird sich das Album verkaufen – unabhängig von sämtlichen etablierten Vertriebswegen. Doch Fynn rennt mit so einem Erfolg nicht auf seine Brust trommelnd durch das Internet. Er weiß, dass er gute Ideen hat, ist aber nie zu berauscht von sich selbst. Ohne Koketterie sagt er: »Es gibt nichts auf der Welt, von dem ich behaupten würde, dass ich es besser kann als jeder andere.«

## DIE ANGST VOR EINEM BURN-OUT

Während des Gesprächs merke ich, wie ansteckend dieser Tatendrang ist. Ich will jetzt auch unbedingt noch was machen, mit den anderen basteln, noch was gründen und schnell was hochziehen. Andererseits wird mir allein beim Zuhören schon schwindelig. Hast du keine Angst vor einem Burn-out, Fynn?
»Das ist meine Lebensangst. Es ist ja nicht so, dass ich voll blauäugig da durchlaufe und sage: ›Ja, mir passiert das nicht‹, sondern ich habe sehr viele in meinem Umkreis, die schon weggeknickt sind. Ich habe schon auch mal ziemlich schwache Phasen gehabt, wo ich dachte: Alter, es geht einfach nicht mehr, was mache ich hier eigentlich? Und dann unterhalte ich mich über Zeitmanagement und gucke, was ich weglassen kann, und merke, dass ich nichts weglassen kann. Ich habe eigentlich noch eine andere Idee, die muss da noch irgendwo rein. Ich finde den Begriff richtig eklig, aber es ist voll Workaholic-mäßig. Wenn ich einen Tag nichts mache, dann werde ich richtig hibbelig. Ich kann nicht mehr schlafen, ich muss die ganze Zeit arbeiten. Manchmal gehe ich ins Bett, nachdem ich so fünfzehn von meinen zehn Must-Have-Punkten für den Tag abgearbeitet habe – ich habe also schon mehr geschafft, als ich wollte –, und denke: ›Reicht nicht‹, steh wieder auf, mache noch drei Stunden, bis mir die Augen richtig zufallen. Also ich sitze da, bis ich nicht mehr kann.«

Wir fahren zurück nach Hamburg. Meine Familie ist mit ins Kliemannsland gekommen. Mein Sohn hat die ganze Zeit auf dem Hof gespielt. Er mag es hier. Wir denken zum ersten mal darüber nach, uns auch einen Ort außerhalb der Stadt zu suchen. Nicht, um mehr zu machen, sondern weil wir merken, dass es für uns weniger sein muss, dass wir regelmäßige Pausen brauchen vom alltäglichen Wahnsinn. Ich habe also von Fynn nicht gelernt, wie man mehr macht, sondern dass man das machen sollte, was sich für einen selbst richtig anfühlt.

# ARBEITSWEISEN

# HOFPAUSE

## WIE ICH ETWAS NEUES ANFANGE

## HOFPAUSE

Ich mag es, mir neue Sachen auszudenken: In langer Weile irgendwo zu sitzen, zu merken, wie eine kleine Idee (wieder)kommt, und plötzlich ganz wach und ein bisschen zu euphorisch zu werden. In meinem Kopf setzen sich dann Puzzlestücke zusammen, ich muss schnell alles aufschreiben und gedanklich weiter daran basteln. Danach kommt etwas, was ich noch ein bisschen besser finde. Das Umsetzen: Ich liebe es, kleine und große Ideen in die Welt zu tragen. Ich liebe das Erblühen, die erste Berührung, das kleine Staunen und die Unschuld, die allem Neuen innewohnt. Hier habe ich aufgeschrieben, wie ich *Hotel Matze* angefangen habe – nämlich so, wie ich die meisten Sachen beginne.

Im Dezember 2015 war ich mit meiner Familie in Portugal. Ich nutze das Ende des Jahres immer für eine innere Inventur und für einen Ausblick. Das Handy bleibt in dieser Zeit in Berlin. Es ist besser, keinen Kontakt mit der Außenwelt zu haben, wenn man sich mit sich selbst beschäftigen will. Zwischen den Jahren blättere ich dann durch meine Notizen und schreibe neue Erkenntnisse auf. Ich schreibe auf, welchen Beschäftigungen ich nachgehe und welche davon zu viel sind oder mir keinen Spaß mehr machen – denn nur, wenn ich etwas streiche, kann ich etwas Neues anfangen. Für 2016 hatte ich gestrichen, dass ich als DJ auflege, und mir vorgenommen, einen eigenen Podcast zu starten. Es gibt nichts Schöneres als den Beginn einer neuen Leidenschaft. Das fühlt sich an wie Frühling!

Ich habe direkt mit einer Wunschliste angefangen und mir sogar schon Fragen für einzelne Gäste aufgeschrieben. Ich versuche, aus Ideen immer gleich eine erste Aufgabe abzuleiten und so direkt loszulegen. So kann eine Idee schnellstmöglich Realität werden, denn Machen macht mir mehr Spaß als Träumen.

Zurück in Berlin habe ich meinem Freund David davon erzählt. Er fand die Idee gut. Was aber noch wichtiger war: Er fragte mich immer wieder, was denn mit meinem Podcast sei. Er fragte mich im März und im Mai schon wieder. Immer kamen mir andere Sachen dazwischen, aber vor allem hatte ich noch keinen guten Namen gefunden. Und ohne Namen fällt es mir schwer, etwas anzufangen.

Es musste aber losgehen. Mit dem merkwürdigen Arbeitstitel *Stadtaffen* habe ich also Mitte Mai angefangen, Versuchskaninchen für meinen Podcast anzufragen. Mit der Autorin Ronja von Rönne bin ich auf Facebook befreundet, wir wollten immer mal was für *Mit Vergnügen* zusammen machen, das hat nie geklappt. Ich hatte wenig zu verlieren, also habe ich sie angeschrieben. Hier ist die orginale Anfrage, exakt so, wie ich sie gestellt habe:

*Hello again. Ich würde dich gern interviewen. Ich weiß, du hast da schon superviel gemacht … Wir möchten auf* Mit Vergnügen *einen neuen Podcast hosten. Der Arbeitstitel ist* Stadtaffen. *Ich will mich da mit coolen Typen aus Berlin über ihre Arbeit und natürlich Berlin unterhalten. Bestenfalls eine Bedienungsanleitung für beides erstellen. Ich finde es interessant, weil dein Promozyklus zum Buch eigentlich vorbei ist und wir ein bisschen mehr Schulterblick haben. Na ja, und du bist total geübt darin und ich noch nicht. :) Ich würde mich freuen!*

Und so kam es, dass sie eine Erinnerung später in unserem Büro saß und wir meinen ersten Podcast zusammen aufgenommen haben. Ich kann mir diese Folge heute schwer

anhören. Obwohl ich im Vorfeld ein kleines Sprachtraining hatte und obwohl ich so viel an dieser Folge geschnitten habe, sind die Unzulänglichkeiten mir sehr peinlich. Dazu kommen die Fragen. Was will der Typ eigentlich von ihr? Ronja hat das gut gemacht und zwischen meinen Stottereien ihren Platz gefunden. Die Folge bleibt natürlich trotz allem online – als Mahnmal, dass jeder Anfang schwer ist, und auch, weil es leider eine der meistgehörten Folgen im *Hotel Matze* ist.
Direkt nach Ronja habe ich Bettina Rust angefragt. Auch nur eine entfernte Bekannte und dazu eine Master-Interviewerin. Dass ich am Ende der Folge ein kleines Lob von ihr bekommen habe, hat mich total beflügelt. Und dann kam mir eines Morgens unter der Dusche der Name *Hotel Matze* entgegengeprasselt. Ich konnte endlich die ersten beiden Folgen veröffentlichen. Das war im September 2016.
Ich habe mir von Anfang an vorgenommen, zehn Folgen zu veröffentlichen – egal ob es mir Freude macht, egal ob es die Leute total bescheuert finden, egal wie viele oder wie wenig Leute den Podcast hören. Diese Art von Verbindlichkeit finde ich wichtig, denn es gibt immer einen Kommentar, einen anderen Termin, eine vermeintlich bessere Idee, die eigene Faulheit – also irgendwas, was einen davon abhält weiterzumachen. Darum hatte ich auch von Anfang an einen festen Veröffentlichungstermin: alle zwei Wochen am Donnerstag. Und so einen Termin – auch wenn er nur mit mir selbst ist, denn es gibt ja noch keine Hörerinnen – behandle ich, als würde ich den *Tatort* produzieren. Kein Senderchef sagt dir Sonntag um 20.15 Uhr: »Sorry, hat diese Woche nicht geklappt. Schau nächste Woche mal wieder vorbei – sieht gut

aus, dass es dann eine neue Folge gibt.« Ich bin mir ganz sicher: Die größten Erfolge erreicht man durch Regelmäßigkeit.

*Hotel Matze* habe ich das erste Jahr über in meiner Freizeit produziert. Mich vorbereiten, lesen, die Gäste treffen, die Folge schneiden – all das fand nach Feierabend statt, denn wir als Firma haben damit kein Geld verdient. Und darum geht es am Anfang auch gar nicht. Ich habe mich nur auf guten Inhalt konzentriert. Denn ich glaube fest daran, dass Geld gut umgesetzten Ideen irgendwann von allein folgt. Nach der sechsten Folge, mit Oliver Koletzki als Gast, war mir klar, dass es weitergehen wird, denn die Freude, die mir diese Begegnungen geschenkt haben, und auch das Feedback dazu waren für mich überwältigend. Stand heute haben wir über hundert Folgen veröffentlicht.

Was sagt uns das jetzt? Ich fasse zusammen:

1. Wenn du eine Idee hast, die du umsetzen willst, fang möglichst sofort mit dem ersten Schritt an.

2. Erzähl von deiner Idee, damit du immer wieder daran erinnert wirst und auch, damit du Angst bekommst, dass jemand anderes die Sache vorher umsetzen könnte.

3. Verpflichte dich zu einem festen Termin und einem festen Rahmen. Mach das Projekt zu deinem eigenen *Tatort*.

4. Es muss am Anfang überhaupt nicht perfekt sein.

5. Es muss auch nicht um Geld gehen.

Es sollte darum gehen, sich selbst und der Welt ein kleines Geschenk zu machen. Denn was gibt es Schöneres, als etwas in Händen zu halten oder zu präsentieren, das man selbst geschaffen hat – ob allein oder mit Freunden.
Ich weiß ja nicht, wie es dir geht, aber ich habe gerade richtig Lust bekommen, jetzt gleich etwas anzufangen.

# CHRISTOPH NIEMANN

## ÜBER KREATIVITÄT AUF KNOPFDRUCK

**D**as Aufregende an Berlin ist das Unaufgeregtsein gegenüber dem Aufregenden in der Stadt. Wenn man sich zum Beispiel in einer kleinen Parallelstraße zur Torstraße in Berlin-Mitte befindet, könnte man durch ein Ladenfenster einem der bekanntesten und gefragtesten Illustratoren der Welt beim Arbeiten zuschauen.
Christoph Niemann ist nach seinem Studium mit seiner Mappe mal eben nach New York gezogen und hat es geschafft, für den amerikanischen *Rolling Stone*, *Wired*, *The New York Times* und *The New Yorker* zu zeichnen. Für den *New Yorker* hat er über zwanzig Cover gestaltet, Christoph hat mehrere Bücher veröffentlicht, er baut Apps, bekommt Preise und es gibt eine eigene Netflix-Dokumentation über ihn.
Bevor ich an seine Tür klopfe, schaue ich Christoph eine Weile zu und frage mich, ob jemand, der so wohldurchdachte Striche in so überraschende Bilder setzt, auch mal große Gesten macht. Ob sich Christoph auch mal mit Anlauf in ein Hotelbett fallen lässt? Oder jemanden überschwänglich umarmt? Jetzt gerade knipst er eine Lampe aus, kramt in seinem Schreibtisch. Alles ist an seinem Platz – auch seine berühmte Brille. Das Atelier ist aufgeräumt, es ist eher ein Labor als eine »Factory«. Ich klopfe. Irritierend ist sein schwäbischer Dialekt – daran muss ich mich kurz gewöhnen. Weil am Tag unseres Treffens Tag der Komplimente ist, frage ich Christoph als Erstes, ob er sich mit seiner Erfahrung und seinem Erfolg noch an Komplimenten erfreuen kann. Er sagt: »Gute Komplimente werden grundsätzlich nicht alt.« Kritik aber auch nicht. »Für jeden schlechten Kommentar brauche ich 49 gute, um das wieder auszugleichen.«

**Ich habe von Christoph Niemann gelernt, wie man auf Knopfdruck eine unpeinliche Idee produziert, wie wichtig Handwerk dafür ist und dass auch ein berühmter Illustrator durch negatives Feedback am Boden zerstört sein kann.**

## WIE GIBT MAN GUTES FEEDBACK?

Christoph Niemann arbeitet mit den berühmtesten Art-Direktoren der Welt. Jede Künstlerin, jeder Auftragnehmer weiß um die Schwierigkeit, Feedback richtig zu vermitteln. »Wenn du viel Seele in deine Arbeit steckst, viel Kraft, Blut und Tränen und dann ist das Ergebnis aus irgendwelchen Gründen nicht gut oder richtig, dann fällt dein Herz natürlich immer erst mal runter, und das ist frustrierend. Die einzige Möglichkeit, sich davor zu schützen, ist, nicht so viel Seele in die Arbeit zu investieren. Das ist ja keine Option und deswegen muss man damit leben, und das wird tatsächlich nie leichter – auch nicht nach dem zwanzigsten *New Yorker*-Cover.« Auch Christoph ist verletzt und hinterfragt sein Können, wenn das 21. Cover nicht gelingen will. Es ist eine Königsdisziplin, zu verstehen, was das Gegenüber meint, wenn es sagt, dass das Rot im Entwurf nicht lebendig genug sei. »Die einzige Sache, die wirklich hilft und die gutes Feedback ermöglicht, ist Vertrauen auf beiden Seiten. Dass ich wirklich weiß, die andere Seite vertraut mir und die Kritik ist nicht der Angst geschuldet. Nach dem Motto: Was ist, wenn die Leute es missverstehen? Oft ist es das Beste, wenn man Jahre zusammenarbeitet und eine gemeinsame

Sprache entwickelt hat. Dass ich weiß, wie ich mit dem Kunden spreche und der Kunde mit mir und welche Vokabeln man benutzt. Was bedeutet: ›Oh, das ist jetzt noch nicht richtig gut‹? Das kann heißen: ›Es ist eine absolut peinliche Katastrophe, wie kannst du wagen, uns so etwas zu zeigen?‹ Oder es kann bedeuten: ›Hey, es ist schon prima, wir müssen hier nur noch bei einer von zwanzig Zeichnungen den Hintergrund anschneiden.‹ Das funktioniert nur über Zeit und Vertrauen, was ganz, ganz langsam wächst.«

## WIE KOMMT MAN AN JOBS?

Man kann annehmen, dass das Können und der Erfolg von berühmten Künstlern eine gottgleiche Gabe ist – und dass ihr Ruhm ihrem Talent einfach nachgeflogen ist. Christoph ist mit Mitte zwanzig direkt von der Kunstakademie in Stuttgart nach New York gezogen und hat sich mit Faxgerät und Telefon bewaffnet seine ersten Jobs besorgt. Es hat nicht lange gedauert, bis er für den *Rolling Stone* und für die Meinungsseite der *New York Times* zeichnete. Er begründet seine früheren Aufträge schlicht mit gutem Handwerk, welches er an der Akademie bei Heinz Edelmann gelernt hat. »Ich glaube, von den Kommilitonen, mit denen ich an der Akademie in einem Zimmer saß, wurde jeder in der *New York Times* publiziert. Wir haben gelernt, wie man eine Ideen-Illustration herstellt, wie man seinen Stil anpasst, wie man flexibel bleibt, dass ein Konzept nicht einfach vom Himmel fällt, sondern wie man mit gutem Handwerk auf Kommando eine unpeinliche Lösung entwickeln kann.« Christoph Niemann beschreibt sein erstes halbes Jahr in New York als aufreibend und schlaflos, aber er hatte das Glück, mit guten Art-Direktoren arbeiten zu können. Und er wusste schnell, was für seine Auftraggeber besonders wichtig ist. »Wenn du ordentliche Arbeit pünktlich machst, bist du Gold wert für jeden Art-Direktor. Und wenn ab und zu eine Idee von zehn richtig gut ist, dann ist es umso besser. Was aber nicht geht, ist, eine Deadline zu verpassen oder nicht mitzuspielen.« Auch in der Kreativbranche geht es also nicht nur um geniale Talente mit Überfliegerideen, sondern um klassisches Handwerk und um Pünktlichkeit. Und wer nicht mitspielt, ist kompliziert. Da hilft es sicher, ganz klar zu unterscheiden, ob es sich bei einem Projekt um eine Auftragsarbeit handelt, man also kreativer Dienstleister ist (dienen und leisten), oder ob man einer eigenen, freien Sache nachgeht.

## SEI DEIN EIGENER LESER

»Die wichtigste Sache, und die gilt fürs Schreiben, Zeichnen und Fotografieren: Du musst Konsument des Mediums sein, für das du produzieren willst. Wenn du sagst, du willst für den *New Yorker* illustrieren, hast den *New Yorker* aber noch nie gelesen, dann wird das ein Problem. Du musst die Kultur verstehen. Diese Art von Bildern zu kreieren, das lebt von der Empathie mit dem Leser. Ich mache ja ein Bild, das du nachher als Leser anschauen und dabei eine bestimmte Sache fühlen sollst. Das heißt, ich muss das Thema auch wie ein Leser betrachten, während ich produziere.«

## KREATIVITÄT AUF KOMMANDO

Nach Christophs Ansicht sollte man nachts um vier Uhr mit dem Auftrag geweckt werden können, etwas zur Zinsentwicklung in Nordeuropa und Südeuropa zu zeichnen. Man sollte es dann schaffen, in einer halben Stunde ein Bild zu produzieren, das gedruckt werden kann, über das sich die Leute nicht beschweren. Das ist für ihn Handwerk. Wie geht das? »Bestenfalls funktioniert eine redaktionelle Illustration wie eine Überschrift. Sie muss also funktionieren, ohne dass ich den Text gelesen habe. Headlines spielen ja oft mit Wortwitzen. Statt ›Das Imperium schlägt zurück‹ kann ich schreiben: ›Das Brimborium schlägt zurück‹, und jeder, der *Star Wars* gesehen hat, versteht diese Referenz. Genauso kann ich das bei einem Bild machen. Zum Beispiel kann ich einen tropfenden Wasserhahn nehmen und die Tropfen durch Totenköpfe, Dollarzeichen oder Autos ersetzen und somit zwei Bilder vermischen, die dann eine Aussage zu einem Text machen.«

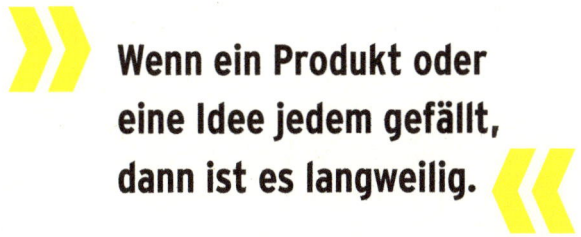

**Wenn ein Produkt oder eine Idee jedem gefällt, dann ist es langweilig.**

Statt sich damit zu quälen, etwas ganz Neues zu erfinden, kann man sich auch damit beschäftigen, neue Kombinationen zu finden.

## KONTROLLIERTES RELAXEN

Viele Kreative geben an, dass sie eine Pause machen, wenn sie nicht weiterkommen. Christoph sieht das anders: »Wenn es ernst wird, musst du weitermachen. Bei mir hat sich noch nie ein Problem gelöst, weil ich spazieren gegangen bin. Die Lösung kommt im Prozess. Manchmal hat man ja zwei goldene kreative Stunden, die den ganzen Monat retten. Die Frage, die man sich stellen sollte, ist: Wie kann man die Wahrscheinlichkeit für diese Zeit erhöhen? Das hat nichts mit Relaxen, sondern mit kontrolliertem Relaxen zu tun. Ich mache verschiedene Dinge zu verschiedenen Zeiten.« Darüber habe ich auch mit Bosse gesprochen, der sich genau angeschaut hat, zu welcher Uhrzeit er was am besten kann, und seine Routinen daraufhin angepasst hat.

## WAS MACHST DU, WENN DU NICHT SCHLAFEN KANNST?

Analysierte Abläufe, vorgegebene Zeiten, langfristige Zusammenarbeit mit den Auftraggebern – das hört sich fast zu einfach an, um wahr zu sein. Ist es in der Realität auch nicht. Manchmal quillt der Papierkorb trotzdem über, weil noch keine gute Idee dabei war und morgen früh die Deadline ist. Wie schafft es jemand wie Christoph Niemann, sich nicht um den Schlaf zu denken? »Ich stelle mir vor, wie Paul Breitner einen Eckball schießt. Ich stelle mir das haargenau vor, wie Paul Breitner – Fußballspieler aus den Siebzigern – ganz langsam Anlauf nimmt und den Ball langsam in den Strafraum schießt, und da sind Leute, die hochspringen. Ich versuche, mir diese Szene so genau wie möglich in jeder einzelnen Bewegung vorzustellen. Das ist die beste Routine, die ich habe. Es ist so eine Art Schäfchenzählen.«

Nach diesem Gespräch glaube ich, dass sich Christoph auch mit vollem Anlauf auf ein Bett werfen kann. Aber nicht einfach so. Ich glaube, dass er vorher die Matratze rausnimmt und durch etwas anderes ersetzt. Was könnte das sein? Ein Bällebad, frisch gepresster Orangensaft, die Lieblingsbücher? Eins zu eins wäre ihm definitiv zu gewöhnlich. Seine Kunst entsteht durch Kombination, und die Aufträge kommen mit Pünktlichkeit.

# BOSSE

# ÜBER
# FREIHEIT
# DURCH
# STRUKTUR

**E**in kreatives Leben stellt man sich oft auch chaotisch vor. Man sieht den Künstler in seinem Atelier oder Studio, überall stapelt sich Papier, stehen Leinwände und seltene Instrumente rum. Halb leere Kaffeetassen sind an den unmöglichsten Plätzen verteilt, dazwischen ein Künstler, der sich am Kopf kratzt, weil er seit einer Ewigkeit vergeblich nach etwas sucht. So in etwa könnte der typische Arbeitsraum eines Künstlers oder einer Künstlerin aussehen. Die meisten kreativen Menschen, die ich getroffen habe, haben sich über die Jahre jedoch ein System und Routinen erarbeitet, wie sie in diesen Räumen funktionieren – wie der Musiker Bosse zum Beispiel. Er zählt zu meinen »Hausgöttern«. Wenn ich seine Songs höre, fühle ich mich zu Hause. Seine Texte und seine Melodien tänzeln zwischen Melancholie und Euphorie und da fühle ich mich wohl.

Aki Bosse hat als Teenager in Braunschweig angefangen, Musik zu machen. Die ersten Jahre und die ersten Alben wollte ihm kaum jemand dabei zuhören. Er hat einfach weitergemacht. Jetzt laufen seine Lieder im Radio und er spielt auf großen Bühnen. Dabei hat er das, was er da macht, nie *richtig* gelernt. Weil man nicht lernen kann, wie man mit seiner Kunst Menschen berührt. Es gibt kein Unterrichtsfach für Melancholie. Dennoch hat sich Bosse im letzten Jahr aufgemacht, um besser zu verstehen, was er da macht, und darüber sprechen wir.

**Ich habe von Bosse gelernt, wie eine feste Struktur Freiheit geben kann, dass es keine Hilfsmittel gibt, um einen berührenden Song zu schreiben, und wie sich Zufriedenheit anfühlt.**

## GLÜCK UND ARBEIT

In seiner Wohnung in Hamburg hat Bosse ein kleines Musikzimmer. Dort entstehen die meisten seiner Songs. »Wenn das Kind in die Schule geht, fang ich an, so um acht Uhr. Dann habe ich ein Zeitfenster von sechs, sieben Stunden. Ich mag es schon ganz gern gemütlich. Ich habe auf jeden Fall Kaffee und irgendein gutes Getränk, ein bisschen was zu essen und meistens einen Trainingsanzug an – schick machen tue ich mich erst, wenn es wieder unter Leute geht. Im besten Fall bin ich frisch geduscht und sogar noch ein paar Kilometer gelaufen, damit der Kopf ein bisschen leer oder voll ist, und dann setz ich mich ran.
Wenn ich mich ransetze, dann habe ich auch was zu tun. Ich habe eine Sammlung an Themen und Dingen, über die ich gerne singen möchte. Diese Sammlungen habe ich im Handy, in Notizbüchern, auf dem Rechner. Mittlerweile schicke ich mir immer alles noch mal per Mail, damit ich zumindest einen Betreff habe. Ein guter Song braucht schon so eine Idee.«
In seiner Notizsammlung findet er kleine Zeilen, erste Ideen, aus denen er dann ein Lied macht. Manchmal fehlt noch ganz viel, manchmal ist es ein Refrain, manchmal eine Melodie. Ich stelle es mir vor wie ein Puzzle ohne Konturen, dessen Einzelteile man suchen muss. Ob die einzelnen Puzzlestücke zusammenpassen, ist erst einmal nur ein Gefühl. »Manchmal merke ich das körperlich, dass das gerade eine Lösung ist. Dass es sich irgendwie gut anfühlt und dass es irgendwas mit mir macht. Das hat nichts mit Logik zu tun, sondern das *macht* einfach erst mal nur. Ich merke es am

Körper, dass das der richtige Weg ist – irgendwas berührt mich, und ab dann nehme ich immer alles auf, was ich tue. Ich habe gelernt, dass bestimmte Wendungen ganz oft auch Zufälle sind. Glück also, Glück und Arbeit. Und das muss ich festhalten, denn dieses erste Gefühl ist ganz oft das Element, das später das Wichtigste am ganzen Lied ist. Für mich ist Musik immer noch der erste Moment. Also wenn das ganz frisch ist, wenn das auf einen zukommt, auch für mich als Hörer, das hat immer noch den größten Zauber.« Diesen Zauber versucht man als Künstler später immer wieder zu reproduzieren, ob im großen Studio, wenn man mit anderen Musikern arbeitet, oder auf der großen Festivalbühne vor Publikum. Steht man dort als Fan davor, ist man bestenfalls so berührt wie der Musiker im Moment des Schaffens. Das ist die größte Leistung, wenn diese Übertragung gelingt.

## NIEMAND WEISS, WIE ES GEHT

Bosse geht jeden Tag in sein Musikzimmer und es kann auch mal sein, dass vierzehn Tage lang nichts passiert. Aber die Belohnung kommt dann am sechzehnten Tag, wenn er einen Song in drei Minuten schreibt.
»Was ich gelernt hab beim Schreiben – und das ist auch das Einzige –, ist, dass es super viele Tricks gibt und dass man sich alles kaufen, die geilsten Mikrofone und die besten Programme. Doch die absolute Wahrheit ist: Egal was ich weiß und egal was ich gemacht habe, ich fang trotzdem immer wieder bei null an, so wie damals mit dreizehneinhalb Jahren im Kinderzimmer. Es ist im Grunde immer noch das-

selbe. Ein guter Song ist ein guter Song, der macht nur dann Sinn, wenn er auch für den Protagonisten Sinn macht und wenn er den kickt. Deshalb weiß ich einfach nicht, wie es geht, ich habe keine Ahnung. In der Sekunde, in der es entsteht, habe ich es vergessen. Ich kann es nicht reproduzieren und ich sitze mit 38 Jahren immer noch da, so wie mit dreizehn eben: Weißes Blatt Papier, Klavier, Gitarre – und bitte.«

Das ist das Gerechte am künstlerischen Schaffen. Es spielt keine Rolle, wie bekannt man ist, wie viele Hits man hatte, wie viele Millionen man eingespielt hat: »Ich kann das in solchen Momenten eigentlich nur so machen, wie ich das damals auch vor dem Kurt-Cobain-Plakat gemacht hab. Das ehrlichste Liebeslied ist eben das, was man damals mit dreizehn Jahren für die zwei Jahre ältere Jessica geschrieben hat.«

## FREIHEIT DURCH STRUKTUR

Seit 25 Jahren schreibt Bosse Songs. Im letzten Jahr hat er sich aufgemacht, um sich als Künstler besser zu begreifen, um besser zu verstehen, wie er eigentlich funktioniert: »Ich habe angefangen, andere Künstler zu treffen, darunter ist einer der größten Maler, den es in Deutschland gibt. Ich darf seinen Namen nicht sagen. Ich wollte herausfinden, wie man das Beste aus einem Körper rausholt, zu welchen Uhrzeiten, und welcher Typ ich da eigentlich bin. Einer der Gründe, warum ich sehr früh morgens anfange, ist, dass ich eigentlich ein Bauer bin. Ich bin immer schon früh aufgestanden

und brauchte immer schon die Natur, um mich gut zu fühlen, um runterzukommen oder dem Druck Berlins zu entfliehen. Genauso brauchte ich aber auch immer schon feste Zeiten und etwas Geregeltes. So habe ich das dann analysiert mit zwei, drei Leuten. Und zum Beispiel der Maler, der so schöne Bilder malt, der steht jeden Morgen um fünf Uhr auf. Von 5.15 Uhr bis 6.45 Uhr entwickelt er. Danach wird nur noch ausgemalt, dann fährt er Fahrrad, hat ein festes Mittagessen mit Freunden um 11.15 Uhr. Nach dem Essen ist er müde, legt sich schlafen. Nach dem Nickerchen ist er so fit, dass er wieder kreativ sein kann. Da fängt er meistens das nächste Bild an, um danach nur noch auszumalen.
Der Maler lebt einfach diese Struktur des immer Wiederkehrenden – sein Prinzip ist der wiederkehrende Tagesablauf, in dem man eine Endlosschleife an Kreativität ausschütten kann. Er schafft es zum Beispiel, eine wirklich kreative Zeit von zwei Stunden am Stück zu haben – was wohl, wie ich das gehört habe, unfassbar krass ist. Was ich durch ihn gelernt habe: ==Ganz ganz oft denkt man ja, dass solche Typen, solche großen Künstler, doch eigentlich die verrücktesten, unstrukturiertesten, bekifftesten Typen sind. Aber in dem Fall ist es das absolute Gegenteil. Es ist eher beamtig, aber trotzdem mit einem Output. Das bedeutet Freiheit durch Struktur.«==
Bosse hat unter einem Plakat von Kurt Cobain angefangen, seine ersten Lieder zu schreiben. 25 Jahre später bringt er sein siebtes Album heraus. Er hat bis dahin alles beim Machen und nicht durch aktives Lernen gelernt. Er hat seine Kreativität eher physisch erfahren als intellektuell analysiert. Erst jetzt versucht er, sie rational zu verstehen.
Er erzählt, wie er früher Stunden damit verbracht hat, in den

verschiedenen Versionen seiner Songideen nach bestimmten Stichwörtern zu suchen. »Mittlerweile habe ich so eine Struktur, dass ich mir die Ideen per Mail schicke und dann in Ordner packe. Nach Themen und Wörtern geordnet, was super ist, weil ich davor mein halbes Leben damit verbracht habe, ständig wie bei der Steuererklärung Belege zu suchen, von denen ich wusste, dass die irgendwann mal da waren, die ich aber einfach nicht mehr finden konnte. Das hilft mir wirklich: Nicht andauernd auf der Suche nach der eigenen Idee zu sein, die man eigentlich schon hatte – denn das ist ja eine doppelte Suche.«

Wie viele großartige Zeilen wurden wohl verloren, weil die Idee dafür verloren gegangen ist? Vielleicht sind die besten Songs von John Lennon nicht erschienen, weil er den Zettel mit den Lyrics verloren hat ... Eigentlich müsste man Apple mal einen Brief schreiben und sich nicht für die noch bessere Kamera, sondern für die Notizen-App bedanken. Dieser gelbe Balken oben, darunter zwei leere Zeichen. So viele kleine und große Ideen wurden durch diese App gerettet – weil niemand immer ein Notizbuch dabei hat, aber immer ein Smartphone.

### WIE FÜHLT SICH ZUFRIEDENHEIT AN?

Nach so viel Aufräumarbeit setzen wir uns und atmen kurz durch. Im Song *Alles ist jetzt* singt Bosse: »Ich hab gelernt, das Leben zu genießen und meine Freunde wie Blumen zu gießen.« Zum Ende unseres Gesprächs will ich wissen, wie sich diese Zufriedenheit anfühlt.

»Vor noch gar nicht allzu vielen Jahren hatte ich das Gefühl, da geht noch so viel. Du musst noch so viel sehen, du musst noch so viel machen, du musst noch so viel verlieren. Am besten jetzt. Jetzt renn! Dieses Gefühl ist irgendwie weg. Ich liebe es schon, wenn ich von einer Reise wiederkomme, irgendwas gemacht hab oder etwas Kleines fertiggestellt hab. Das waren eigentlich in meinem ganzen Leben immer schon die besten Momente. Der Moment danach, der Moment nach dem Sport, der Moment nach dem Song, der fertig geworden ist – dann zu merken: Wow, ich bin nicht mehr getrieben, hab nicht mehr zu viel Energie, aber auch nicht zu wenig. Der Schwede sagt *lagom* – mehr als okay. Einfach dasitzen und das einfach gut finden, ohne die ganze Zeit durchgebumst irgendwas zu wollen. Und dann gibt es schon so eine Form der Zufriedenheit, die, glaube ich, auch viel mit meinem Kind zu tun hat. Endlich mal nicht irgendwas machen müssen, sondern sich das einfach nur anzugucken und darüber glücklich zu sein. Wenn ich meine Tochter so sehe, wie sie weggeht, auf irgendeiner Straße, denke ich: Boah, ist die groß geworden, oh Gott, ist das gut – dann muss ich mich erst mal hinsetzen. Und dann schaue ich, wie sie da so langgeht. Sie geht ein bisschen so wie ich. Solche Momente hab ich in letzter Zeit öfter und das nenn ich dann Zufriedenheit.«

Wir gehen raus auf den Innenhof. Ich habe vor vielen Jahren mit dem Rauchen aufgehört, doch in manchen Momenten, wenn ich eine tiefe Zufriedenheit in mir spüre, dann paffe ich eine, ohne zu inhalieren. Ich frage Aki, ob er eine für mich hat. Wir stehen zusammen rum und rauchen, ohne viel zu sagen. Alles ist jetzt.

# KIM FRANK

## ÜBER DEN STOLZ AUF DIE EIGENE ARBEIT

**E**s ist schon die Art, wie er redet, wie mit seiner Stimme arbeitet, die mich berührt. Vielleicht kommt es daher, dass Kim Frank früher Sänger der Popband Echt war und es in dieser Rolle ja vor allem um das Transportieren von Emotionen geht. Vor der Bühne standen Tausende Mädchen und wenige Jungs, die Tränen in den Augen hatten, wenn er *Du trägst keine Liebe in dir* gesungen hat. Ich war einer dieser Jungs. Ich habe in Echt keine Teenie-, sondern eine große Popband gesehen. Kim war gerade mal zwanzig und bereits mehrere Jahre ein Superstar, als die Band sich 2002 aufgelöst hat. Seine Zwanziger waren dann geprägt davon, sich zu suchen, sich auszuprobieren, mal zu stolpern, wieder aufzustehen, sich neu zu erfinden und sich schließlich als das zu begreifen, was er im Grunde schon immer war: jemand, der Menschen mit seinen Geschichten berührt. Er sagt: »Ich finde, im besten Fall ist die Essenz von Kunst, dass sie Emotionen hervorruft. Welche auch immer das sind, außer Langeweile. Langeweile ist die eine Emotion, die verboten ist.«

Im Hamburger Portugiesenviertel hat Kim eine Parterrewohnung. Hier fließt alles zusammen. Keine Trennung zwischen Arbeit und Leben. Alles ist eins. Wir setzen uns an den großen Esstisch, darauf steht ein großer Strauß Blumen. Kim ist nervös, es ist sein erstes Interview seit sechs Jahren. Nach dem Ende von Echt hat er angefangen, als Videoregisseur zu arbeiten. Er hat für alle großen deutschen Stars Musikvideos gemacht und jahrelang versucht, einen eigenen Film zu drehen. Ein paar Wochen vor unserem Treffen hat er die notwendige Förderung für seinen ersten Spielfilm *Wach* bekommen.

**Ich habe von Kim Frank gelernt, wie man Emotionen auf ein weißes Blatt Papier bekommt, was man sich selbst sagen sollte, wenn die Arbeit getan ist, und wann es Zeit ist aufzugeben.**

## EMOTIONEN STATT PERFEKTION

Eins wird sofort klar. Kim ist ein Handwerker, der sein Tun ganz genau studiert hat. Wenn er an etwas arbeitet, dann wirft er sich nicht einfach rein und fängt mal locker an. Er verfolgt einen Plan und er weiß, was dafür zu tun ist. Das wird deutlich, als er erklärt, wie er die erste Fassung einer Geschichte schreibt: »Ich schreibe von vorne bis hinten durch. Ich gehe nicht ein Mal zurück. Ich lese nicht, was ich geschrieben habe, nie.
Es braucht eine wahnsinnige Selbstdisziplin, weil man natürlich jeden Morgen aufwacht, unfassbare Selbstzweifel hat und denkt: ›Oh Gott, was habe ich gestern für eine Scheiße geschrieben, ich muss das korrigieren, das muss anders.‹ Mach ich nicht, ich schreibe weiter, bis ich die erste Version zu Ende geschrieben habe, dann fange ich vorne wieder an. Ich musste lernen: Es ist nicht in Stein gemeißelt. Das, was du da schreibst, muss nicht perfekt sein, es muss nur voller Emotionen sein, perfekt kannst du es später noch machen. Und vielleicht muss es auch nie perfekt sein, weil es der Sache gar nicht gerecht wird, perfekt zu sein. Es muss voller Emotionen sein und nicht *richtig*. Wenn man eine Sache so emotional gemacht hat, werden achtzig Prozent stehen bleiben können und dann kommt erst die Arbeit,

denn an den letzten zwanzig Prozent sitzt du wahnsinnig lange.«

**Ich finde, im besten Fall ist die Essenz von Kunst, dass sie Emotionen hervorruft. Welche auch immer das sind, außer Langeweile. Langeweile ist die eine Emotion, die verboten ist.**

**FÜR WEN MACHST DU DAS?**

Kim erzählt, dass er jeden Tag stundenlang am Schreibtisch, am Set oder im Studio ist. Oft bekommt er wenig Schlaf ab, macht kaum Pausen. Es ist klar, dass er seinen Auftrag sehr ernst nimmt. Für wen macht er das? »Ich empfinde mich als Künstler, dem das Publikum sehr wichtig ist. Also wenn man so will, würde ich sagen, ich bin Pop-Künstler. Aber ich bin der Meinung, es gibt nicht *das Publikum*, es gibt nicht *den Zuschauer*, es gibt diese Masse nicht, es gibt nur Individuen. Solange ich etwas tue, was mir gefällt, ist die Wahrscheinlichkeit da, dass es auch anderen Leuten gefällt, denn wir sind alle Menschen und wir haben ähnliche Träume, ähnliche Ängste. Und wenn ich ehrlich bin, dann könnte diese Ehrlichkeit dazu führen, dass jemand anderes etwas für sich sieht in dem, was ich tue, oder sich von dieser Ehrlichkeit angezogen fühlt.« Interessant, denn diesen Gedanken hat auch Klaas Heufer-Umlauf so ähnlich formuliert.

## WANN BIST DU FERTIG?

Kim ist eine Ein-Mann-Produktions-Armee. Schaut man sich die Credits seiner Werke an, dann steht da schon mal Drehbuch, Regie, Kamera und Schnitt von Kim Frank. Wenn man also alle Möglichkeiten hat, weil man so viele Arbeitsschritte in der eigenen Hand hat, findet man dann überhaupt ein Ende? Und wie schließt man seinen Frieden mit dem fertigen Werk? »Ich konnte Dinge immer schwer abschließen. Durch die Karriere mit Echt, aber vor allem auch durch meine Arbeit danach habe ich gelernt, stolz darauf zu sein, etwas abzuschließen. Und fein zu sein mit den Dingen, die vielleicht nicht so geworden sind, wie man sie sich vorgestellt hat. Ich finde es ganz wichtig, Dinge fertig zu machen. Das Allerwichtigste ist, dass man in dem Moment, wo man die Sache macht, weiß, dass das das Beste ist, was man zu diesem Zeitpunkt unter diesen Voraussetzungen – auch gemessen an den eigenen Fähigkeiten – machen konnte. Wenn du dir ganz sicher bist, dass das das Beste ist, was du machen konntest, sei stolz auf dich selbst. Auch wenn es die letzte Scheiße ist und selbst wenn du drei Jahre später draufguckst und dich dafür schämst. Es war das Beste, was du tun konntest, sei stolz darauf, dass du dich getraut hast, es zu machen. Sei stolz, dass du es fertig gemacht hast, und sei stolz darauf, dass du es rausgebracht hast in die Welt.«

## WANN IST ES ZEIT AUFZUGEBEN?

Das ganze Herzblut, das man in seine kreative Arbeit steckt, ist leider keine Garantie dafür, dass diese Arbeit gesehen und anerkannt wird. Jahrelang hat Kim Drehbücher und Exposés geschrieben, die am Ende immer wieder abgelehnt wurden. Auf die Finanzierung für seinen ersten Spielfilm *Wach* hat er sechs Jahre warten müssen. Wie lange sollte man auf die gewünschte und notwendige Bestätigung hoffen? Wann ist es Zeit aufzugeben?
»Es gibt so ein Momentum und es ist schwer, das zu erkennen, nicht nur als Künstler, sondern, ich glaube, für jeden: Wann ist der Punkt, an dem du einfach Schiss hast vor dem Aufgeben, es aber besser tätest, und wann ist der Punkt, wo du feige wärst, wenn du aufgibst? Ich hatte immer Angst vor dem Tag, an dem ich durch diese sechs Jahre Arbeit an meinem Film irgendwann an den Punkt komme, wo sich Frust einstellt und ich denke, ich schaffe es nicht noch weiter, ich schaffe nicht noch mehr, ich schaffe es nicht, noch ein weiteres Jahr dafür zu kämpfen. Und plötzlich passiert es und alles fällt zusammen auf einen Punkt. Die Sterne richten sich. Alles rückt in die richtige Position. Der Weg wird frei. Ich war gerade auf Island am Drehen, als die Redakteurin vom ZDF mich anrief und mir sagte, dass sie es machen. Ich

stand da und guckte über die Landschaft und musste richtig krass heulen, weil so eine riesen Last von meinen Schultern fiel und plötzlich alles wieder Sinn gemacht hat. Dieses Momentum ist wichtig, glaube ich, für alles, was man tut. Wenn dieses Momentum sich nie einstellt, wage ich zu behaupten, ist man vielleicht auf dem Holzweg. Das Momentum muss aber nicht so groß sein, wie: Dein Film wird finanziert und bekommt grünes Licht. Das Momentum kann auch sein: Du machst etwas Kleines und es wird toll oder du überraschst dich selbst damit. Es muss ja auch Etappenerfolge geben und die müssen auch zählen. Ich glaube, sich immer nur am großen Ziel aufzuhängen, das beengt dich zu sehr, da kannst du nicht glücklich werden. Die kleinen Schritte müssen dir auch Spaß machen. Die kleinen Erfolge musst du auch feiern.«
Der Film *Wach* wurde also gedreht und ist ganz großartig geworden. Ich weiß, dass Kim jetzt gerade in seiner Parterrewohnung in Hamburg sitzt und an seiner ersten Serie schreibt. Wenn man durch die Fenster seiner Wohnung schaut, kann man ab und zu beobachten, wie Kim nackt in seiner Wohnung tanzt. Das macht er, wenn ihm etwas gelungen ist, wenn er etwas feiert. Und ich bin mir sicher, dass das bald wieder der Fall sein wird.

# MADELEINE »DARIADARIA« ALIZADEH

## ÜBER DIE HERAUSFORDERUNGEN DER SELBSTSTÄNDIGKEIT

Auf Social Media sieht die Welt der selbstständigen Creators (um nicht zu sagen Influencer) meistens sehr geordnet und inspirierend aus. Man sieht Menschen, die ihr Leben in die Hand genommen haben und ihre Unabhängigkeit genießen. Man sieht sie in sonnendurchfluteten Arbeitsräumen, an fernen Orten, mit spannenden Menschen, man sieht leckere Bowls, Abenteuer, coole Klamotten und passende Hashtags. Man bewundert sie und ist ein bisschen neidisch, während der Blick durch das voll besetzte Großraumbüro schweift, in dem man selbst gerade sitzt, während man durch Instagram scrollt. Wie viel Arbeit und wie viel Mut letztendlich dahinterstecken, wenn man sich selbstständig macht und seine Ein-Mann- oder Ein-Frau-Firma gründet, sieht man meistens nicht. Genauso wenig wie die vielen Unsicherheiten und den Wäscheständer, der nicht auf das Instagram-Foto gepasst hat.

Madeleine Darya Alizadeh hat sich vor zehn Jahren getraut, sich selbstständig zu machen. Zuerst als klassische Modebloggerin und dann als zeitgemäße Influencerin. Ich habe sie durch ihren Instagram-Account *DariaDaria* entdeckt. Sie beschäftigt sich mit Nachhaltigkeit, Mode und den kleinen und großen Fragen des Lebens. Sie fragt sich: Was ist mir wichtig und wie stehe ich dafür ein? Wie kann ich in einer Welt, die von Krisen beherrscht wird, optimistisch bleiben? Was sind alternative Produkte und Lebensmodelle? Wie führe ich ein selbstbestimmtes Leben?

Madeleine ist Podcasterin, betreibt das nachhaltige Modelabel *dariadéh* und hat den Spiegel-Bestseller *Starkes weiches Herz* geschrieben. Wer über sie berichtet, bezeichnet sie meistens als Influencerin, aber im Grunde ist sie Unternehmerin. Dazu sagt sie: »Das Selbstbewusstsein, dass ich mich als Unternehmerin bezeichne, habe ich erst seit Kurzem.«

**Ich habe von Madeleine Alizadeh gelernt, wie sie intuitiv ihre Entscheidungen trifft, wie man lernt, seine Arbeit abzugeben, und warum sie nicht an Detox glaubt.**

## WAS IST DER SCHWIERIGSTE TEIL DER SELBSTSTÄNDIGKEIT?

Madeleine hat viele Jahre lang alles allein gemacht. Sie hat geschrieben, Shootings organisiert, Briefmarken in der Post gekauft, ein Netzwerk aufgebaut, Pakete verschickt, fotografiert, Geld organisiert, Rechnungen geschrieben, mit Partnern und ihrer Community kommuniziert – alles selbstständig.

»Als Unternehmerin zu sagen: Ich gebe Dinge aus der Hand, ich lasse andere Menschen etwas für mich erledigen – das war für mich das Schwierigste. Meine Kompetenz als eigen wahrzunehmen und zu sagen: Okay, das sind die Dinge, die ich machen kann, die ich machen möchte und die mir erlaubt sind. Und alles außerhalb davon gebe ich ab, weil es Menschen gibt, die diese Dinge besser können als ich. Und weil es manchmal für den eigenen Seelenfrieden oder die mentale Gesundheit besser ist, wenn andere Menschen Dinge tun statt du selbst. Ich habe bis vor Kurzem tatsächlich noch den Großteil selber gemacht.«

Als Madeleine ihren ersten Mitarbeiter eingestellt hat, hat er ein Projektmanagement-Tool implementiert, in dem alles festgehalten wurde, woran Madeleine damals gearbeitet hat. Es waren fünfzig offene Projekte. Er hat sie nur fassungslos angeschaut. »Jetzt könnte ich das auch nicht mehr. Jetzt weiß ich, wie sich ein Leben anfühlt, wenn man den Laptop mal zumacht und weiß: Für heute habe ich mein Pensum tatsächlich abgearbeitet. Das hatte ich die letzten Jahre nie. Es war nie ein Tag da, wo ich gesagt habe: Für heute habe ich alles erledigt. Das gab es nicht, es gab immer noch zwanzig offene Tasks, die ich eigentlich an diesem Tag hätte erledigen müssen.«

## DIE IDENTIFIKATION ÜBER ARBEIT

Mit diesem Problem ist Madeleine nicht allein. Warum fällt es vielen von uns so schwer, weniger zu machen? »Man denkt: Wenn ich nicht arbeite, dann leiste ich nichts. Dann verdiene ich nichts. Wir identifizieren uns schon sehr stark über Leistung. Immer noch. Es ist sicher eine Bin-ich-genug-Frage. Bin ich genug, wenn ich nur so wenig tue? Was ist genug? Was ist perfekt?«
Niemand lobt uns dafür, dass wir heute nichts gemacht haben. Und niemand fragt uns, was wir heute *nicht* gemacht haben, denn es geht immer nur darum, was wir geschafft haben. Darum glauben wir auch, dass wir nur gut sind, wenn wir etwas leisten.

MADELEINE »DARIADARIA« ALIZADEH

## WIE SCHAFFST DU ES, DINGE ABZUGEBEN?

»Die Versuchung, in die man dann gerät, ist, zu delegieren, und Delegieren ist so ein bisschen wie Mikromanagement – nämlich, dass man einer Person genau sagt, was sie tun soll. Ich versuche eher die Kompetenz abzugeben und zu sagen: ›Das ist deine Kompetenz und die übst du voll aus. In diesem Rahmen, den wir festlegen, bewegst du dich frei und tust die Dinge, wie du sie für richtig hältst.‹ Ich glaube, solange man nur delegiert, gibt man eine Sache auch nicht vollständig ab, sondern gerät eher in die Versuchung, jede Entscheidung und jede Task zu überwachen und nachzukontrollieren. Das macht es oft fast noch schwieriger und komplizierter.«

## WIE TRIFFST DU DEINE ENTSCHEIDUNGEN?

Wir leben im Zeitalter der Optionen, was großartig und zugleich sehr anstrengend ist, weil man den eigenen Weg vor lauter Möglichkeiten schnell übersehen kann.
»Ich habe tatsächlich alle Entscheidungen immer intuitiv getroffen. Das mache ich immer noch. Es gibt das Buch *Blink* von Malcolm Gladwell, in dem er das sehr gut beschreibt. In dem er sagt, in einem *blink of an eye* – da entscheidet man eigentlich schon. Und genau so ist es auch. Ich habe innerlich extrem schnell eine Entscheidung getroffen bei sehr vielen Dingen und ich versuche, mich immer darauf zu berufen: Was ist meine erste Intuition oder was ist das Erste, was ich empfinde, wenn ich etwas lese, wenn ich etwas denke, wenn ich etwas höre? So greife ich auch meine Themen auf. Wenn

ich zum Beispiel ein Thema entdecke, frage ich mich gleich: Was weckt es in mir? Dann weiß ich direkt, ob das etwas ist, das ich in die Öffentlichkeit tragen möchte. Oder eben nicht. Das können verschiedenste Gefühle sein – es muss ja nicht immer ein gutes sein. Es kann ein Gefühl sein, das sich wie Reibung anfühlt, dass dadurch eine Art Hitze entsteht. Es kann Wut sein, Freude, Ekstase oder Ekel – eben die ganze Palette an Emotionen. Auf dieser Basis kann ich einschätzen, ob es ein Thema ist, womit ich mich länger befassen möchte.«

## WANN SAGST DU *NEIN*?

Wenn man als Selbstständige anfängt, dann ist jedes *Ja*, das man für die eigene Arbeit bekommt, ein kleines Wunder. Man steht morgens eher auf als alle anderen und bleibt länger wach und fragt die Welt – ob direkt oder indirekt – nach immer mehr *Ja*s. Und wenn alles gut geht, weiß man irgendwann, dass es funktioniert. Man bekommt Zuspruch, kann von seiner Idee leben und ist nicht mehr die Person, die fragt, sondern wird auch gefragt.
Dann tauchen mehr Möglichkeiten, Themen und Chancen auf und plötzlich reicht die eigene Zeit nicht mehr, um alles mit *Ja* beantworten zu können. Man muss plötzlich lernen, *Nein* zu sagen. »Das war vielleicht der wichtigste Prozess, den ich in den letzten Jahren durchlaufen habe. Dass ich eben nicht alles tue und nicht alles aufgreife und nicht alles mache. Ich glaube, da spielt FOMO, also die Angst, etwas zu verpassen, auch eine große Rolle. Aber eben auch der Ge-

danke, dass es einem nachhaltig schadet oder die Existenz, den Ruf oder das Prestige schädigt, wenn man etwas nicht macht. Ich glaube, ich habe ganz starke Sensoren dafür entwickelt, was ich für meine Komfortzone brauche. Das ist ja nicht immer schlecht, sich in seinen Komfortzonen wohlzufühlen.«

## WAS TUN, WENN ALLES ZU VIEL WIRD?

Die Anziehungskraft der Arbeit, die Anziehungskraft der Instagram-App, die Anziehung der Möglichkeiten sorgt immer wieder dafür, dass es zu viel wird. Dann löscht man Apps, erteilt sich Verbote, macht Detox, Entzug, Sabbatical. Als es für Madeleine zu viel wurde, hat sie mit ihrem Therapeuten gesprochen und ihm erzählt, dass sie mal ein Jahr von der Bildfläche verschwinden muss. Er entgegnete, dass er glaube, dass es danach genauso weitergehen werde wie jetzt. Dass sie wieder zu viel arbeiten wird und dann wieder eine Pause brauchen wird.

»Darauf hat er mich wirklich sehr klar hingewiesen, dass diese harten Brüche in den seltensten Fällen dazu führen, dass man danach nicht wieder in die alten Muster zurückfällt. Ich versuche jetzt, die goldene Mitte zu finden und mich nicht mehr in den Extremen zu bewegen, sondern eine vernünftige Langzeitlösung für das Arbeitspensum zu finden. Aber auch ein Verständnis zu entwickeln, dass es nicht immer klappt, dass das Gleichgewicht nicht immer da ist. Dass es Tage gibt, an denen ich sechs Stunden auf Instagram bin, und Tage, wo ich es schaffe, das Handy auszumachen. Ich glaube, es wäre ja auch gelogen zu sagen, man hätte herausgefunden, wie Dinge funktionieren, und jetzt macht man sie so. Zu wissen, dass man in verschiedene Verhaltensmuster fällt oder dass Dinge einfach so passieren, das ist schon die Erkenntnis.«

## BEWUSSTSEIN

»Ich glaube, es ist auch entlastend zu wissen, dass man Dinge nicht immer richtig macht, nur weil man weiß, wie sie gut funktionieren würden. Natürlich wüsste ich aus all meinen Selbsthilfebüchern, wie ich die tollste Partnerin der Welt wäre und wie ich die tollste Chefin der Welt wäre und wie ich mich selbst lieben könnte. Gelingt mir das immer? Nein, natürlich nicht. Ich glaube, dass das Bewusstsein über die Dinge, die wir tun, das eigentliche Ziel ist. ==Das Ziel ist nicht, die Dinge nicht mehr zu tun, sondern sich einfach *bewusst* zu sein, dass wir diese Dinge tun. Darum sind die Fragen oft wichtiger als die Antworten. Die Antwort bringt uns oft nichts, weil sie uns nicht davor bewahrt, etwas nicht mehr zu tun.==«
Nach unserem Gespräch muss Madeleine direkt weiter. Der Kalender für die kommenden Tage ist voll. Voll mit Terminen für andere, aber auch voll mit Terminen ganz für sich selbst.

# GIOVANNI DI LORENZO

## ÜBER PFLICHT- BEWUSSTSEIN UND FÜHRUNG

Hamburg kurz vor Weihnachten. Im Büro von Giovanni di Lorenzo sind alle Cover, die er als Chefredakteur der Wochenzeitung *DIE ZEIT* verantwortet hat, an die Wand geheftet. Da die Wände dafür nicht mehr ausreichen, geht es an der Decke weiter. Seine Büroleiterin erzählt mir, dass das Büro endlich einen Tacker genehmigt bekommen hat, damit die Titelblätter in Zukunft einfacher befestigt werden können. Kaum vorstellbar, dass der Chefredakteur der *ZEIT*, der Herausgeber vom *Tagesspiegel*, der Moderator von *3 nach 9* und Autor diverser Bestseller sich einen Tacker freigeben lassen muss.

Herr di Lorenzo sieht an diesem Tag wahnsinnig müde und geschafft aus. Er berichtet, dass er die letzte Nacht kaum geschlafen habe, weil er bis vier Uhr die aktuelle Ausgabe der *ZEIT* lesen musste: »Ich will nicht von meiner Redaktion erwischt werden, dass ich etwas nicht gesehen oder gelesen habe. Ich glaube, das ist auch nicht gut, wenn die Kollegen und Kolleginnen das Gefühl haben, der liest das gar nicht, der nimmt das gar nicht wahr – das verstößt total gegen mein Pflichtgefühl.«

Die komplette *ZEIT* durchzulesen schafft er allerdings nicht, da ihr Umfang im Durchschnitt dem des Romans *Die Vermessung der Welt* von Daniel Kehlmann entspricht. »Das schaffe selbst ich nicht zwischen Dienstag und Donnerstag.« Wir setzen uns auf sein Ledersofa und starten die Aufnahme. Ein Knacken im Kopfhörer, sein Mikrofon funktioniert nicht. Nach der Erfahrung mit Anne Will bin ich vorbereitet und ziehe ein neues Mikrofon mit Kabel aus der Tasche. Herr di Lorenzo schaut mich an und ich bilde mir ein, dass er meine doppelte Vorbereitung gut findet.

GIOVANNI DI LORENZO

**Ich habe von Giovanni di Lorenzo gelernt, wie er den Überblick behält, warum er nicht jammert und warum beruflicher Erfolg ihn nicht richtig wärmt.**

## WIE SIEHT DIE ERSTE STUNDE IHRES TAGES AUS?

Seit ich für mich eine Morgenroutine gefunden habe, weiß ich um die Wichtigkeit der ersten Stunden des Tages. Ich weiß eigentlich ziemlich sicher, dass der Tag danach eine bessere Chance hat, so zu werden, wie ich es will, wenn ich am Morgen Ruhe habe. Es überrascht mich, dass für viele meiner Gäste eher Kaffee und Mails die morgendliche Routine sind. Giovanni di Lorenzo ist da aufgeräumter: »Ich versuche, so aufzustehen, dass ich um acht Uhr am Schreibtisch sitze. Das ist die einzige Zeit, in der ich die Ruhe habe, alles zu lesen, was ich für den Tag wissen muss, und die zwei, drei Anrufe zu machen, von denen ich weiß, die brauchen die Ruhe, die ich während des Tages nicht habe. Erst dann gehe ich mit dem Gefühl, einigermaßen vorbereitet zu sein, ins Büro.« Diese Routine befolgt er auch auf Reisen. Er liest täglich die gedruckten Ausgaben des *Tagesspiegels*, der *F.A.Z.*, der *BILD* und der *Süddeutschen Zeitung* und schaut Frühstücksfernsehen.

## WIE BEHALTEN SIE DEN ÜBERBLICK?

Chefredakteur der *ZEIT* – man muss sich das einmal vorstellen. Wie viele Entscheidungen und Verhandlungen er wohl jeden Tag fällen und führen muss, wie viele Personen in kurzen Intervallen etwas von ihm wollen. Dazu die sich wöchentlich erneuernde Deadline und sein enormes Pflichtbewusstsein. Wie schafft Giovanni di Lorenzo es da, den Überblick zu behalten?

»Wenn hier jemand mit einem Thema reinkommt, dann haben wir darüber vielleicht das letzte Mal vor zwei Monaten gesprochen. Ich muss dann in der Lage sein, das total abrufen zu können. Von wichtigen Gesprächen mache ich mir Notizen und hefte sie als Akte ab. Es hilft auch, sich ein bis zwei Kernsätze aus dem Gespräch zu merken. Und sobald das Thema angesprochen wird, ist es wieder da. Der, der zu mir kommt, muss das Gefühl haben, dass ich jetzt und total in seinem Thema bin.«

Ich habe Herrn di Lorenzo gefragt, ob er so etwas wie einen Mentor oder Coach hat. »Ab und zu gibt es Menschen, die ich aufsuche und um Rat bitte und denen ich mich anvertraue. Weil der Druck manchmal immens ist, da braucht man Ventile. Ich glaube aber, keiner, der für mich arbeitet, will einen jammernden Chef haben.«

Ein Zeitcoach hat ihm dabei geholfen, sich noch besser zu organisieren: »Der hat mich morgens früh abgeholt und abends spät wieder abgeliefert und analysiert, wie effizient ich arbeite und wo ich Zeit verliere. Diesen Teil des Jobs bringt dir keiner bei. Management, Organisation, das ist alles Learning by Doing. Wenn man es allein macht, dann wurschtelt man oft nur vor sich hin.«

GIOVANNI DI LORENZO

## MENTORING

Giovanni di Lorenzo ist in Schweden geboren, in Italien aufgewachsen, mit elf Jahren nach Hannover gezogen. In den ersten Jahren dort fühlte er sich ohnmächtig. Er hatte keine Heimat mehr, verstand die Sprache nicht und war schlecht in der Schule. Die Ausgangssituation für seinen Beruf hätte nicht schlechter sein können. »Ich musste mir meine Schreibmaschine am Anfang immer noch von der Mutter eines Klassenkameraden borgen. Es war eine schwere elektrische *Triumph-Adler*. Ich musste sie fünf Stockwerke runter- und nach dem Artikelschreiben wieder hochtragen, bis ich irgendwann genug Geld hatte, um sie ihr abzukaufen. Und deshalb weiß ich, wie wichtig die zwei, drei Menschen in meinem Leben waren, die mir wirklich geholfen haben. Ich versuche, das so gut wie es geht jungen Kolleginnen und Kollegen weiterzugeben. Manchmal ist es ein Geschubstwerden oder zu sagen: ›Du gibst zu den schönsten Hoffnungen Anlass.‹«

## WAS BEDEUTET GUTE FÜHRUNG?

Vor mir sitzt einer der wichtigsten Medienmacher Deutschlands, der einen bestimmten Ruf hat. Giovanni di Lorenzo gilt als strenger Chef und ist auch ein strenges Gegenüber. Wie schafft er es dennoch, dass junge Redakteure, die bei der *ZEIT* anfangen, ihre Ideen angstfrei präsentieren?
»Ich bin nicht streng in dem Sinne, dass ich als Chef Dinge beschließe. Ich versuche, und das gehört zum Prinzip Füh-

rung unbedingt dazu, die Sachen auszusprechen. Ich versuche, zu sagen, was gut und was weniger gut ist, was gelungen und was nicht gelungen ist, und vor allen Dingen eine klare Erwartungshaltung zu äußern. Sodass die, die sich an die Aufgaben machen, wissen, was ich will. Ich bin ja darauf angewiesen, dass gute Ideen und Themen kommen, und wenn die Leute Angst haben, dann gehen sie bei dem, was sie vorschlagen, auf Nummer sicher, und das ist verheerend. Der Grad zwischen *sehr gut* und *sehr peinlich* ist oft sehr schmal. Die Kollegen und Kolleginnen dürfen keine Angst haben, dass sie auch mal ins Peinliche abrutschen.« Seiner Ansicht nach muss das Führen eines Medienhauses eine permanente Kulturrevolution ohne jede Grausamkeit sein.

**Es gibt nichts Schlimmeres als Chefs, die nicht sagen, was ist. Man muss wissen, woran man ist. Absolut neurotisierend ist die Erfahrung, aus einem Gespräch zu gehen und nicht so genau zu wissen, woran der andere gerade denkt.**

## KONSTRUKTIVE KRITIK

»Bei Kritik muss es um die Sache und nicht um die Person gehen. Ich erinnere mich, als ich hier angefangen habe, da war eine Praktikantin in der Art-Direktion. Ich sollte einen Titelentwurf abnehmen. Ich fand diesen Entwurf aber ganz furchtbar und habe den auch vor einer größeren Mannschaft runtergemacht. Dann meldete sich diese Praktikantin und sagte: ›Giovanni, Sie irren sich‹ – vor allen Leuten. Sie war die Jüngste im Raum. Und sie hat mir dann erläutert, warum das ein guter Titel ist. Malin Schulz ist heute Mitglied der Chefredaktion. Ich habe sie mir gemerkt, weil sie den Mut gehabt hat, etwas auszusprechen. Sie hat mich nicht angepöbelt, aber sie hat mir vor versammelter Mannschaft gesagt, dass ich etwas falsch sehe, und hat eine sehr gute Begründung geliefert.« Es gibt eine große Kritikkultur bei der ZEIT: »Sonst schläft ein Laden ein und kultiviert Marotten.«

Ich habe Herrn di Lorenzo, wie alle meine Gäste, gefragt, was er auf eine große Plakatwand am Alexanderplatz schreiben würde. Er musste nicht lange überlegen: »Sag es!« Das passt nicht nur zum Beruf des Journalisten. Ich habe das Gefühl, dass dies eines seiner Lebensthemen ist: Sich richtig ausdrücken zu können, sich zu trauen und andere zu ermutigen, es auch zu wagen.

## WAS WÜRDEN SIE IHREM 30-JÄHRIGEN ICH SAGEN?

»Die alte Max-Frisch-Frage. Ich glaube, ich würde ihm immer wieder versuchen zu sagen: ›Nimm es nicht so ernst, mach andere Sachen, nimm es nicht so wichtig.‹« Beim Abhören des Gesprächs frage ich mich, was genau er mit *Es* gemeint hat, und ärgere mich, dass mir das erst später aufgefallen ist, denn seinem 40-jährigen Ich würde er den gleichen Rat geben.

## ZU HOHE ERWARTUNGEN

Am liebsten würde ich dem pflichtbewussten Giovanni di Lorenzo eine Pause gönnen. Er sieht wirklich müde aus – so wie alle kurz vor Weihnachten. Wie wäre es, wenn ich vorschlage, dass ich ganz leise bin, damit er einfach ein Nickerchen hier auf der Couch machen kann? Ich weiß natürlich, dass er das nicht zulassen würde.
»Ich bin ja auch so, weil ich gar nicht anders kann. Ich kann es weder zum Maßstab nehmen noch anderen draußen einen Vorwurf machen, wenn sie sich nicht so reinhängen wie ich.«
»Sind Sie mit der Zeit milder geworden?«, frage ich.
»Ich wäre gerne liebevoller zu dem, der da immer unzufrieden ist, der nörgelt und stichelt und antreibt.«
»Gibt es einen Moment, wo Sie sagen: Ach Giovanni, das war jetzt mal gut?«
»Das versuche ich ganz intensiv zu trainieren. Wenn ich das Gefühl habe, dass ich da ganz gut darin bin, dann treffen wir uns noch mal. Da ist noch Luft nach oben.«

»Erlauben Sie sich so etwas wie Stolz?«
»Im allergrößten Notfall!«

## WAS WÄRMT SIE?

Gegen Ende des Gesprächs wird es zunehmend schwieriger. Giovanni sagt deutlich, dass ihm die Themen zu persönlich werden. Die zentrale Frage für diese Folge war für mich, was ihm dabei hilft, das Wichtige vom Unwichtigen zu unterscheiden. Die Antwort darauf kann ich ihm gerade noch abringen:

> **Die wichtigste Erfahrung war, als ich Dinge, die mir beruflich so erstrebenswert schienen, erreichte und dann merkte: Das wärmt nicht. Wärmen tun andere Dinge.**

Was für eine schöne Erkenntnis für so ein Jahresende. Ich bin froh, dass ich mich getraut habe, danach zu fragen.

Zum Schluss ein schnelles Foto, ein flüchtiger Händedruck. Aber ich weiß, wie viel ich von Giovanni di Lorenzo gelernt habe. Ich fahre nach Hause nach Berlin. Bald ist Weihnachten. Und ich weiß jetzt noch mal mehr: Zu Hause ist es am wärmsten.

# TIM MÄLZER

## ÜBER DEN SINN DES LEBENS UND DAS VERTRAUEN INS EIGENE BAUCHGEFÜHL

# TIM MÄLZER

**E**s gibt ja Personen des öffentlichen Lebens, zu denen man keine wirkliche Meinung hat. Tim Mälzer fällt nicht in diese Kategorie. Er ist Koch und Gastronom und so laut und direkt, dass man regelrecht gezwungen ist, sich eine Meinung über ihn zu bilden. Auf dieser Basis hat er sich eine große Karriere als Fernsehkoch aufgebaut.

Vor unserem Treffen gehe ich in sein Restaurant *Die Bullerei* im Hamburger Schanzenviertel. Wie immer ist es voll, aber wie immer kriegt man irgendwo doch noch einen Platz. Die Bedienung ist tätowiert wie ein Hafenarbeiter und hat die fürsorgliche Art eines Krankenpflegers. Ich esse das Senf-Ei. Kein verrückter Twist, keine Fusion, keine Neuinterpretation. Es schmeckt, wie es soll – wie bei Oma. »Ich weiß, was der Gast will, weil ich selber gern Gast bin«, sagt Tim.

Bevor er 2009 seine *Bullerei* eröffnet hat, hat er schon in vielen Hamburger Küchen gekocht, hat Restaurants geleitet, Kochshows im Fernsehen moderiert, Preise bekommen, Kochbücher geschrieben und Live-Events veranstaltet. Nach der Eröffnung der *Bullerei* probierte er sich an weiteren Restaurants und musste manche davon wieder schließen. Seit einigen Jahren läuft auf VOX die Kochduell-Show *Kitchen Impossible*, die Tims große Stärken – Schnacken und Kochen – auf höchster Unterhaltungsstufe vereint.

**Ich habe von Tim Mälzer gelernt, wie man ein impulsives Leben organisiert, warum er sich vor rationalen Entscheidungen schützt und wie er den Sinn seines Lebens gefunden hat.**

TIM MÄLZER

## KEIN KONZEPT IST AUCH EIN KONZEPT

Als er mit seinem Partner Patrick Rüther die *Bullerei* eröffnet hat, sagte er, er hoffe, dass man kein Konzept erkennen kann. Tim kann mit Konzeptgastronomie nämlich nicht viel anfangen: »Ich finde, wir als Gastronomen und du als Gast, wir sollten ein Verhältnis miteinander haben. Ich möchte von dir lernen, ich möchte deine Bedürfnisse kennen und ich möchte im Rahmen meiner Möglichkeiten auf diese Bedürfnisse eingehen, ohne dass ich mich verbiegen muss.« Lustigerweise haben Tim und Patrick im zweiten Jahr nach der Eröffnung eine Auszeichnung für das beste Gastro-Konzept gewonnen. So kann es gehen.

## ERST CHARAKTER, DANN KOMPETENZ

Immer wenn ich in der *Bullerei* essen war, haben mich die Leute vom Service genau richtig bedient. Etwas, was man in Berlin leider selten erlebt. Das Geheimnis dahinter ist, dass Tim in erster Linie nach Charakter und weniger nach Kompetenz eingestellt hat: »Ich stelle jetzt keine Leute mehr ein, sondern das Team stellt sich sozusagen selber zusammen. Die können doch viel besser beurteilen, ob wir jetzt mal einen Lauten, Leisen, was fachlich Kompetentes oder eher was Unterhaltsames brauchen. Ich bin nicht mehr jeden Tag da. Ich gebe auch nichts vor. Außer: Habt Respekt vor der eigenen Arbeit! Es bringt mir doch nichts, wenn ich einen Job ausübe, den ich bis aufs Blut hasse. Es bringt mir nichts, im Gastgewerbe zu arbeiten, wenn ich Gäste hasse. Als Chef

sage ich nicht, du hast aber so und so zu sein, sondern ich sehe dich, wie du bist, wie du als Gastgeber bist. Und ich lasse das zu, mit Ecken und Kanten und mit Fehlern.
Wir haben einen Kellner gehabt, der war unfassbar gut am Gast. Es brauchte aber vier Mitarbeiter, damit man seine Fehler wieder kompensieren konnte. Das ist eine Stärke, die hat nicht jeder. Schwächen haben wir alle. Stärken haben wir in unterschiedlichen Ebenen. Und ich habe seine Stärke geliebt – ich bin ja selbst genauso.«

## LASS DICH NICHT VON FEHLERN IRRITIEREN

Tims Einstellung zeigt, wie viel einfacher das Leben wird, wenn man sich nur auf die Stärken konzentriert und die Schwächen akzeptiert: »Ich bin unfassbar impulsiv, ich bin ein brillanter Koch, wenn die Scheiße am Dampfen ist. Wirklich! Ich kann unter Druck so gut arbeiten wie kaum ein anderer. Ich kann impulsive, schnelle, gute, emotionale Gerichte. Ich bin nicht gut im dezidierten Ausarbeiten. Da fehlen mir die Geduld und die Leidenschaft für. Ich mag gern Fehler machen und ich entdecke in jedem Fehler immer was Geiles. Im größten Scheißhaufen entdecke ich noch ein Stück Gold. Ich verbrenne Dinge, ich versalze Dinge und denke: Boah, diese Salzigkeit ist aber ganz interessant, lange bevor ich mich vom Fehler irritieren lasse. Und ich glaube, das ist eine Grundhaltung, die ich im Laden zu jeder Zeit transportiere.«

## DER EINSTELLUNGSTEST

Als Tim seine Leute noch selbst eingestellt hat, hatte er einen smarten Test, um aus mehreren Kandidaten den oder die Richtige auswählen zu können: »Ich habe absichtlich was verbrennen lassen. Der eine hat das Schwarze nach unten und die schöne Seite nach oben auf den Teller gelegt. Ist nicht eingestellt worden, weil wen will er belügen? Sich selber? Mich? Den Gast? Das ist einfach blödsinnig. Der nächste Kandidat sagte: ›Das ist schwarz, das serviere ich nicht.‹ Den habe ich auch nicht eingestellt, weil zu viel eigene Meinung. Manchmal muss ich auch einfach nur jemanden haben, der sofort umsetzt, was ich möchte. Und der Schlaue, den ich sofort eingestellt habe ohne Wenn und Aber, der hat gesagt: ›Das ist mir zu schwarz, soll ich das wirklich anrichten?‹ Der hat den Fehler erkannt, der hat gesagt, das ist nicht richtig für den Gast. Hat aber meine Kompetenz nicht angezweifelt, indem er nachgefragt hat: ›Ist das wirklich dein Ernst?‹ Dadurch bleibe ich als Koch noch integer – das fand ich smart.«

## BESCHÜTZE DEIN BAUCHGEFÜHL

Anfang des Jahres 2019 musste Tim für sein Düsseldorfer Restaurant *Hausmann's* Insolvenz anmelden. Aber statt zu jammern und Entscheidungen überzuanalysieren, schützte er das, was für ihn am wertvollsten ist: sein Bauchgefühl. Darauf muss er auch in Zukunft weiter vertrauen können: »Ich habe im Moment der Eröffnung, im Moment der

Standortwahl und des Objektes hundert Prozent dran geglaubt, da gab es keinen Zweifel. Und diese Energie möchte ich mir nicht nehmen lassen. Ich möchte nicht anfangen, rationale Entscheidungen zu treffen, sondern ich möchte weiter an das glauben, was ich tue. Vermeintlich gelingt mir alles. Aber mir gelingt so vieles nicht im Leben. Und es gibt so viele Dinge, die mitten im Prozess scheitern, die ich gar nicht auf die Straße bringe. Wenn ich drüber rede, sage ich meistens: ›Ich bin stolz drauf, dass ich das trotzdem gemacht habe.‹ Da war auch das Restaurant in New York, das als Scheitern betrachtet wird. Ich werde nie auf dem Sofa sitzen und sagen: Hätte ich mal gemacht.«

## MUSST DU DICH ÖFTER ENTSCHULDIGEN?

Wenn jemand laut, direkt und impulsiv ist, dann ist das für sein Gegenüber nicht immer handelbar. Auf die Frage, ob er sich öfters entschuldigen muss, kann es von Tim Mälzer nur eine Antwort geben. Eine impulsive: »Ich muss mich für gar nichts entschuldigen. Ich habe bestimmt schon viel Mist gebaut in meinem Leben, aber in den Momenten war das einfach eine Konsequenz der jeweiligen Situation. Ich muss mich nicht dafür entschuldigen, dass ich es eine Zeit lang echt habe krachen lassen. Und zwar nicht krachen lassen im Sinne von positiver Opulenz und Dekadenz, sondern im Selbstzerstörerischen. Dafür muss ich mich nicht entschuldigen. Das war die Welt, in der ich unterwegs bin. Ich muss mich nicht entschuldigen dafür, dass ich mit meinem eigenen Geld, mit meiner eigenen körperlichen Energie, mit meiner eigenen Kreativität einen Laden an die Wand gesetzt habe. Wer soll mir das bitte vorwerfen? Das lasse ich mir nicht gefallen und dafür muss ich mich nicht entschuldigen. Ich muss mich dafür entschuldigen, wenn ich Menschen durch meine Verbalität verletzt habe, ohne es mitzubekommen.«

## EINE REISE ZUM SINN DES LEBENS

2006 hatte Tim Mälzer einen Burn-out. Er hat sich in eine Schweizer Klinik einweisen lassen und dort gelernt, besser auf sich und auf die Signale seines Körpers zu achten. Wenn ihm heute zum Beispiel Nähe schnell zu viel wird – das kann ein Sitznachbar im Flugzeug sein –, dann weiß er, dass er eine Pause machen muss. Ein generell reduzierteres Arbeiten jedoch, mit täglich acht Stunden fester Arbeit, ist für ihn keine Option. »Ich liebe das, was ich tue. Ich liebe Gastronomie, ich liebe Kochen, ich liebe Menschen und ich bringe da gern die Energie rein. Die Frage war: Warum machst du das? Warum bist du nicht einfach mal mit weniger zufrieden, warum kannst du nicht reduzieren? Warum kannst du nicht ruhig werden? Warum kannst du dich nicht auf eine Sache konzentrieren? Warum machst du das? Du willst nicht reich werden. Du willst eigentlich auch nicht berühmt werden.«
Vor acht Jahren hat er eine Reise durch Europa unternommen, weil er versuchen wollte, diese Fragen zu beantworten. Nach Tagen voller Irrungen inklusive Parkplatzübernachtungen hat er in der Toskana einen magischen Ort entdeckt: »Da stand dieses Château, eine schöne Auffahrt,

ein schönes Tor, die Blumen waren schön und das Haus war spektakulär. Man hätte Sophia Loren da erwartet und nicht Tim Mälzer. Ich bin da rein und die waren noch am Staubsaugen: ›Eigentlich machen wir erst morgen auf.‹ Und ich sagte: ›Eine Woche vielleicht?‹ Das Hotel war teuer, die Badewanne war so groß, dass ich eine Leiter brauchte, um reinzukommen. Kannst du dich an die Übernachtung bei deinen Großeltern erinnern? Waren die Bettdecken nicht riesig? So war es da auch.
Dann saß ich eines Abends allein an meinem Pool, an meinem Haus – an meinem Herrenhaus in Italien. Es war die blaue Stunde, die Sonne ging unter, ein unfassbar schöner Moment. Ich habe eine sehr teure Flasche Wein getrunken, hatte einen leichten Glimmer im Kopf, aber so einen Gemütlichkeitsglimmer, und auf einmal bin ich ganz leicht geworden, weil die Antwort sich mir aufgetan hat: Warum mache ich das alles? Weil ich es kann! Einfach, weil ich es kann. Weil mir die Möglichkeit gegeben ist, und ich genieße das und ich möchte demütig meinem Schicksal gegenüber sein. Ich möchte nie arrogant meinem Schicksal gegenüber sein. Ich lebe in einer Welt der Möglichkeiten, der Optionen und ich möchte diesen Optionen auch gerecht werden.«
Natürlich wollte ich wissen, wo genau dieses Château ist, aber daran erinnert sich Tim Mälzer leider nicht mehr. Es gibt auch keine Fotos von dieser Reise, weil er sie sich sowieso nicht anschauen würde. Im Zweifelsfall wird ihn sein Bauchgefühl wieder dorthin zurückführen.

# PAUL
# RIPKE

## ÜBER PROBLEM-
## LÖSUNGEN UND
## PIONIERARBEIT

Paul Ripke steht zehn Minuten vor der vereinbarten Zeit vor der Hotelzimmertür. Ganz allein, keine Tasche, nur sich selbst dabei. Später wird er mir sagen, dass er im Laufe seines Lebens alle Möglichkeiten wahrnehmen konnte, weil er immer pünktlich war. »In einen Kontakt einzusteigen, wenn man direkt zu spät ist, ist für mich nicht nachvollziehbar.«

Wir kennen uns, wie man so schön sagt, vom Sehen – was bei Paul alles andere als ein Alleinstellungsmerkmal ist. In zeitgenössischen Popkulturkreisen – sprich Hip-Hop, Instagram-Influencer, Fußball, Formel 1 – ist der Name Paul Ripke oft der erste, der fällt, wenn jemand gesucht wird, der wirklich innovative Inhalte produziert.

Das erste Mal ist mir Paul als Fotograf und Kumpel des Rappers Marteria aufgefallen. Diesen Doppelstatus haben nach und nach mehrere Künstler eingenommen, denn Freundschaft und Job laufen bei Paul meistens zusammen. Dann der Karriere-Meilenstein: Paul durfte 2014 das Endspiel der deutschen Fußballnationalmannschaft in Rio mit seiner Leica-Kamera dokumentieren. Ich saß in meinem Wohnzimmer und konnte meinen Augen kaum trauen, als ich Paul da auf dem Spielfeld sah. Ist er das? Ja!

Paul lebt mit seiner Familie inzwischen in Newport Beach, Kalifornien. Sein Fußballbuch *One Night in Rio* hat sich hunderttausendmal verkauft, auf Instagram folgen ihm Hunderttausende, er hostet einen Podcast mit Moderator Joko Winterscheidt und hat als Content-Creator der Formel-1-Fahrer Lewis Hamilton und Nico Rosberg weitere Weltmeister auf dem Weg zur Siegertreppe dokumentiert.

## PAUL RIPKE

**Ich habe von Paul Ripke gelernt, dass man viele Sachen gleichzeitig machen kann, dass es bei Fotografie immer um das Gegenüber geht und dass man sich seine Zukunft wünschen kann.**

### MACH ALLES AUF EINMAL

Paul braucht im Gespräch nicht lange, um in Fahrt zu kommen. Die Erklärung für seine Energie liefert er gleich mit: »Mein Leben lässt sich zusammenfassen in Maximierung der Ereignisdichte. Ich will so viel wie möglich in so kurzer Zeit wie möglich erleben.« Das fing schon früh an. Statt erst den Zivildienst zu absolvieren und dann an die Uni zu gehen, hat er einfach beides zeitgleich gemacht.
»Ich war beim Zivildienst in Heidelberg und habe mich parallel auf einen Studienplatz für BWL in Hamburg beworben. Den habe ich per Losverfahren gewonnen. Allerdings konnte man den nicht schieben, sondern musste ihn direkt antreten. Man darf aber nicht studieren, während man Zivildienst macht. Ich war jedoch der Meinung, dass das nie überprüft wird. Wer soll das denn auch machen? Ich habe also weiter Zivildienst gemacht – im Schichtdienst Donnerstag bis Sonntag – und bin am Sonntag um 19.12 Uhr mit dem einzigen Direktzug von Heidelberg nach Hamburg gefahren, um parallel zu studieren.«
Während ich selbst überlegt eine Stufe nach der anderen gehe, ist Paul jemand, der vier Treppenstufen auf einmal nimmt und sich nicht die Mühe macht, die Treppe wieder hinunterzulaufen, um ins nächste Haus zu gelangen. Er

springt einfach direkt auf das nächste Hausdach. Nach der Begegnung mit Paul habe ich oft überlegt, wie ich beides gleichzeitig schaffen kann, wenn ich mich zwischen zwei Optionen entscheiden sollte.

## DU BIST NICHT DIE HAUPTSACHE

»Viele Fotografen nehmen sich selbst zu wichtig. Ich nehme mich tatsächlich nicht wichtig. Ich feiere die Fotos oder die Sachen, die ich mache, und freue mich drüber. Aber ich weiß, dass achtzig Prozent von dem, was ich tue, davon abhängig sind, was da drauf ist. Und damit habe ich meistens nichts zu tun. Wenn ich ein Foto von Barack Obama machen darf, dann ist es natürlich mehr wert, als wenn ich jemand an der Straßenecke fotografiere, den niemand kennt. Deswegen darf ich mich nicht so wichtig nehmen. Es muss uns Fotografen bewusst sein, dass das Objekt, das wir fotografieren, die Hauptsache ist.«
Wenn Paul den Raum betritt, wissen alle, dass er da ist. Er stellt sich zur Schau, er will auch, dass alle wissen, dass er da ist. Ich hätte gedacht, dass er sich und seinen Geschmack als Mittelpunkt seiner Arbeit sieht. Doch er versteht sich nicht als Künstler, sondern vorrangig als Dienstleister. »Das Stilmittel, das ich wähle, ist immer positiv für den Menschen, den ich fotografiere, und das ist das Wichtigste. Ganz viele Fotografen machen den Fehler, dass sie die für sich besten Fotos machen.«

PAUL RIPKE

## WIE LÖST DU EIN PROBLEM?

Paul ist wie ein Ingenieur, der Situationen und Wirkungen in Einzelteile zerlegt, sie genau betrachtet und dann auf seine Art wieder zu etwas Neuem zusammensetzt:
»Ich frage mich: Was will mein Kunde? Der will gut aussehen – darüber mache ich mir viele Gedanken. Ich frage mich auch: Warum ruft der mich an? Ich analysiere sehr intensiv. Ich wertschätze, was er vorher gemacht hat, und am Ende nutze ich den Tag effektiv. Ich löse ein Problem. Denn die ganze Sache, die ich mache, ist meistens ein Problem für alle Personen der Öffentlichkeit. Wenn du zum Beispiel Fernsehstar bist, dann kommt dein Management und sagt: ›Du musst dein Instagram machen.‹ Am Ende wollen sie dafür eine effektive Lösung. Wenn ich vorbeikomme, weiß ich, was ich tue. Ich strahle aus, dass ich nicht tausend Fotos extra mache, weil ich noch was ausprobieren möchte. In L. A. macht es zum Beispiel keinen Sinn, ein Foto um vierzehn Uhr zu machen, weil das Licht scheiße ist. Darum machen wir um sechzehn Uhr Fotos. Am Ende ist ein Haken dran, dass der Star Inhalte für die (sozialen) Medien kreieren muss. Meine Lösung ist angenehm. Ich schicke lieber zwei Stunden nach dem Shooting einen Link mit Fotos, die vielleicht nur bei achtzig Prozent der Qualität, dafür aber direkt verarbeitbar sind, als einen Link zu vier Fotos, die du nicht runterladen kannst, weil der WeTransfer-Link abgelaufen ist, dafür sind sie aber ganz toll bearbeitet. An so was scheitern drei Viertel aller Fotografen.«
Paul erzählt von einer Ausschreibung für eine Assistentenstelle, die er gemacht hat. 72 Prozent der Bewerber sind da-

bei durchgefallen, weil sie abgelaufene Links oder übergroße Dateien verschickt haben oder zu spät dran waren.

## ARBEITEN MIT FREUNDEN

Was ist, wenn deine Objekte Kumpels sind? Wie schafft man es, zwischen Geschäft und Freundschaft zu unterscheiden? Wann und wie äußert man, dass man es zum Beispiel fair fände, Geld für die Fotos zu bekommen, die man von den Konzerten des Kumpels gemacht hat? Gerade bei Paul, der mit vielen seiner Kunden befreundet zu sein scheint (er und Marteria haben den Namen des anderen auf den Rücken tätowiert), habe ich mich gefragt, wie er das handhabt. »Mach es umsonst, mach es lange umsonst und versuche, woanders Geld zu verdienen. Mach lieber am Dienstag Babyfotos für Geld und am Freitag umsonst Konzertfotos.« Marteria hat ihm, nachdem er ihn lange umsonst fotografiert hat, eine Beteiligung angeboten. Außerdem hat Paul zwei Jahre lang auf eigenen Wunsch die Gäste der TV-Show *Beckmann* fotografiert und das Set von *Circus HalliGalli*. Dafür hat er kein Geld bekommen, weil er in beiden Fällen die Initiative ergriffen hat. »Es gibt eine sehr lange Liste von Sachen, wo ich kein Geld bekommen habe. Was auch gut so ist, denn wenn ich mich da anbiete, wenn ich mir etwas wünsche, dann kann ich nicht sagen, ich hätte da gern tausend Euro dafür.«
Einige Zeit nach Pauls Fotos für *Circus HalliGalli* saß Moderator Joko Winterscheidt mit dem Manager des Formel-1-Fahrers Nico Rosberg zusammen, der gerade einen Foto-

grafen für seinen Schützling suchte. Joko rief per Facetime direkt bei Paul an. Paul hat daraufhin das nächste Rennen kostenlos begleitet, woraus ein fortlaufender Jahresvertrag mit Mercedes entstanden ist – und ein sehr erfolgreiches Buch über Nico Rosberg. Und mit Joko macht er inzwischen einen erfolgreichen und lukrativen Podcast. Kein schlechter Output für jemanden, der erst einmal umsonst arbeitet.

## WAS STEHT AUF DEINEM WUNSCHZETTEL?

» Ich habe in meinen Beruf die Chance, mir Sachen zu wünschen. Ganz oft frage ich mich: Was wünsche ich mir denn, wo will ich hin? Das kann ich formulieren, das kann ich zeigen. Wenn ich entscheide, jetzt nur noch Kinderfotografie zu machen, dann kann ich das machen. Dann zeige ich das und dadurch werden Kunden kommen. «
Als Paul im Flugzeug vom Rio-Endspiel zurück nach Berlin saß, hat der Manager der Nationalelf, Oliver Bierhoff, ihn gefragt: » Ein weißes Blatt Papier. Du hast jetzt diese Fotos, was würdest du damit machen? « Paul hat ihm gesagt, dass er ein goldenes Buch machen würde, eine Fußballbibel nur mit Reportagefotos und am Anfang ein paar Porträts. Genau so ist das Buch *One Night in Rio* geworden.

## WAS MACHT DICH ZUM PIONIER?

Ich suche für jeden Podcast eine Überschrift – eine Frage, die mich besonders interessiert. Für Paul hatte ich mir ursprünglich »Wie schafft man es, ein Original zu sein?« ausgedacht. Als einer von wenigen Gästen hat mich Paul vor der Aufzeichnung gefragt, was denn die übergreifende Frage für die Folge sei. »Ich fände ja passender: Wie schafft man es, ein Pionier zu sein? Für mich geht es darum, Sachen zum ersten Mal zu machen, mutig genug zu sein, Sachen zu erfinden und nicht zu folgen. Sachen kreieren, dabei aber auch ganz viele Sachen zu probieren, die nicht funktionieren, aber trotzdem der Erste zu sein, der dann etwas hinbekommt. Es geht darum, Pionier zu sein. Etwas zu wagen, etwas zum ersten Mal zu machen und Neuland zu betreten. Leute zum ersten Mal mit etwas Neuem zu berühren – das ist mein Anspruch im Leben.«

Ich bin dem Rat von Paul gefolgt und habe zu Beginn des Jahres einen Wunschzettel für das Jahr erstellt. Ein bisschen merkwürdig hat sich das schon angefühlt. Aber: Von elf Wünschen sind sieben Realität geworden. Du kannst es ja auch mal ausprobieren. Was steht auf deinem weißen Blatt?

# HOFPAUSE

## WIE MONATLICHE CHALLENGES MEIN LEBEN VERBESSERT HABEN

An diesem Morgen bereue ich meine Entscheidung besonders. Es ist kurz vor fünf Uhr früh und ich taumle durch mein Hotelzimmer in der Hamburger *Superbude*. Ich habe mir vorgenommen, eine Woche lang mit dem Sonnenaufgang aufzustehen. Dieses Vorhaben ist Teil einer Challenge, die ich mit meinem Freund Philip Siefer mache.
Philip und ich treffen uns einmal im Monat und besprechen, was ihn als Gründer von *einhorn* und mich als Gründer von *Mit Vergnügen* beschäftigt. Ich habe Philip beim Interview im *Hotel Matze* kennengelernt. Er hat die wunderbare Fähigkeit, in etwas Unangenehmem oder Komplexem auch eine (Geschäfts-)Möglichkeit zu sehen. So hat er mit seiner Firma Kondome und Periodenprodukte zu Lifestyle-Objekten gemacht. Unsere Gespräche nehmen wir auf und veröffentlichen sie als Podcast. Am Ende der Folgen von *Gut drauf* überlegen wir uns immer mal wieder eine Challenge, die unser Leben noch ein bisschen besser machen soll – auch wenn wir dieses Wort unmöglich finden. In dieser Woche stehen wir mit dem Sonnenaufgang auf. Auf den folgenden Seiten möchte ich die spannendsten dieser Challenges kurz vorstellen – vielleicht sind sie ja auch etwas für dich?

## DER 5-AM-CLUB

Während ich beobachte, wie die Sonne aufgeht, versuche ich mir einzureden, dass das ein sehr schöner Moment ist und dass ich ja gerade Sonnenstrahlen auf meinem Gesicht spüre. In Wahrheit frage ich mich nur, wann das Hotelrestaurant aufmacht, damit ich endlich einen Kaffee trinken kann.

Ich habe gelesen, dass es den *5-AM-Club* gibt und dass Howard Schultz – der Gründer von Starbucks – in diesem Club ist. Ich habe außerdem gelesen, dass viele Autoren und Topmanager jetzt mit mir wach sind und gerade jetzt ganz viele Sachen geregelt bekommen. Dass sie jetzt schreiben, tief nachdenken, sich unerreichbar fühlen und dadurch unerreichbar erfolgreich werden. Ich versuche zu schreiben. Ich versuche zu denken. Ich versuche zu meditieren. Dass das jetzt besonders tief ist, kann ich nicht behaupten. Einen Tesla habe ich in den letzten drei Tagen jedenfalls nicht erfunden. Vielleicht kommt das noch, sind ja noch vier Tage im 5-Uhr-Club.

## DAS BESTE DES TAGES

Ich habe durch Philips und meine Challenges ein paar Dinge in meinem Leben wirklich verbessert. Los ging es mit *Das Beste des Tages*. Wir haben uns vorgenommen, jeden Tag den besten Moment des Tages in ein geteiltes Google Doc einzutragen. Eine Spalte für mich, eine Spalte für Philip. Über zwei Jahre führen wir diese Liste jetzt schon. Egal was an einem Tag passiert ist, es bleibt etwas Positives stehen, und indem man es teilt, wird es noch größer. Ist *Das Beste des Tages* besonders gut, kriegt es ein »Wow, wie geil ist das denn?« vom Gegenüber. Wenn der andere ein paar Tage nicht geschrieben hat oder nur sehr mittelmäßige Sachen einträgt, weiß man, dass man nachfragen sollte: »Alles gut bei dir?«
Irgendwann schaut man dann zurück auf ein Jahr mit so vie-

len kleinen und großen Erlebnissen und hat dabei die Gewissheit, dass man nicht allein damit ist.

| | |
|---|---|
| 16.02.2020 | Matze: Mega langer Waldspaziergang. Viel Nachdenken. |
| 16.02.2020 | Philip: Spaziergang mit Daniel. |
| 17.02.2020 | Matze: Workshop mit Bettina Rollow. Sie checkt die Unterschiede zwischen Pierre und mir sofort. |
| 17.02.2020 | Philip: Bewerbung Kita fertig. |
| 18.02.2020 | Matze: Weiter geht's mit Bettina. Wir machen einen großen Epochen-Kreis. Große Erkenntnisse. |
| 18.02.2020 | Philip: Jochen Wegner von der ZEIT sagt: Ihr werdet für Olympia heiliggesprochen. |
| 19.02.2020 | Matze: Abendessen im Nobelhart & Schmutzig mit Pierre. Quality-Gründer-Time |
| 19.02.2020 | Philip: Nachts nach Elternabend im Waldorfkindergarten mit Liz lachen, wie bekloppt die Kitakrise ist. |
| 20.02.2020 | Matze: Mit Netflix einen Podcast-Deal gemacht. Yeah! |
| 20.02.2020 | Philip: Olympia-Workshop und abends Dinner. |
| 21.02.2020 | Matze: Unterhaltung mit Kübra, die mich sehr gefordert hat. |
| 21.02.2020 | Philip: Vegane Lasagne, glücklich zu Hause. |

Wir haben gelernt, dass es wichtig ist, jeden Tag etwas einzutragen und nicht nachzutragen, denn dann entscheiden im Nachhinein Instagram oder die Fotos auf dem Handy, was das Beste war, und nicht die unmittelbaren Eindrücke des gerade vergangenen Tages. Ich stelle mir gerade vor, dass jemand in vierzig Jahren auf diese Liste schaut. Vielleicht veröffentlichen wir sie dann sogar. Meine Güte, was werden wir für ein tolles Leben gehabt haben.

## DIE NEIN-CHALLENGE

Eine Challenge ist ein Bewusstmachen, ist wie das Formulieren einer Überschrift mit Fragezeichen. Schaffst du, was du dir wünschst? Ich reagiere zu oft reflexhaft: Das Postfach ist voll, die Slack-Channels sind voll, im Kalender steht ein Termin, von dem man gar nicht weiß, warum er da drinsteht. Jemand aus dem Team steht plötzlich am Tisch und möchte nur mal kurz was wissen. Ein Kunde braucht schnell ein neues Angebot, eine Zeitung will ein Interview, ein Start-up will sich mal auf einen Kaffee treffen. Kannst du mal schnell, dauert nicht lange? Könnte ja auch toll sein, könnte ja Spaß machen.
Die Nein-Challenge hat mir geholfen, kurz innezuhalten und eine Sekunde länger zu überlegen, wie ich auf eine Anfrage reagiere. Philip und ich haben uns vorgenommen, einen Monat lang jeden Tag etwas abzusagen. Wieder haben wir ein Google Doc angelegt und eingetragen, was wir gestrichen haben.
Zaghaft ging es nicht gerade los: Philip trägt am ersten Tag ein, dass er die Mitarbeit an einem Buch abgesagt hat. »Fühlte sich blöd an! Lauter Verträge. Will ich nicht.« Ich sage einen unbezahlten Pitch ab. Philip sagt seine Hilfe beim Bürobau

ab, ich sage einen gut bezahlten Workshop ab, Philip sagt einen Vortrag ab. Das macht richtig Spaß. Zwischendrin gibt es wieder Applaus vom Gegenüber. Wir bekommen Anfragen per Mail, die unsere Challenge direkt thematisieren, weil wir vorher im Podcast darüber gesprochen haben. »Ich weiß, dass du gerade eine Nein-Challenge machst, ich würde trotzdem gern …«, und ich schreibe einfach zurück: »Nein. Ich hoffe du verstehst das.« Als Antwort kommt wieder: »Nein :-)«. Funktioniert also.
Wenn ich etwas absage, freue ich mich richtig, weil ich es in die Liste eintragen kann. Das wiederum nimmt der Sache die Ernsthaftigkeit und die Angst, etwas zu verpassen oder jemand zu enttäuschen. Am Anfang einer Karriere mag das noch nicht notwendig sein, da freut man sich über jede Anfrage, aber irgendwann geht es vor allem darum, danach zu handeln, was man selbst will – siehe dazu auch das Gespräch mit Madeleine Alizadeh. Und mit so einer Übung bringt man sich selbst bei, dass ein Nein gar nicht schlimm ist und dass man nicht wirklich etwas verpasst. Im Gegenteil: Man lernt zu tun, was man selbst will.

## JEDEN TAG EINE SUPERNETTE TAT

Den August haben wir der supernetten Tat gewidmet. Wir haben uns verpflichtet, jeden Tag etwas Supernettes zu machen. Der Unterschied zu sonst: Wir haben unsere Hörer gebeten, mitzumachen. Dieses Mal haben wir unser Google Doc öffentlich gemacht, damit sich jeder eintragen konnte, und los ging es:

## HOFPAUSE

Philip hat einen Nagel auf dem Fahrradweg entdeckt, ist umgedreht und hat ihn aufgehoben. Ich habe im Garten der Ferienwohnung an der Ostsee zwei Stunden ungebeten Äpfel aufgesammelt. Hörer Sören ist zum Bernsteinsee gefahren, hat Müll aufgehoben und einem Pärchen, das keine Zigaretten hatte, gleich sechs Stück geschenkt. Katja hat eine Party, auf die sie echt Lust hatte, sausen lassen, um mit einer Freundin, der es nicht gut ging, mit Pizza und wirklich schlechtem Fernsehprogramm zu chillen. Anna hat Obdachlosen Wasser geschenkt. Stephanie hat eine Unbekannte bei der Notfallsprechstunde vorgelassen, weil es ihr schlechter ging als ihr selbst. Jule hat die Kartons, die neben den Papiertonnen standen, klein gemacht und reingeschmissen.

Am Ende des Monats waren es knapp tausend supernette Taten. Im Grunde geht es auch hier darum, einmal mehr als üblich innezuhalten. Eine Kugel Eis mehr mitzubringen, die Tür für jemanden aufzuhalten und zu schauen, was man für den Menschen, der neben dir sitzt oder zu Hause auf dich wartet, Supernettes machen kann. Es geht hier nicht um Geld – es geht um die Beachtung des Gegenübers.

Bei der Rückschau auf unser erstes Jahr mit unseren kleinen Aufgaben kann ich sagen, dass es mir noch nie so gut ging. Noch nie war ich über einen längeren Zeitraum so gut drauf. Das hat viel mit dem bewussteren Umgang mit mir und meiner Umgebung zu tun. Ich habe gelernt, dass ich mit einem Gegenüber am besten funktioniere. Dass es mir, wenn ich eine Sache nur für mich mache, schwerfällt, Routinen und Gewohnheiten zu durchbrechen. Den meisten Optimierungsansätzen fehlt der Spaß und das Spielerische.

## DER LETZTE TAG

Apropos Spaß. Es ist Sonntag. Zum letzten Mal stehe ich um 4.50 Uhr auf. Auf meinem Zettel steht noch immer keine große Erfindung, aber ein wesentlich höherer Kaffeekonsum. Ich mag die Ruhe am Morgen, aber die Müdigkeit am Tag eher nicht. Ich gehe vor die Tür und spaziere durch Berlin. In einem kleinen Park halte ich und setze mich auf einen Stein. Ich beobachte eine Gruppe Teenager, die offensichtlich gerade aus einem Club gekommen sind. Ich spüre jetzt wirklich die Sonne auf meinem Gesicht. Ich schließe die Augen und meditiere. Ich spüre die Ruhe der Stadt, die Klarheit der Luft. Alles fühlt sich pur und frisch an. Ich schreibe ein paar Nachrichten an Freunde, die ich lange nicht gesprochen habe. Vor mir liegt ein wunderschöner Tag mit meiner Familie. Ohne Challenge hätte ich diesen Morgen nicht erlebt. Später trage ich diesen Moment in die Das-Beste-des-Tages-Liste ein. Aber morgen schlafe ich trotzdem wieder aus.

# TIM
# RAUE

## ÜBER HERKUNFT, DISTANZ UND DIE EIGENE DEMUT

**TIM RAUE**

Sternekoch Tim Raue sagt: »Wir Künstler haben nur eine begrenzte Anzahl an grandiosen Kunstwerken, die wir gestalten können. Wir werden nicht sechstausend gigantische Werke schaffen können. Ich glaube, wenn es mich nicht mehr gibt, werde ich vielleicht zwanzig Gerichte geschaffen haben, die meinem Ruf entsprechen.« Auf die Frage, wie viele davon er geschaffen hat, antwortet er knapp: »Ungefähr die Hälfte.«

Ein gemeinsamer Freund hat Tim Raue und mich per Mail miteinander verbunden. Was mir gleich auffällt: Die Mail-Signatur listet die Erfolge des *Restaurants Tim Raue* auf. Zwei Michelin-Sterne und Platz 40 der *World's 50 Best Restaurants*. In der Netflix-Dokumentation *The Chef's Table* wird Raue als egozentrischer Koch im Anzug porträtiert. Sein Aufstieg vom Gangmitglied zum Sternekoch wird dargestellt, als sei er der deutsche Bösewicht aus einem James-Bond-Film, mit Anzug und Stahlblick – besonders sympathisch ist mir dieser Koch erst einmal nicht. Beim Interview sagt er: »Ich habe mein eigenes Universum kreiert und bin stolz darauf. Wenn ich diesen Stolz nicht vorleben würde, dann könnte ich die Menschen um mich herum auch nicht anführen.« Von all meinen Gesprächspartnern hat Tim Raue auf jeden Fall die klarste Ausdrucksweise. Ein Bild dazu, das ich mir nicht verkneifen kann: Sein Ausdruck ist so scharf wie seine Gerichte.

**Ich habe von Tim Raue gelernt, was er seinen Angestellten als Mentor mitgibt, welche Fragen er sich gestellt hat, um ruhiger zu werden, und was es bedeutet, wenn man so viele Auszeichnungen bekommt wie er.**

TIM RAUE

## DU BIST, WOHER DU KOMMST

Tim Raue ist unter schwierigen Bedingungen aufgewachsen. Ein Scheidungskind, das in elf Jahren acht Schulen besucht hat, das hin und her gereicht und vom eigenen Vater missbraucht wurde. Als Teenager war er Mitglied der Kreuzberger Straßengang *36 Boys*. Das waren Jugendliche mit verschiedenen Migrationshintergründen, die sich auch mal durch den Kiez prügelten. Er erzählt, dass er sich nicht geliebt und gefördert gefühlt hat und – ähnlich wie seine Gangfreunde – seine Wurzeln nicht kannte. »Mama und Papa gab es nicht, es gab nur die einen Großeltern. Bei ihnen habe ich gemerkt: Das ist das, was ich auch will. Sie sind preußisch, ordentlich, genau, ehrlich und tugendhaft. Das habe ich mir für mich gewünscht, war ich aber zu dem Zeitpunkt alles nicht. Ich habe diese Werte dann aber tatsächlich studiert. Ich habe nachgelesen, wo wir herkommen. Ich habe für mich definiert, welche Eigenschaften ich davon übernehmen möchte. Und mich gefragt: Wie kann ich das in mein Leben integrieren? Wie kann ich für mich am besten existieren?« Über diese Fragestellung hat er sein Talent entdeckt. »Die härtesten Erfahrungen des Lebens waren es, mich selber zu finden, stolz darauf zu sein, wer ich bin, wie ich bin, mit mir klarzukommen und mit Kritik umzugehen. Denn mit Kritik umzugehen ist sehr hart. Vor allem, wenn man etwas mit all seiner Persönlichkeit macht. Ich musste lernen, dass ich nicht jeden Gast glücklich machen kann.«

## DER GRÖSSTE ERFOLG

»Am Anfang geht es darum, was sich der Gast wünscht und wie ich ihn glücklich machen kann. Je besser man wird, je weiter man nach oben steigt, desto mehr merkt man, dass es ganz wichtig ist, dass man eben nicht macht, was der Gast will. Wenn man einzigartig sein möchte, sollte man sich fragen: Wer bin ich, was will ich und was kann ich, was andere vielleicht so nicht können? Wie kann ich das nach vorne stellen und auf Kante polieren? Wie kann ich die Spitzen und Ecken, die mich ausmachen, herausarbeiten?«
Das *Restaurant Tim Raue* hat 2007 seinen ersten Stern bekommen, 2012 wurde es in die weltweite Liste der *World's 50 Best Restaurants* aufgenommen. Letzteres empfindet Tim Raue als den bisher größten Erfolg seiner Karriere. Obwohl die Tester vom *Guide Michelin* als anonym gelten, wusste er immer, wann einer von ihnen im Restaurant war. Seinen zweiten Stern hat er nach eigener Einschätzung in dem Moment bekommen, als er und sein Team nicht mehr darauf achteten, was einem Restaurantkritiker gefallen könnte. Sie haben den Stern bekommen, als sie nicht mehr alles dafür stehen und liegen ließen, sondern jeder Gast die gleiche Aufmerksamkeit erfuhr. Es ist bemerkenswert, wie konträr diese Philosophie zu der von Tim Mälzer ist, der erst einmal nur den Gast sieht. Ich glaube, dass das mit der Definition der eigenen Person zu tun hat. Tim Raue sieht sich als Künstler, Tim Mälzer als Gastronom.

» **Wenn man einzigartig sein möchte, sollte man sich fragen: Wer bin ich, was will ich und was kann ich, was andere vielleicht so nicht können?** «

**WAS HABEN DIE AUSZEICHNUNGEN GEBRACHT?**

Im Jahr nach dem ersten Stern hat das *Restaurant Tim Raue* vierzig Prozent mehr Umsatz gemacht, mit dem zweiten Stern weitere 25 Prozent. Nach der Aufnahme in die Liste der fünfzig weltbesten Restaurants war es zwölf Monate lang durchgehend ausreserviert. »Dem Gast ist aber egal, welche Auszeichnungen man hat. Wenn nicht jeder Teller perfekt ist, gibt es negative Kommentare oder einen Arschtritt. Also sage ich mir: Raue, kümmere dich drum.«

## WARUM IST DISTANZ WICHTIG?

Ungewöhnlich im kumpeligen Berlin: Tim Raue lässt sich von seinem kompletten Team siezen. Wenige Ausnahmen dürfen ihn duzen, sie nennen Tim Raue dann aber immer noch Chef.
»Chef sein bedeutet, Distanz zu haben. Es bedeutet natürlich, dass man die Leute auf seine Reise mitnimmt zu den Zielen, die man sich setzt. Aber Distanz ist im persönlichen Umgang wichtig, um Kritik geben zu können. Beim Chef, den man siezt, rechnet man im Moment der Kritik nicht auf oder gegen, so wie man es im Privaten vielleicht machen würde. Eine ganz klare Hierarchie halte ich für ungemein wichtig. Ich war ganz viele Jahre ein Tasmanischer Teufel in der Küche, der völlig ausgerastet ist. Statt zu sagen: ›Bitte seid konzentrierter. Du, schmeck das mit mehr Salz ab, bei dir fehlt noch ein bisschen Schärfe‹, habe ich die Leute teilweise beschimpft. Ich hatte mich selbst nicht unter Kontrolle, weil ich die Ansprüche an mich nicht bewältigen konnte. Das habe ich mit Coaching und Therapie reflektiert. Dabei ist mir bewusst geworden, dass ich Distanz schaffen muss.«

## VOM TEUFEL ZUM MENTOR

Küchen gelten generell als heiße, aber nicht gerade warmherzige Arbeitsplätze und Tim Raue gilt nicht als einfühlsamer Chef. Der Ex-Teufel kocht heute aber mit wesentlich mehr Achtung vor den Kollegen: »Wir stellen jemanden ein, weil wir seine Persönlichkeit mögen. Dann arbeiten wir mit ihm, fördern ihn aber auch. Und wir schauen, dass das Drumherum funktioniert. Natürlich gibt es Mitarbeiter, die mir näherstehen. Die begleite ich dann auch im persönlichen Bereich. Dabei, eine Wohnung oder eine angemessene Kleidung für eine Feier zu finden – oder indem ich meine Bonusmeilen teile. Ich versuche, die Philosophie, die ich von meinen Mentoren mitbekommen habe, weiterzugeben, indem ich meine Werte, Menschen, Orte und Erfahrung teile und dabei helfe, Netzwerke aufzubauen. Das ist elementar und das gebe ich weiter. Ich lebe die Demut, für andere da zu sein. Das ist mein Job, das ist Gastronomie. Es kann unglaublich viel Freude bringen, wenn man sieht, wie die Jungs und Mädels wachsen, die man eingestellt hat. Wie sie am Anfang nicht mal drei Gläser auf dem Tablett tragen konnten und dann wissen, welche Tiefenlage das Anbaugebiet im Burgund hat. Ich sehe tatsächlich nicht mehr den Gast im Vordergrund, sondern unsere Angestellten. Wenn die glücklich sind, wenn die ein perfektes Arbeitsumfeld haben, dann ist der Gast sowieso glücklich.«

## ICH MÖCHTE EIN EICHHÖRNCHEN SEIN

Das ist eine der Fragen, die ich am Ende jeder Folge stelle: Was möchtest du gewesen sein? Darauf antworten meine Gäste meist so etwas wie: »Ein reizender Mensch« (Anne Will) oder »Ein guter Freund« (Carl Jakob Haupt). Die überraschendste Antwort kam von Tim Raue. Er sagte: »Ein Eichhörnchen.« Ich war baff. Wie kommt der Egomane Raue denn jetzt darauf? »Eichhörnchen sind frech, flott und sprunghaft. Ich mag ihre Eigenschaft, ungemütlich zu bleiben. Sie machen gern Mise en Place, ich bin auch so ein Mise-en-Place-Typ. In der Küche nennt man das Vorbereitungsarbeit. Ich kaufe nicht eine Flasche Wasser, sondern drei Kästen. Ich kaufe nicht eine Flasche Duschgel, sondern zwölf. Ich muss immer Vorräte anlegen, neue Gerichte kreieren, ein volles Lager haben, an das Worst-Case-Szenario denken.« Und dann beendet er unser Gespräch mit einer unglaublichen Erkenntnis:

> **Ich glaube, dass ich in einem früheren Leben mal ein Eichhörnchen war und dass mir das guttut.**

Danach zeigt mir Tim Raue sein Büro. Im Regal grinsen mir zwei comicartige Keramik-Eichhörnchen entgegen. Tim Raue kommentiert: »Über die lache ich jeden Tag.«

# CLUESO

## ÜBER POSITIVE ENERGIE UND AUSDAUER

Clueso und ich haben einander als Musiker bei einer Show von Stefan Raab kennengelernt und sind uns über die Jahre immer wieder begegnet, länger unterhalten haben wir uns aber nie. Seine Musik hat meiner damaligen Band Virginia Jetzt! ziemlich zugesetzt, weil da plötzlich einer war, der zu tollen Melodien unverkrampft auf Deutsch gesungen und damit das gemacht hat, was wir für uns beansprucht hatten: engagierten Pop. Vor allem sein Album *So sehr dabei* von 2008 war so gut, dass wir damals eine richtige kreative Krise hatten, denn uns ist einfach nichts Besseres eingefallen.
Diese Episode ist lange her. Als ich Clueso davon erzähle, freut er sich über das traurige Kompliment. Doch auch er kennt es, sich als Künstler unzulänglich zu fühlen, weil man denkt, dass es da draußen jemand gibt, der die Dinge gerade besser hinbekommt als man selbst.
Wir wollten uns ursprünglich live vor Publikum in Berlin unterhalten. Doch dann kam Corona dazwischen und ich habe das Event abgesagt. Unser nächster Plan war, einen Livestream in einem Hotelzimmer mit Champagner und alkoholfreiem Bier aufzuzeichnen, da unser Gespräch meine hundertste Folge werden sollte. Doch auch das klappte wegen der Kontaktbeschränkungen nicht, also haben wir uns – wie alle in diesen Tagen – über Zoom unterhalten. Besonders war es trotzdem, denn Clueso ist an diesem Tag vierzig Jahre alt geworden. Statt wild zu feiern, war er um Mitternacht allein in der Badewanne und hat *Haus des Geldes* auf Netflix geschaut. Wir prosten uns über 260 Kilometer Entfernung munter zu.

**Ich habe von Clueso gelernt, welche Rolle die richtigen Räume und die richtigen Menschen für seine Kreativität spielen, warum er manchmal auf Mahlzeiten verzichtet und welche drei Fragen ihm durch seine bisher größte Krise geholfen haben.**

## GLÜCKLICH MIT DER TRAURIGKEIT

Als ich vierzig geworden bin, bemerkte ich ein paar Fragezeichen mehr als bei früheren Geburtstagen. Ich habe mich schwermütig gefühlt, war tagelang ziemlich melancholisch drauf und habe eine Ahnung davon bekommen, was es bedeutet, eine Midlife-Crisis zu haben.
Clueso sagt dazu: »Es gibt ja keine Generalprobe fürs Leben und fürs Altern auch nicht. Manchmal denke ich an die Zukunft und frage mich, ob sich der wenige Schlaf, das Immer-Unterwegssein und die Action irgendwann bemerkbar machen werden. Und auf der anderen Seite denke ich, man muss einfach happy sein mit dem, was man macht, dann hält man auch länger durch.«
Vor vielen Jahren hat Clueso mal in einem Interview gesagt, er habe Angst davor, dass das Leben kürzer sein wird, als er es sich wünscht. Er kann sich an diese Aussage nicht mehr erinnern – als Künstler gehören solche Gefühle scheinbar zum täglichen Geschäft: »Diese Melancholie, die ich so mitschleppe, die bringt mir ja auch was und gibt mir einen Platz in der Welt. Ich kann es mir anhand meiner Alben angucken: Jede Talsohle bringt mich auch wieder nach oben oder ich kann durch sie Schwung holen für die Spitze. Des-

wegen bin ich durchschnittlich gesehen ganz happy – auch mit der Traurigkeit.«

Clueso freut sich über die guten Momente, aber auch ein bisschen über die schlechten – weil er weiß, dass die schlechten Tage wieder zu guten führen. Eine schöne Sichtweise!

## HART AM SUCHEN

Vor dem Gespräch habe ich mir noch mal alle Clueso-Alben angehört. Ich finde es erstaunlich, dass es bei so viel Material keinen Ausfall gibt. Seit acht Studioalben findet er immer wieder den richtigen Ton und die richtigen Worte. Er selbst glaubt, das liege an seiner Ausdauer: »Im Studio habe ich zum Glück eine sehr naive Herangehensweise und lasse mich leiten von dem unglaublichen Wunsch, eine Perle zu finden. Dafür tauche ich sehr lange und es wird auch mal die Luft knapp oder die Stimmung seltsam zwischendurch. Es gibt zu spät Mittagessen oder die Mahlzeiten fallen komplett aus, bis ich sie gefunden hab. Da bin ich wirklich sehr hart am Suchen, weil ich weiß, wenn man sich mal reingedacht hat in ein Thema, dann ist es schwer, am nächsten Tag wieder dahin zu kommen. Das wird einfach anders, weil der Tag anders ist, das Feeling, die Nacht, der Traum, die ersten Gedanken am Morgen. Diese Disziplin, so lange zu suchen, bis ich etwas gefunden habe – das ist meine Stärke.«

Clueso erzählt von den wenige Momenten, in denen es ganz schnell ging. Der Song *Gewinner* zum Beispiel ist in nur fünfzehn Minuten entstanden. »Und es gibt die anderen Tage – und das sind leider die meisten –, wo man echt gut anfängt, doch dann geht es einfach nicht weiter und man denkt: Fuck. Auch dann bleibe ich dran. Es gibt aber Musiker, die im entscheidenden Moment eine rauchen und erst mal Pause machen. Das ist auch okay, die kommen auch ans Ziel, aber ich denke, der Moment für einen guten Song ist meistens kurz.«

Die Band ABBA verglich das Dranbleiben beim Songschreiben einmal damit, vor einer Höhle auf ein Monster zu warten. Wenn man weggeht, verpasst man es vielleicht und kann es nicht fangen. Auch ABBA hatten übrigens keine musikalischen Ausfälle – also meiner Ansicht nach.

## DU MUSST NICHT DAHIN, WO ES WEHTUT

Dass aus Thomas Hübner mal der erfolgreiche Sänger Clueso werden würde, haben ihm vermutlich nicht viele Leute zugetraut. Er war schlecht in der Schule, hat seine Ausbildung zum Friseur hingeschmissen und galt auf dem Arbeitsamt als schwer vermittelbar. Dagegen war ich ein Musterschüler. Doch wir haben beide irgendwann erkannt, dass wir nur das gut machen können, was wir selbst wollen.

»Ich spaziere gerne über Lust, denn so kommt man am schnellsten ans Ziel. Ich halte mich nicht auf mit Dingen, die keinen Spaß machen. Auch wenn ich beißen kann ohne Ende, weiß ich, dass man jede negative Energie wieder aufarbeiten muss. Es bringt nichts, wenn jemand sagt, das ist scheiße, weil das die und die Band schon gemacht hat oder der Sound da gerade aktuell ist. Dann sage ich: Ja, und jetzt? Etwas scheiße finden kann jeder, aber was ist jetzt der Vor-

schlag, wie geht es weiter? Wir brauchen positive Energie. Wir müssen hier rumspringen und uns geil finden.«
Während Clueso erzählt, erinnere ich mich an die letzten Monate mit meiner Band. Die unendlich lang wirkenden Tage im Proberaum und die immer wiederkehrenden Diskussionen darüber, was für Musik wir machen sollten, dazu das gegenseitige Kritisieren. Wir haben damals mehr diskutiert als gemeinsam Musik gemacht, und dann haben wir uns aufgelöst.

## DER TEILCHENBESCHLEUNIGER

Clueso hat viele andere Musiker – inklusive meiner Band – überlebt. Was macht er anders oder was machen andere falsch? »Sie wollen alles, am liebsten zur gleichen Zeit und sofort und sehr verkopft. Und es fehlt manchmal das Spiel, der Spielraum. Vielleicht haben sie auch keinen Partner in der Situation, der ebenso verliebt in die Kreation ist und Energie reingibt. So eine Art Teilchenbeschleuniger. Das ist immer sehr wichtig, denn wir machen im Studio ja Musik ohne Publikum. Es gibt keinen, der applaudiert, und das fehlt einem Künstler extrem, wenn man was Gutes machen will. Es tut also gut, auch im Studio jemanden zu haben, der sagt: Geile Idee.«
Das Gleiche gilt auch außerhalb des Studios. Verbesserungsvorschläge kann man später machen, aber wenn sich jemand schon traut, mit einer frischen Idee nach draußen zu gehen, dann ist das für die Person oft so, als würde sie ihr Neugeborenes zeigen. Und da sagt man ja auch nicht als Erstes: Das sabbert aber ein bisschen viel, oder?

## DER RICHTIGE RAUM

Mich überrascht, wie oft Clueso über Energie spricht. Wie wichtig Räume, Licht, andere Menschen und ein positives Grundgefühl für ihn sind. Er ist der Ansicht, dass man der Kunst die Stimmung bei ihrer Entstehung anmerkt, dass sich die Art der Energie überträgt. Für die Arbeit an seiner aktuellen Musik hat er sein Studio aufgeräumt und zusammen mit seinem Produzenten Tobias Kuhn die Möbel umgestellt.
»Wenn man eine Idee erfindet, sind kleine Räume viel geiler, weil es ist, als würde man eine Decke über den Tisch werfen und eine Höhle bauen. Da ist man sofort im Feeling und dieser kleine Raum lässt sich sehr schnell mit Energie füllen. Um ein Projekt dann später nach Hause zu bringen und fertigzustellen, dafür brauche ich Platz. Ich brauche dann Sicht und einen großen Raum, der der Idee gerecht wird. So bleibe ich dran.« Ich denke an die Höhle, die wir schon öfter zu Hause gebaut haben, und wie gedankenverloren unser Sohn darin spielt. Für Clueso kommt Kreativität aus so einem Ort.

## IN DER KRISE

Wenn jemand so klar benennen kann, was er braucht, um kreativ sein zu können, liegt das meistens daran, dass er eine Zeit erlebt hat, in der es mal nicht rundlief. Clueso erzählt von einer Phase, in der seine Musiker zu ihm kamen und ihm sagten, dass es ihnen kein Spaß mehr mit ihm mache, weil er zu streng und zu respektlos sei. Das war 2014 zum *Album*

*An und für sich.* Das Album davor war der große Durchbruch. »Es lag am Ehrgeiz und am Druck. Es hat sich so angefühlt, als würde ich bei jedem neuen Album eine Klassenarbeit abgeben, die ganz Deutschland anguckt. Und wenn wir es nicht richtig geil machen, muss ich das als Solokünstler allein verteidigen. Das habe ich aber so nicht kommunizieren können. Ist ja im Grunde doch logisch, es ist nicht ihr Projekt. Sie spielen *im* Projekt, aber es ist *mein* Projekt. Und deswegen hab ich da auch am meisten Ehrgeiz.« Clueso hat sich 2015 nach vierzehn gemeinsamen Jahren von seiner kompletten Band, seinem Management und seinem Team getrennt und den Neuanfang gewagt. Nicht weil er nicht kritikfähig war, sondern weil er nicht für so viele Menschen verantwortlich sein wollte. Er wollte nicht Musik dafür machen, dass seine Musiker auf Tour gehen können, um davon ihren Lebensunterhalt zu bezahlen. Er hat sich ein Umfeld gesucht, das nicht von ihm abhängig ist. Er wollte ganz einfach frei sein.

## UND WIEDER RAUS AUS DER KRISE

Als Clueso vor der Entscheidung stand, wie es mit seiner Band und seinem Team weitergehen soll, hat er den Sänger Wolfgang Niedecken um Rat gefragt. Der stellte ihm drei Fragen: Wofür bist du angetreten? Was kannst du noch vertreten? Und wo willst du hin?
»Ich hatte damals plötzlich ein Problem damit, dass ich dafür angetreten war, die Musik unbedingt mit vielen Leuten zusammen zu machen, das war unser Konzept. Und auf einmal habe ich gemerkt, dass ich das gar nicht mehr vertreten

kann und es nicht mehr spüre. Und wo wollte ich hin? Ich wollte, dass ich weiter Geschichten schreiben konnte, denn die blieben aus. Mir fiel nichts mehr ein und ich musste die Dinge so ändern, dass das wieder stattfinden konnte. Der Neuanfang hat mich wieder nach vorne gebracht.«

Fast drei Stunden haben wir am Ende geredet. Es war genau richtig so. Clueso macht sein Handy wieder an und es summt wild. Klar: Ganz viele Menschen wollen ihm zum Geburtstag gratulieren und freuen sich mit ihm. Für den Rest des Tages nimmt er sich frei, aber morgen geht er wieder nach Perlen tauchen.

# CHRISTIAN ULMEN

## ÜBER OBJEKTIVITÄT UND DIE FRECHHEIT DER ENDLICHKEIT

## CHRISTIAN ULMEN

Christian Ulmen kann den Zuschauer peinlich berühren wie kaum ein anderer. Er schafft es, unsere Schadenfreude mit seinen Figuren und seinen Geschichten zu aktivieren und gleichzeitig einen Schmerz zu erzeugen, weil uns das Gefühl der Scham und der Peinlichkeit ja auch selbst bekannt ist. Und so zeigen wir beim Betrachten seiner Geschichten mit dem Finger auf den armen Trottel da auf dem Bildschirm und wissen zugleich: Wer mit dem Finger auf andere zeigt, zeigt mit drei Fingern auf sich selbst.

Ich habe Christian Ulmen zum ersten Mal als Moderator bei MTV gesehen, das ist gut zwanzig Jahre her. Danach tauchte er immer wieder in Formaten auf, die in meinem Freundeskreis für Gesprächslachstoff sorgten, allen voran *Mein neuer Freund*. Als Schauspieler hat er alles gespielt, was man in Deutschland so spielen kann. Von der romantischen Komödie über experimentelle Docutainment-Formate bis hin zum *Tatort*.

Ich habe die halbe Nacht vor unserem Gespräch damit verbracht, die neueste Staffel seiner Serie *jerks.* zu sehen, die so lustig ist, dass es wehtut. Ein paar Stunden später läuft er nun durch die Toreinfahrt ins Hotel. Er trägt die gleiche Mütze wie in der Nacht auf meinem Bildschirm. Und wie er immer näher kommt und größer wird, wird die Figur *Ulmen* real. Es ist, als würde er aus dem Fernseher heraustreten. Ein ganz merkwürdiges Gefühl der Vertrautheit stellt sich ein.

**Ich habe von Christian Ulmen gelernt, wie er es schafft, eine losgelöste Atmosphäre zu kreieren, wie er einen objektiven Blick einnimmt und welchen Rausch es auslösen kann, wenn man etwas allein macht.**

CHRISTIAN ULMEN

## DIE FREUDE AM ZUFALL

Christians Karriere fing bei MTV in England an. Dort hat er gelernt, was durch Zufälle und Pannen entstehen kann: »Die ganze Visualität von MTV damals, die ja auch wegweisend war, ist entstanden durch Zufälle oder durch Notwendigkeiten. Wir haben eine Sendung gemacht, die hieß *MTV HOT*. Weil damals keine Studios mehr frei waren, wurde nebenan in einem Häuserkomplex einfach eine Einzimmerwohnung gemietet, die winzig war. Und weil der Raum nicht ins Bild passte, haben sie so eine Fingerkamera hingestellt mit einem Froschauge als Objektiv. Heraus kam ein geiler Look. Die haben oft aus Zwängen heraus einfach etwas geboren und das hat mich geprägt. Obwohl ich sonst eigentlich immer vor allem Möglichen Schiss habe, habe ich nie Angst gehabt vor Pannen oder Zufällen oder unvorhergesehenen Dingen, weil ich gelernt hatte: Das ist das Beste, was dir passieren kann. Wenn etwas geschieht, auf das du nicht gefasst bist, dann entsteht etwas, das toller ist als das, was du vorher am Schreibtisch hättest zurechtbasteln können.«

## WIE KREIERST DU EINE GUTE ARBEITSATMOSPHÄRE?

Ich habe ein paar Leute getroffen, die bei *jerks.* mitgespielt oder mitgearbeitet haben, und alle erzählten begeistert von der angenehmen Atmosphäre am Set. Wie macht Christian das?
»Eigentlich nur, indem ich alle erst mal in Ruhe lasse und ihnen nicht reinrede. Alle Gewerke, ob es Kostüm ist oder

Ausstattung, sind gewohnt, dass sie mit jeder Gießkanne, die im Bild steht, zum Regisseur kommen und sagen: ›Hey, ist die Kanne hier okay oder soll es lieber eine aus Keramik sein?‹ Und dann sagt der Regisseur: ›Mhm, zeig noch mal die siebte Kanne von links.‹ Da ist es doch viel besser, dem Ausstatter einfach mal zu sagen: ›Richte das mal so ein, wie du es dir vorstellst.‹ Und den Kostümleuten zu sagen: ›Macht mal, wie ihr es euch vorstellt.‹ Ich glaube, das hat viel dazu beigetragen, dass die Stimmung so ist, wie sie ist. Dass alle Gewerke das Gefühl haben: Ich kann hier mal mein Ding machen.«

Das gilt auch für die Schauspieler, denn *jerks.* ist in großen Teilen improvisiert. Der Handlungsverlauf ist klar, aber die Dialoge sind nicht ausgearbeitet. Und so können Szenen auch mal eine halbe Stunde ununterbrochen gespielt werden. Der Schauspieler wird nicht durch Lichtwechsel (es gibt gar kein gesetztes Licht bei *jerks.*) und neue Regieanweisungen unterbrochen. Er kann einfach spielen. Kein Wunder also, dass so viele bekannte Gesichter in der Serie dabei sein wollen.

## DER RAUSCH DER UNBEGRENZTEN MÖGLICHKEITEN

Christian führt bei *jerks.* Regie und spielt die Hauptrolle, eher ungewöhnlich ist, dass er die Serie auch selbst schneidet. Dazu muss man wissen, dass ein Cutter eine wesentlich geringere Gage erhält als ein Regisseur oder ein Schauspieler in der Liga von Christian Ulmen. Warum will er diese Arbeit unbedingt selbst machen?

»Ich kann diesem Rausch der unbegrenzten Möglichkeiten nicht widerstehen. Da nachts zu sitzen und das zusammenzuschrauben, das macht mich einfach froh. Ich kann mir nichts Schöneres vorstellen. Ich muss mit niemandem lange diskutieren. Du musst es noch nicht mal formulieren, das mag ich auch so daran. Die Schwierigkeit beim Drehen ist ja auch oft, anderen eine Idee oder Vision, die man hat, zu vermitteln. Es ist unglaublich schwierig, die richtigen Worte dafür zu finden. Im Schnitt sitzt du allein da und musst keine Sprache finden für das, was du tust. Du kannst einfach deinem Gefühl folgen, ohne dass du dir selber erklären musst, warum du jetzt gerade an dieser Stelle einen Satz rausnimmst und einen anderen Satz einbaust. Du machst es einfach, weil du das Gefühl hast, es ist richtig so.«

## WIE SCHAFFST DU ES, OBJEKTIV ZU BLEIBEN?

Wenn ich allein an etwas arbeite, dann fehlt mir nach einer Weile die Objektivität. Christian hat einen genialen Trick, um sich die zu bewahren, auch wenn man kein Korrektiv hat: »Ich gucke mir alles zwanzigmal an, also jede Szene, wenn sie fertig geschnitten ist. Dabei versuche ich immer, sie aus verschiedenen Blickwinkeln zu gucken. Ich gehe auch manchmal in einen anderen Raum und schaue mir die Szene dort an – das macht was mit einem. Ich stelle mir vor: Wie würde mein Kumpel Benjamin von Stuckrad-Barre das finden? Ich stelle mir vor, Stucki sitzt neben mir, und versuche, die Szene durch seine Augen zu sehen. Dann gucke ich sie durch die Augen von unserer Redakteurin bei ProSieben.

CHRISTIAN ULMEN

» **Das Tolle an künstlerischen Jobs ist doch, dass es keine Regeln gibt. Wenn du Arzt bist und dich nicht an die Regeln hältst und beim Operieren irgendeine Arterie durchschneidest, dann stirbt ein Mensch. Aber in unserem Job: Was haben wir denn zu verlieren? Wir können es doch wirklich mal drauf ankommen lassen, es heute ganz anders zu machen als gestern.** «

Was würde sie sagen? Und dieser Kniff funktioniert. Denn wenn ich versuche, durch Stuckis Augen zu gucken, dann fallen mir andere Sachen auf, als wenn ich durch die Augen von Fahri Yardım gucke.«

Wir alle kennen die Blickwinkel unserer Vertrauten. Wenn zum Beispiel unsere Eltern zu Besuch kommen, dann bemerken wir, wie unordentlich unsere Wohnung ist, und räumen auf. Vorher ist uns das gar nicht aufgefallen oder es hat uns nicht gestört. Und genau diese Fähigkeit nutzt Christian für einen objektiven Blick. Dazu passt, dass die letzte Person, durch deren Augen Christian auf eine Szene schaut, seine Mutter ist.

## FREU DICH NICHT ÜBER GUTE KRITIKEN

»Es gibt einen großartigen Satz von Sven Regener, der hat mal gesagt: Die Welt schuldet dir nichts, und du ihr aber auch nicht. Du darfst dich nicht über gute Kritiken freuen, aber dafür musst du dich auch über schlechte nicht ärgern. Das habe ich mir extrem zu Herzen genommen. Ich freue mich auch ehrlich gesagt nicht über Preise. Weil ich denke: Nächste Woche kriegt den irgendein anderer. Ich freue mich nicht über Hymnen und ich ärgere mich nicht mehr über Kritiken. Ich versuche, diese Aussagen ganz nüchtern als interessante Äußerung über ein Werk zu verstehen.« Oder als Inspiration. Denn Pöbeleien in YouTube-Kommentaren nutzt Christian mitunter für Dialoge bei *jerks*.

## MEHR OFFENHEIT WAGEN

Was mich an diesem Gespräch überrascht hat, ist Christians Offenheit. Vielleicht liegt es an seinen kauzigen Rollen, dass man denkt, der echte Christian sei vielleicht nicht so zugänglich oder lehne Fragen nach so etwas wie seinem Gefühlszustand ab. Doch das ist nicht so:
»Ich habe lange gedacht, man muss so uneinschätzbar wie möglich sein, dann ist man auch gefeit vor Schlägen oder vor Schmerzen. Aber das Gegenteil ist der Fall. Fahri Yardım ist dabei ein Lehrmeister. Er ist ein offenes Buch. Das ist auch oft die Angst, dass man seine Verletzlichkeit nicht zeigt, weil man denkt: Ich schäme mich, jetzt habe ich eine weiche Seite gezeigt. Fahri ist mir da echt ein Vorbild, weil er auf so eine souveräne und würdevolle Art all seine Schwächen offenlegt. Es ist so entwaffnend und heilsam, dass alle am Tisch wissen, wie es ihm gerade geht, und einschätzen können, was er gerade tut und sagt... Das hilft in der Kommunikation mit anderen – die checken dich besser. Und das schützt davor, falsch verstanden zu werden.«

## DER TOD IST EINE UNVERSCHÄMTHEIT

Am Ende des Gesprächs habe ich meine Standard-Abschlussfrage gestellt und Christian gefragt, was er auf einer Plakatwand schreiben würde, die für alle sichtbar am Alexanderplatz hängt. Christians Antwort: »Der Tod ist eine Unverschämtheit und sollte verboten werden.« Dieser Satz steht bereits auf einem Schild am Hackeschen Markt in Berlin. Christian würde das Schild also im Grunde versetzen.

Meistens bedeuten die Plakatsprüche den Schlusspunkt eines Gesprächs, aber in diesem Fall musste ich nachfragen, woher diese überraschende Antwort kommt. Und während Christian die gesamte Zeit über sehr gelassen geantwortet hat, redet er sich jetzt kurz in Rage: »Ich finde es eine Frechheit, dass du auf die Welt gesetzt wirst und dich an all diesen vielen tollen Dingen erfreuen kannst, und irgendwann sagt jemand: So, vorbei. Und dann ist es vorbei. Ich finde, dieses Konzept ist eine Frechheit. Der Tod ist echt eine Unverschämtheit – das ist treffend formuliert. Einen hier hinzusetzen und einem nichts zu erklären. Warum sind wir denn jetzt hier? Sag doch bitte mal einer irgendwas. Es erklärt einem ja keiner, was das alles soll. Das ist eine Frechheit.«

Was glaubt Christian denn, warum er hier ist? »Ja eben, ich weiß es nicht. Meine Strategie ist, zu akzeptieren, das nicht zu wissen und auch nicht nach einer Antwort zu suchen – sondern sich einfach zufriedenzugeben mit der Gewissheit, dass man die Antwort nicht bekommt. Und dass eine Antwort immer nur Glaube ist. Du kannst an etwas glauben, aber das reicht mir nicht. Ich möchte gern wissen. Also kann ich mich damit nur begnügen und sagen: So ist es, ich habe keine Ahnung. Denn ich habe keine Lust, mir den Sinn des Lebens zurechtzuglauben oder an Gott zu glauben. Das ist ja Teil der Frechheit, dass du hier bist und ständig irgendwas glauben sollst.« So kann man das auch sehen. Ich bin gespannt, wann sich Christian dem Sinn des Lebens künstlerisch annähert. Das ist ja das Schöne an einem kreativen

Leben, dass man Dinge, die Freude, Leid, Unbehagen oder Fragen hervorrufen, aufgreifen und sich aufmachen kann, um sie nach draußen in die Welt zu tragen.

Nach unserem Gespräch verschwindet Christian wieder durch die Toreinfahrt zurück in seine Welt. Zu Hause hat er seinen Schnittplatz unterm Dach. Ich frage mich, wie es da wohl aussieht. Ist es ganz ordentlich oder sieht es dort so schlimm aus, dass niemand den Raum betreten darf? Was denkst du?

# SABINE RÜCKERT

# ÜBER SELBST-ÜBERWINDUNG UND DIE SCHÖNHEIT DES ALTERS

**SABINE RÜCKERT**

Schon zwei Wochen vor meinem Treffen mit Sabine Rückert habe ich zu meiner Frau gesagt, dass das Gespräch super werden wird. Ich wusste, dass wir uns gut verstehen würden, denn ich komme besonders gut mit Menschen zurecht, von denen eine große Klarheit ausgeht und die dieser Klarheit Ausdruck verleihen können. Und ich mag Menschen, die sich gleichermaßen nicht scheuen, auch ihre Unklarheiten zu zeigen. Ich habe das Gefühl, dass das etwas ist, was man mit dem Alter immer besser beherrscht: zu wissen, was man schon kann und was man noch erfahren will. Von der 58-jährigen Sabine Rückert hatte ich in der Vorbereitung genau diese Vorstellung – und ich sollte recht behalten.

Frau Rückert hat vor 31 Jahren als freie Mitarbeiterin bei der ZEIT angefangen und ist heute stellvertretende Chefredakteurin der Wochenzeitung. Bis vor einem Jahr hatte ich noch nie von ihr gehört und jetzt kann nicht nur ich, sondern auch das ganze Podcast-Land nicht genug von ihr bekommen. Ihr Format ZEIT Verbrechen beschäftigt sich mit Fällen, die sie als Gerichtsreporterin bearbeitet hat. Diese Fälle sind mal schaurig, mal traurig, mal so extrem, dass ich sie mir nicht anhören kann. Im Podcast werden sie von Frau Rückert unverwechselbar mit klarer Sprache, klarem Urteil und rollendem R vorgetragen. ZEIT Verbrechen ist einer der erfolgreichsten Podcasts des Landes und machte Frau Rückert nicht nur sehr populär, sondern hat sie auch zurück zu ihrem alten Beruf als Gerichtsreporterin gebracht.

Wir treffen uns zwischen Gerichtsakten in ihrem Hamburger Büro bei der ZEIT. Sie sitzt nur ein paar Räume von Giovanni di Lorenzo entfernt, den ich hier vor zwei Jahren getroffen habe. Anders als Herr Di Lorenzo ist Frau Rückert überhaupt nicht müde, als ich sie besuche, sondern hellwach und zugewandt.

**Ich habe von Sabine Rückert gelernt, dass das Leben im Alter immer besser wird, wie man sich selbst überwinden kann und was ihr Verständnis von guter Führung ist.**

## EINE STACHELIGE JUGEND

Wenn man verfolgt, wie sie sich bei der *ZEIT* vom Maschinenraum bis hoch auf die Brücke geschrieben hat – wie sie es selbst sagt –, dann könnte man annehmen, dass ihre Laufbahn eine Rolltreppe nach oben war. Doch das Gegenteil ist der Fall:
»Ich hatte früher immer den Eindruck, dass mit mir was nicht stimmt. Dass ich irgendwie nicht kompatibel bin. In der Schule hat es nicht hingehauen und ich hatte das Gefühl, ich finde schwer Freunde. Andere haben eine Party nach der anderen geschmissen und ich habe mich die ganze Zeit gefragt: Warum bin ich so stachelig? Warum mögen mich die anderen nicht so richtig? Warum verstehe ich so viel nicht? Und warum bin ich so wahnsinnig schlecht in Mathematik? Ich war in vielem unzufrieden mit meinem Leben und fand, dass ich nicht so richtig meinen Platz finde. Es hat sehr lange gedauert, bis ich so wurde, wie ich mich auch gut finde.« Sabine Rückert ist die Jüngste von sechs Kindern. Ihre Eltern haben ein großes Pflegeunternehmen aufgebaut und hätten vom Alter her auch ihre Großeltern sein können, wie sie

selbst sagt. »Ich war ein besonders verhätscheltes, fettes Küken. Aber gleichzeitig auch unglücklich, weil ich immer den Eindruck hatte, ich selber trage nichts bei. Das habe ich dann irgendwann abgelegt und habe angefangen, auf andere Leute zuzugehen, statt von ihnen zu verlangen, mich dauernd zu verstehen. Daran hat es nämlich gehapert: Ich habe immer gedacht, alle anderen müssten mir zu Füßen liegen und müssten mich verstehen und mich toll finden, während ich mich mit ihnen nicht weiter beschäftigen muss. Und das ist natürlich der Tod im Topf.«

Mit 27 Jahren hat sie sich an der Axel-Springer-Akademie beworben, um Journalistin zu werden. Ihre Begründung im Motivationsschreiben: »Ich habe zwei Ohren, zwei Augen, dazwischen einen Kopf, das ABC habe ich auch erlernt und das müsste ja reichen.« Sie wurde damit tatsächlich zum Vorstellungsgespräch eingeladen, sofort genommen und fing dann bei der *BILD* in München an. Frau Rückert ist bei den Kriminalreportern gelandet und hat von da an geschrieben, geschrieben, geschrieben. »Ich hatte einen Sechser im Lotto und habe das Gefühl gehabt, ich muss mir das, was mir unverdient zugefallen ist, irgendwie verdienen.« Und da es bei Reportagen um andere Menschen geht und nicht um einen selbst, hat sie dabei gelernt, sich nicht mehr nur um sich selbst zu drehen.

## SELBSTSICHERHEIT DURCH ARBEIT

Dreißig Jahre später ist von Sabine Rückerts früherer Stacheligkeit und den Wirrungen nur noch ihre Frisur übrig. Die roten Haare stehen unbändig in alle Richtungen ab, von ihrer Trägerin geht jedoch eine große Klarheit aus. Regelt das das Alter? »Nein. Nein, nein. Älterwerden allein reicht nicht. Das Älterwerden sollte einhergehen mit einem Zugewinn an Erfahrung und Wissen. Und an Erarbeitetem. Ich habe wahnsinnig viel gearbeitet.«

## WIE FÜHRT MAN DIE *ZEIT*?

In der Printredaktion der ZEIT sind 140 Mitarbeiter beschäftigt, deren Chefin Frau Rückert ist. Ich habe den anderen Chef Giovanni di Lorenzo danach gefragt, wie man diese Redaktion führt, also spreche ich auch Frau Rückert darauf an. Was folgt, ist eines der schönsten Führungsverständnisse, das ich bisher gehört habe:
»Ich habe nie ein Führungsseminar gemacht oder so was ... Ich komme mir gar nicht vor wie eine Chefin. Nö! Ich glaube, dass meine Mutter das nicht anders gemacht hat als ich. Sie ist immer ganz nah bei den Leuten gewesen. Als meine Eltern ihr Unternehmen angefangen haben, war sie in der Putzkolonne und der Bügelstube mit dabei. Meine Mutter wusste alles von allen. Weil sie sich dafür interessiert hat und weil sie die Mitarbeiter wirklich gerngehabt hat. Ich weiß es nicht, ob ich so eine gute Chefin bin, wie meine Mutter eine war, aber dass ich die Leute hier wahnsinnig gernhabe, das stimmt. Ich liebe diese Menschen, das muss ich jetzt mal sagen, ich weine auch gleich wieder, weil es wirklich so ist. Ich komme morgens rein und sehe, wie die sich ein Bein rausreißen für diese Zeitung. Und wenn ich dann in der

Konferenz sitze, da kommen mir manchmal die Tränen, weil die Leute so süß sind, die hier sitzen und sich so eine Mühe machen, so unglaublich sympathisch sind und liebenswürdig. Das sind so tolle Menschen, die muss man nicht führen. Sondern man muss nur aufpassen, dass ihnen nichts passiert, dass sie sich wohlfühlen und dass sie die Freiheiten haben, so zu sein und zu arbeiten, wie sie sind. Ich glaube, das ist auch das Geheimnis der *ZEIT*, dass die Leute sich hier entfalten können. Das ist der Reichtum dieser Zeitung, davon bin ich überzeugt.«

**»Ich bin ein großer Verfechter der Theorie, dass die Leute dann gut sind, wenn sie machen dürfen, was sie wirklich wollen und können. Man darf sie nicht in die falschen Schuhe stellen. Und dafür bin ich da.«**

SABINE RÜCKERT

## SELBSTÜBERWINDUNG BEI HARTEN FÄLLEN

Im Podcast ZEIT Verbrechen gibt es eine Folge, die sich *Das Kind im Kühlschrank* nennt. Nach wenigen Minuten musste ich sie ausmachen, denn ich konnte die schrecklichen Bilder in meinem Kopf dazu nicht ertragen. Schwer vorstellbar, so etwas jahrelang beruflich aushalten zu müssen.
»Ich war noch mal in einem anderen Kindesmisshandlungsprozess, der war so entsetzlich, dass ich mir am Abend vorher überlegt habe, ob ich da überhaupt reingehen soll in dieses Gericht. Da hatte ich die Anklageschrift vorher bekommen und das war so furchtbar, was sie diesem Kind angetan haben, dass ich mich nicht getraut habe, ins Gericht zu gehen. Und da habe ich so gut wie gar nicht geschlafen in der Nacht davor. Dann habe ich mir gedacht, das ist doch irgendwie ein schwaches Bild jetzt: Du bist eine erwachsene Frau und du gehst da jetzt nicht rein, weil du Angst hast, dir das anzuhören, was dieses Kind erlebt hat. Du hast Angst, es zu hören, dieses Kind hat es erlebt, und du machst dir jetzt in die Hose, wenn du im Gericht auf einem Sessel sitzen und es dir anhören sollst. Das fand ich dann so erbärmlich von mir selber, dass ich dann da reingegangen bin. Und dadurch, dass es immer wieder und immer wieder und immer wieder durchgekaut worden ist von Sachverständigen, von Polizisten, von sonst wem, dadurch hat es seinen Schrecken mit der Zeit verloren oder auf jeden Fall so weit verloren, dass man es aufschreiben konnte.« Eine gute Selbstüberwindungstaktik: Sich vorstellen, wie es anderen im Vergleich mit einem selbst geht und die Angst nah heranholen.

## IHRE LIEBSTE BIBELSTELLE

Ob in ihrem Podcast, in ihren Texten oder hier in unserem Gespräch – Sabine Rückert kann sich wahnsinnig gut ausdrücken. Ihre Sprache verdanke sie der Bibel, sagt sie und zeigt auf zwei mächtige Ausgaben, die im Regal stehen. Sie kennt das Alte und das Neue Testament in- und auswendig, denn zu Hause bei den Eltern wurde jeden Tag daraus vorgelesen. Sonntags ist die Familie sogar richtig weit gefahren, um eine gute Predigt zu hören.

»Das klingt jetzt ganz blöd, aber ich habe die Bibel oder überhaupt den Glauben immer als Befreiung empfunden. Für viele war das eine Belastung und sie haben sich davon abgekehrt. Aber mich hat die Vorstellung immer getröstet, dass das, was hier ist, nicht das Letzte ist, dass es irgendwo noch eine Instanz gibt, die größer ist.« Ich frage sie nach ihrer liebsten Bibelstelle: »Der Apostel Paulus sagt: ›Haben, als hätte man nicht. Alles, was ihr habt, sollt ihr haben, als hättet ihr es nicht.‹ Einerseits finde ich diesen Satz erschreckend, weil man sich letztlich von allem verabschieden kann – von allem verabschieden können *muss*, auch von seinem Kind, auch von seinem Mann. So meint er das nämlich. Die Vorstellung, dass man sich an die Dinge nicht so hängen soll, also an die Gegenstände, an das Haus, an das Geld, an die Freunde, die ganzen Abhängigkeiten, dass man die in gewisser Weise nicht absolut setzen soll. Das finde ich einen Gedanken, der ist befreiend.«

## WARUM SIND SIE AUF DIE WELT GEKOMMEN?

Während der Vorbereitung auf unser Gespräch habe ich ein Interview gelesen, das Frau Rückert kurz vor seinem Tod mit dem Liedermacher Georg Kreisler geführt hat. Sie fragte ihn, warum er auf die Welt gekommen sei. Eine tolle Frage. Was antwortet sie selbst darauf?
»Ich weiß es nicht, ich wurde ja nicht gefragt. Aber wenn man mich gefragt hätte, hätte ich wahrscheinlich gesagt: Ja, zu dieser Party komme ich. Was der Sinn dieser Party und meiner Anwesenheit ist, das müssen andere beurteilen. Ich bin natürlich froh, dass ich die unglaublich seltene Gelegenheit habe, tatsächlich aus den vielen Optionen herausgesucht worden zu sein und hier sitzen kann mit einem, der ähnlich viel Glück hatte. (Ich glaube, damit meint sie mich.) Aber warum das so ist, das weiß ich nicht. Ich versuche, das Beste daraus zu machen und dafür zu sorgen, dass andere mal sagen werden: ›Es war gut, dass sie da war.‹ Dass jemand sagt: ›Wenn du nicht da bist, dann ist das traurig, dann fehlst du uns.‹ Wenn meine Tochter sagt: ›Wenn meine Mama nicht da ist, dann fühle ich mich irgendwie verlassen‹, oder wenn mein Mann sagt: ›Wenn meine Sabine nicht da ist, dann ist alles öde‹, dann ist das doch eigentlich ein Grund, da zu sein, finde ich. Mehr kann man nicht verlangen.«

## EINE GROSSE LÜGE, DIE MAN FRAUEN ERZÄHLT

Was in ihrem Podcast und in ihren Texten meist gar nicht so rauskommt, ist Sabine Rückerts Lebensfreude. Sie lacht in so

schönen Varianten. Mal tief und eher dreckig, mal hoch und laut wie ein Teenager. Man merkt, wie gut es Frau Rückert geht, wie zufrieden sie mit ihrem Leben ist. »Ich fühle mich total wohl. Das ist ja diese große Lüge, die man den Frauen erzählt, dass sie, wenn sie älter werden, immer unwichtiger werden. Aber das Gegenteil ist der Fall. Das Älterwerden ist gerade für Frauen eine ganz tolle Sache, ich kann es nur jedem empfehlen. Jedem, der darunter leidet, sich die Haare rauft und sagt: Oh Gott, ich werde älter und so ... Na und? Ich finde es eine tolle Sache.
Das einzige Problem: Man nimmt nicht mehr so leicht ab. Ich muss jetzt joggen, aber das ist auch wirklich das Einzige, was einem am Älterwerden missfallen könnte. Sonst fällt mir nichts ein. Ich finde es sehr schön und möchte keine zwanzig mehr sein und auch keine dreißig und keine vierzig. Ich bin mit meinen 58 Jahren genau richtig.«
Zum Ende unseres Gesprächs erinnert sich Frau Rückert an ihre literarische Lieblingsfigur, an Karlsson vom Dach von Astrid Lindgren. Der sagt Folgendes: »Ich bin ein schöner, grundgescheiter, gerade richtig dicker Mann in seinen besten Jahren.« Frau Rückert tauscht das *Mann* durch *Frau* aus und fühlt sich vom anarchistischen Karlsson verstanden. »Ist das nicht schön? So sehe ich mich auch.«
Als Karlsson gefragt wird, welche Jahre die besten sind, antwortet er übrigens: »Alle!«

# LEBENSWEISEN

# HOFPAUSE

## MEINE LIEBSTEN FRAGEN

Es dürfte ziemlich offensichtlich sein, dass ich Fragen mag. Je besser die Fragen sind, die man sich und der Welt stellt, desto besser kann das Leben werden. Wirklich. Durch gute Fragen können wir unseren Blick in eine bestimmte Richtung lenken, können wir Dinge durchdringen, besser verstehen und uns fokussieren. Ich habe hier meine liebsten Fragen aufgelistet. Sie sind eine Mischung aus meinen eigenen und solchen, die ich in Büchern, Podcasts und Gesprächen gefunden habe. Es sind Fragen, die ich mir selbst oder meinem Gegenüber stelle. Los geht's!

## 1. WAS SOLL MIR DIESE ERFAHRUNG BEIBRINGEN?

Eine sehr kraftvolle Frage von Oprah Winfrey, die mir immer wieder dabei hilft, auch unliebsame Situationen als eine Art Lektion zu begreifen, aus der ich lernen kann. Es gibt Situationen, in die gerät man immer wieder, und statt daran zu verzweifeln, können wir uns fragen, was sie uns beibringen wollen – und schon werden wir vom Opfer zum Schüler. Beruflich ist es mir zum Beispiel ein paarmal passiert, dass ich bei einem Projekt einfach losgelegt habe, ohne mich vorher mit den anderen Beteiligten über die Konditionen abzustimmen. Frei nach dem Motto: Das kann man ja später machen, wenn wir wissen, dass es funktioniert. Leider ging die Sache dann so oft schief und endete in Diskussionen, dass ich mich irgendwann gefragt habe, was mir diese Situation beibringen will. Und die Situation antwortete: Spielregeln bespricht man vor dem Spiel.

## 2. WIE WÜRDE ES AUSSEHEN, WENN ES EINFACH WÄRE?

Wenn ich wieder mal dabei bin, die Dinge unnötig zu verkomplizieren, hilft mir diese Frage von Tim Ferriss. Ich denke manchmal, nur harte Arbeit ist gute Arbeit. Nur wenn man sich gequält hat, hat eine Sache ihren Wert. Nur wenn eine Entscheidung schwer ist, ist sie gut. Warum soll man sich quälen? Warum darf es nicht einfach sein? Mit dieser Frage erlaube ich mir, komplizierte und aufwendige Aufgaben zu vereinfachen. Ich mache dann eine Liste und frage mich: Was wäre, wenn ich für dieses Projekt nur zehn E-Mails schreiben dürfte? Was wäre, wenn ich statt einem Monat nur einen Tag Zeit dafür hätte? Was wäre, wenn ich nichts davon selbst machen dürfte? Das meiste auf diesen Listen kann man wegstreichen, aber manchmal ist dazwischen eine kleine Idee, die ein bevorstehendes Mammutprojekt wirklich vereinfacht. Wir haben das bei *Mit Vergnügen* mal bei einem Zukunfts-Podcast so gemacht. Die Idee war, wichtige Denkerinnen und Denker zu fragen, wie sie sich die Welt in fünf Jahren vorstellen. Normalerweise hätte das bedeutet, dass ein Redakteur zu allen Gästen fährt, vorher Termine koordiniert werden müssen und so weiter. Doch dafür hatten wir keine Kapazität. Durch die Frage »Wie würde es aussehen, wenn es einfacher wäre?« sind wir auf die Idee gekommen, einen schriftlichen Fragebogen zu verschicken und die Gäste zu bitten, ihre Antworten selbst aufzunehmen. Innerhalb kurzer Zeit hat sich der Podcast fast von selbst produziert.

## 3. IST DAS DIE WAHRHEIT?

Diese vermeintlich einfache Frage stammt in einer ähnlichen Form aus Byron Katies Buch *Lieben was ist* und sie hat es wirklich in sich. Im Buch geht es darum, uns durch Fragen zu vergewissern, ob unsere Annahmen wirklich den Tatsachen entsprechen. Denn oftmals beziehen wir die Handlungen, Blicke und Reaktionen von anderen fälschlicherweise auf uns persönlich. Wir nehmen an, dass der Autofahrer, der vor uns fährt, uns ärgern will. Wir glauben, etwas falsch gemacht zu haben, weil uns die Chefin am Morgen nicht gegrüßt hat, oder behaupten, dass unsere Verabredung *immer* zu spät kommt. Wenn wir uns fragen, ob das die Wahrheit ist, werden wir bei den meisten Annahmen feststellen, dass sie nicht stimmen oder dass wir es eigentlich nicht wirklich wissen. Der Autofahrer kennt uns nicht, die Chefin hat eine kranke Katze zu Hause und unser Kumpel kommt nicht *immer* zu spät, sondern nur die letzten zwei Mal. Und das liegt daran, dass auf seiner Strecke Schienenersatzverkehr ist.

## 4. WAS BRAUCHE ICH?

Gerade in unserer Zeit der unbegrenzten Optionen und Möglichkeiten ist es wichtig zu wissen, was man braucht, um zufrieden und glücklich leben zu können.
Brauche ich ein Gegenüber, um mich zu entfalten? Brauche ich Ruhe? Brauche ich viel Geld? Brauche ich Follower? Was brauche ich wirklich? Das ist nicht unbedingt immer das,

was unsere Eltern, der Partner, die Chefin oder der Instagram-Algorithmus meinen, was wir brauchen. Jeder Mensch hat andere Bedürfnisse, und je besser wir uns selbst verstehen, je genauer wir unsere eigene Bedienungsanleitung kennen und wissen, was wir brauchen und was nicht, desto unabhängiger und damit freier können wir sein.

## 5. WARUM MACHST DU, WAS DU MACHST?

In der Einleitung habe ich geschrieben, dass man im Gegenüber sich selbst besser verstehen kann. Diese Warum-Frage habe ich ganz vielen Gästen gestellt – vermutlich, weil ich darauf selbst nie eine Antwort gefunden habe und mir erhoffe, dass diese smarten Menschen mir vielleicht einen Hinweis geben könnten. Warum tun sie, was sie tun? Ihre Antworten hätten nicht unterschiedlicher ausfallen können: Tim Mälzer ist nach Italien gefahren, um sein *Warum* zu finden, dort ist die Antwort quasi auf ihn zugekommen: »Weil ich es kann.« Christian Ulmen gerät regelrecht in Rage und beschwert sich, dass uns niemand diese Frage beantworten kann. Er empfindet es als eine Frechheit, nicht gesagt zu bekommen, warum er hier ist. Und Klaas Heufer-Umlauf sagt: »Was hätte ich sonst machen sollen?«
Ich glaube inzwischen, dass das Leben selbst diese Frage beantwortet. Ich glaube aber auch, dass wir sie uns dennoch weiter stellen müssen, denn die Suche nach dem Sinn in unserem Tun hält uns neugierig. Und manchmal findet man dabei Antworten auf ganz andere Fragen – Antworten, die einen unschätzbaren Wert haben. Und irgendwann, ganz am

Ende, werden wir wissen, warum wir das alles hier machen. Das wird bestimmt schön!

## 6. WAS LERNST DU GERADE, WAS DU NOCH NICHT SO GUT KANNST?

Was alle meine Gäste vereint, ist, dass sie Menschen sind, die ständig irgendetwas lernen und die auch konkret wissen, was sie gerade lernen. Das können ganz praktische Dinge sein, wie eine bestimmte Anzahl an Klimmzügen zu schaffen (Anne Will), oder große Themen, wie mehr Selbstliebe (Giovanni di Lorenzo). Mit den Antworten bekomme ich einerseits Inspirationen dafür, was ich selbst noch lernen könnte. Aber mir wird auch gezeigt, dass selbst der größte Superstar ein ewiger Schüler ist, der sich an den gleichen Dingen abarbeitet wie man selbst.

## 7. WAS DENKEN ANDERE ÜBER DICH, WAS VIELLEICHT GAR NICHT STIMMT?

Jeder Mensch ist konfrontiert mit zwei Wahrnehmungsformen, der eigenen und der Fremdwahrnehmung. Je öffentlicher man als Person ist, desto weniger hat man die Wahrnehmung der Außenwelt in der Hand. Ich glaube, dass meine Gäste diese Frage mögen, weil sie damit die Möglichkeit haben, zumindest eine Fehleinschätzung der Öffentlichkeit an ihr Selbstbild anzugleichen, ohne sich dafür rechtfertigen zu müssen. Das gilt nicht nur für Personen des öffentlichen Lebens. Wenn man sich selbst diese Frage stellt, kann man überprüfen, ob es Annahmen von Freunden oder Kolleginnen gibt, die so nicht (mehr) stimmen, und überlegen, ob man sie korrigieren möchte.

## 8. KANNST DU MIR EIN BEISPIEL NENNEN?

Ich glaube, dass ich mit dieser Frage, die ich meistens als Anschlussfrage nutze, die größten Erkenntnisgewinne im *Hotel Matze* hatte. Denn ich lerne am liebsten durch Geschichten, und mit dieser Frage bekommt man wunderbare Erfahrungsberichte und manchmal einen Aha-Moment geschenkt.

## 9. WAS SCHREIBST DU AUF EIN WEISSES BLATT PAPIER?

Die Frage wurde ursprünglich von Oliver Bierhoff an Paul Ripke gerichtet und drehte sich um den Wunsch, was er mit seinen Fotos vom WM-Endspiel machen möchte. Sich wirklich hinzusetzen und auf einem weißem Blatt zu formulieren, was man sich wünscht – ob für den Tag, das Jahr, von seinen Freunden, seiner Chefin, der Partnerin, von sich selbst –, hat eine ungeheure Kraft. Die Gedanken werden deutlich, die Richtung wird klar.

## 10. WER ODER WAS MÖCHTEST DU GEWESEN SEIN?

Wir nehmen uns vor, in den nächsten Monaten sportlicher zu sein, netter oder nachgiebiger. Aber als wer oder was wollen wir rückblickend auf unser ganzes Leben in Erinnerung bleiben? Die Frage hat es auch deshalb in sich, weil in ihr die eigene Vergänglichkeit mitschwingt.

## 11. WELCHEN SATZ ODER WELCHES WORT WÜRDEST DU FÜR ALLE SICHTBAR AUF EINE GROSSE PLAKATWAND AM ALEXANDERPLATZ SCHREIBEN?

Das ist meine Abschlussfrage im *Hotel Matze*. Ich habe sie mir von Tim Ferriss ausgeliehen, der sie in seinem Podcast stellt. Da ich sie aber immer am Ende des Gesprächs stelle, bekommt sie etwas Existenzielles für meine Gäste, und deshalb fällt es einigen wohl auch so schwer, eine passende Antwort zu finden. Axel Prahl und Moses Pelham haben sich sogar geweigert, sie auf die Schnelle zu beantworten, Philipp Westermeyer hat ein paar Stunden später noch mal angerufen, weil er einen besseren Plakatspruch gefunden hat.
Ich liebe die Frage, weil sie viel über eine Person aussagt und so schöne Antworten hervorgebracht hat. Manche sind poetisch, manche lustig, manche ganz einfach, manche etwas merkwürdig, manche sind politisch. Wenn ich mich für einen Spruch entscheiden müsste, dann wäre es der von Nora Tschirner. Natürlich hoffe ich nach wie vor, dass mir die Stadt Berlin eines Tages eine Plakatwand am Alexanderplatz schenkt.

# NORA
# TSCHIRNER

## ÜBER AUSZEITEN, THERAPIEN UND DEN DORFÄLTESTENRAT

Manchmal braucht es viel Geduld, um einen Gast zu bekommen. Im Frühling 2017 habe ich Nora Tschirner privat auf Kaffee und Kuchen getroffen. Knapp drei Stunden saßen wir in ihrem Stammcafé in Pankow. Nora erzählte großartige Geschichten darüber, welche Angebote und Einladungen sie in letzter Zeit abgelehnt hat. Nicht prahlend, sondern weise und sehr unterhaltsam. Sie hat mir erzählt, dass sie ihr Management eigentlich nur hat, damit jemand für sie absagen kann.

Nora ist eine der bekanntesten und gefragtesten Schauspielerinnen des Landes und saß damals extrem entspannt vor mir. In diesem Moment war klar: Wir müssen einen Podcast aufnehmen. Und dann verschoben sich die Termine. Aus »nächste Woche« wurde »in sechs Monaten«, wurde »nächstes Frühjahr«, wurde Sommer, wurde Herbst. »Ich könnte ja in Weimar beim *Tatort* vorbeikommen?« – »Auch super. Nein, passt doch nicht.«

Irgendwann haben wir es beide aufgegeben, einander die Terminanfrage-SMS zu beantworten. Und dann haben wir uns – so stellt man es sich in Berlin ja immer vor, und jetzt stimmt es auch mal – zwei Jahre später zufällig auf der Straße getroffen. Sie berichtete erfreut, dass sie wieder sämtliche Berlinale-Veranstaltungen geschwänzt hat. Und bemerkte: »Den Podcast wollten wir ja auch noch machen. Übernächste Woche geht. Ruf mich an.« Natürlich rechne ich damit, dass sie auch bei mir wieder schwänzen wird. Am Morgen unseres geplanten Gesprächs eine SMS. Ortswechsel, Zeitwechsel. Aber dann ist sie wirklich da. Und wie!

Nora Tschirners Karriere begann vor vielen Jahren als Moderatorin bei VIVA und MTV. Dort ist sie mir besonders durch die sehr lustigen Beiträge mit Christian Ulmen aufgefallen. Vom Musikfernsehen ging es für sie mit den Filmen *Soloalbum* und *Keinohrhasen* auf die ganz große Kinoleinwand. Im Weimarer *Tatort* ermittelt sie seit 2013 als Kommissarin Kira Dorn. Zwischenzeitlich war sie Bassistin einer Indieband, Produzentin des bewegenden Dokumentarfilms *Embrace,* und wenn sie irgendwo zu Gast in einer Talkshow ist, sagt sie so schlaue Sachen, dass sich Männer und Frauen gleichermaßen in sie verlieben. Nora schafft es, erfolgreich zu sein, ohne sich vom Erfolg verführen zu lassen.

**Ich habe von Nora Tschirner gelernt, dass man keine Angst haben muss, eine Pause zu machen, wie sie es geschafft hat, zufrieden zu sein, und warum es wichtig ist, einen Dorfältestenrat zu haben.**

## DIE KÜCHENSTUHL-TAKTIK

Wenn sich alte Bekannte eine Weile nicht gesehen haben, kann man immer gut mit dem Alter anfangen. Erst recht, wenn man bald vierzig wird. Als ich Anfang zwanzig war, fühlte sich Ende dreißig unendlich erwachsen und vorbei an. Männer mit fast vierzig hatten in meinen Augen einen Bauch und redeten nur noch von den guten alten Zeiten und ihrem Eigenheim. Jetzt bin ich in dem Alter, das sich damals schrecklich alt, vorbei und uncool anfühlte. Das Irre ist: Ich fühle mich aber gar nicht uncool und so anders als mit Anfang zwanzig. Nora ist in einem ähnlichen Alter und hat so gar nichts Altbackenes an sich. Wir haben uns kennengelernt, als wir um die zwanzig waren, und darum will ich wissen, wie alt sie sich heute fühlt.

»Ich fühle mich exakt so alt, wie ich bin. Ich habe nicht das Gefühl, dass ich geschlafen habe, nach dem Motto: Plötzlich ist Silvester. Es gibt Momente der Melancholie, dann ist es aber eine Frage des Draufguckens. Wenn ich anfange, das aktuelle Jahr richtig anzuschauen, wundere ich mich eher, dass es nicht siebzehn Jahre waren. Die Kindheit fühlt sich ja deswegen so lang an, weil immer etwas Neues passiert. Man hat das Gefühl, erst zieht sich das Leben hundert Jahre und danach taktet es sich so schnell. Aber es können Kleinigkeiten sein, die einen Unterschied machen, zum Beispiel, sich an seinem Tisch immer mal auf einen anderen Stuhl zu setzen. Das suggeriert dem Gehirn, dass die Tage wahnsinnig lang sind. Ich glaube, das ist ein guter Trick, um die Routine – die ja auch sehr heilsam ist – zu durchbrechen. Dann wirken die Tage voller und länger und dann kommt man nicht in dieses Huch-schon-wieder-Weihnachten-Ding rein.«

Es stimmt: Auch ich setze mich immer auf den gleichen Küchenstuhl, an den gleichen Schreibtisch und fahre täglich denselben Fahrradweg ins Büro. Ich beschließe, meine Stammplätze abzubauen und so noch etwas gefühlte Lebenszeit zu gewinnen. Nora hat dazu ein schönes Motto: »Ein guter Tag muss sich im besten Fall so anfühlen, als wäre man Skilaufen gewesen und fällt dann mit der entsprechenden Müdigkeit ins Bett.« Nora hatte früher sogar einen Kalender mit unterschiedlichen Kategoriefarben für Arbeit und Privatleben, um besser überblicken zu können, ob Arbeit, Familie und Freunde so im Verhältnis stehen, dass es sich richtig anfühlt.

## WIE SCHÜTZT MAN SICH VOR SICH SELBST?

Ich wollte mit Nora eigentlich über das Neinsagen sprechen, weil ich das Gefühl hatte, dass sie eine diebische Freude daran hat, das neueste Werbeangebot oder eine Premierenveranstaltung abzusagen. Was ich in früheren Gesprächen als Stolz ihrerseits empfunden habe, stellt sich im Gespräch als Notwendigkeit heraus. Ihre Sitzposition verändert sich: Nora erzählt zum ersten Mal öffentlich von ihren Burn-out. »Du vergaloppierst dich, weil du denkst, du musst etwas abliefern, und keine Rücksprache mehr mit dir selbst hältst – keine Absprache dazu, was du brauchst und was deine inneren Bedürfnisse sind. Ich musste richtig lernen, mich nicht zu übernehmen. Ich habe arbeitsmäßig die Kerze so dermaßen von beiden Seiten abgebrannt, dass ich mich fast zugrunde gerichtet habe.« Sie erzählt, wie sie an einem Filmset in der Maske saß und bemerkte, dass etwas tropfte. Die Tropfen kamen nicht von der Decke, es waren ihre Tränen. In einer anderen Situation saß sie an einem Tisch voller Leute, und während die anderen sich unterhalten haben, hat sie plötzlich vor sich hingesungen. »Das ist nicht lustig, wenn du merkst, jetzt übernimmt der Körper und sagt: Dir können wir nicht vertrauen. Eigentlich habe ich wie ein Leistungssportler gearbeitet, der sich übernimmt. Jeder Sportmediziner und Trainer wird dir sagen: Du kannst noch so gut sein in egal was du machst – wenn du nicht checkst, wie wichtig die Regenerationstage sind, wirst du niemals Olympia gewinnen, weil du ein Idiot bist. Es ist Teil des Trainings, es ist dein Job, eine Pause zu machen.«

## ZU VIEL DES GUTEN

»Das ist so verwirrend in den kreativen Berufen: Die Hälfte der Zeit hat man das Gefühl, man macht Schwachsinn. Am Ende des Tages hast du eben keinen Tisch gebaut und auch keine Herz-OP durchgeführt. Der Feierabend ist ein anderer, denn es gibt keinen. Dann kommt man an den Punkt, wo man denkt: Jetzt reiß dich mal zusammen, du hast doch schon keinen richtigen Job. Was sollen denn die Leute sagen, die richtig arbeiten?«

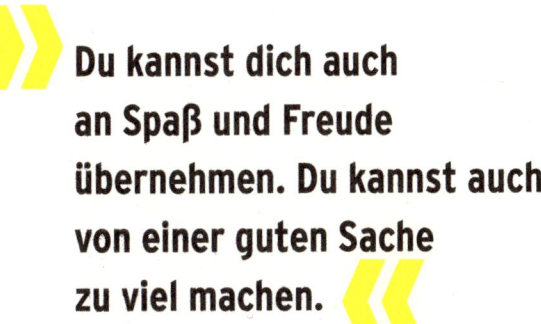

» **Du kannst dich auch an Spaß und Freude übernehmen. Du kannst auch von einer guten Sache zu viel machen.** «

Weil man am Ende oft nichts Greifbares in Händen hält, weil bei kreativer Arbeit so viel im Kopf passiert und weil man eben auch seine Leidenschaft, sein Hobby zum Beruf gemacht hat, hört es nie auf. Ich betrachte mein Tagewerk nicht wie ein Tischler aus ein paar Metern Entfernung und erfreue mich an dem, was ich heute geschafft habe. Es geht immer weiter: der nächste Podcast, der nächste Text, die nächste Idee. Früher sagte man *Job ist Job* oder *Was muss, das muss*. Unsere Generation hat jedoch den Anspruch, dass Leidenschaft und Beruf eins werden. Doch es gibt keine Grenzen, kein *Work* und *Life* mehr – alles verschmilzt zu *Life*. Ist ja auch besser so, denn wenn man so viel Zeit mit Arbeit verbringt, ist sie ja doch das Leben. Dennoch müssen wir uns erlauben, stolz zu sein auf das, was wir erreicht haben. Wir müssen innehalten wie ein Tischler und ansehen, was wir an einem Tag geschafft haben. Und wir müssen uns regenerieren wie ein Sportler – nicht um Olympia zu gewinnen, sondern um unser Leben gesund zu leben.

## WAS PASSIERT, WENN MAN EIN HALBES JAHR PAUSE MACHEN MUSS?

Man kennt diesen Mechanismus ja, wenn man erkältet ist: Die Augen so glasig, dass man kaum noch etwas sehen kann, schleppt man sich dennoch in die Arbeit, und wenn man dann zu Hause im Bett bleiben muss, geht man beim ersten Anzeichen der Besserung gleich wieder los. Kaum jemand kuriert sich aus. Dass man mal mehrere Monate ausfällt, kommt einem unmöglich vor. Das ständige Gefühl, nicht genug zu sein (nicht Papa genug, nicht Chefin genug, nicht Freund genug), lässt es nicht zu, dass wir uns auch noch eine Auszeit erlauben.

Als Nora alles zu viel wurde, hat sie sich zwei Monate freigenommen. Sie konnte jedoch nicht richtig entspannen, weil sie wusste, dass sie dann wieder fit sein muss. Sie war also gezwungen, ein halbes Jahr Pause zu machen: »Es war wichtig zu merken: Ich mache das Undenkbare, mache ein halbes Jahr frei, und genau nichts ist passiert. Keiner hat mir das übel genommen.«

## WEN RETTEST DU ZUERST?

Dass wir uns keine Auszeit erlauben, hat auch damit zu tun, dass wir unsere Kollegen, unsere Familie und Freundinnen nicht im Stich lassen wollen. Nora erinnert in diesem Zusammenhang an die Safety-Einweisung im Flugzeug: »Setzen Sie sich die Sauerstoffmaske auf, bevor Sie Mitreisenden helfen. – Vollkommen coole Logik: Ich passe erst auf mich auf, dann kann ich dem Nächsten helfen, und wenn ich dann noch Kapazität habe, kann ich noch ein bisschen beim Weltretten mitmachen. Wenn du es andersrum machst, machst du es falsch.«
Fast in einem Nebensatz erklärt sie, wie sie es schafft, Nein zu sagen: »Dieses schlechte Denken über sich selbst, das liegt dem zugrunde, dass man sich nicht traut, Nein zu sagen. Wenn du aber gut über dich denkst, kannst du total souverän Nein sagen, ohne dass es ein aggressives Nein wird.« Logisch, denn wenn ich das Gefühl habe, dass ich gut genug und ausreichend bin, dann muss ich mich nicht permanent beweisen und es allen recht machen.

## ZUFRIEDENHEIT KANN MAN LERNEN

Nora hat sich Unterstützung bei Therapeuten und Heilpraktikerinnen gesucht. »Viele Sachen fanden dort nicht über Behandlung, sondern über Gespräche statt. Meine Therapeutin hat mich einfach reden lassen. Mittlerweile kann ich das mit Freunden auch wahnsinnig gut. Der Grund, warum ich das damals brauchte, war, dass ich das Gefühl hatte, ich darf mich nicht zumuten, und wenn ich mich zumute, muss ich jemandem Geld dafür geben. Ich konnte mich nicht in allen Höhen und Tiefen zeigen. Mittlerweile kann ich das einfach so.«
Ich selbst habe noch keine Erfahrung mit Therapie und wollte wissen, wie die Stunden dort waren und welche Fragen gestellt werden. »Manchmal musste die Therapeutin mich gar nichts fragen, manchmal sprudelte es einfach so raus und manchmal hat sie mich auf Wege geführt. Ich habe ganz schnell gelernt, dass ich einfach hingehen und erst vor Ort gucken kann, was überhaupt Thema ist. Man nimmt sich am Anfang auch leistungsmäßig Sachen vor, weil man denkt, man verschwende die Zeit der Therapeutin. Irgendwann habe ich gelernt, dass ich schon sehen werde, was als Thema nach vorn kommt. Denn die Therapeutin kann zuhören und Fragen stellen, die auf ein Bedürfnis gerichtet sind.«
Mich interessiert, was Nora durch die Therapie aktiv verändert hat.
»Früher habe ich mir alles negativ ausgelegt. Wenn ich wütend war, war ich hysterisch. Wenn ich traurig war, war ich dramatisch. Ich habe mir selbst nicht über den Weg getraut. Und irgendwann habe ich mich gefragt, wem ich denn sonst über den Weg trauen soll, wenn nicht mir. Das habe ich im-

mer mehr freigeschaltet. Ich würde auch nicht sagen, dass ich damit fertig bin. Dieser Prozess wird hoffentlich noch weitergehen, bis ich sterbe.«

> **Es hat viel damit zu tun, sich sich selbst zuzumuten, sich zu trauen zu sagen: So bin ich, da müssen wir jetzt leider durch.**

## DAS PRINZIP VOM DORFÄLTESTENRAT

Nora steht zwar dazu, dass sie sich von Therapeuten helfen lässt, hat aber ein Problem mit der öffentlichen Wahrnehmung und Begrifflichkeit darum. »Es ist für mich ein gesellschaftliches Missverständnis, dass Leute, die in Therapien gehen, kranke Menschen sind. Für mich sind das die Gesündesten, weil sie merken, hier stimmt etwas nicht und ich muss jetzt mal kurz gucken.« Statt von *Therapeuten* würde sie lieber von *Mentoren* oder *Dorfältesten* sprechen. »Wir haben den Dorfältestenrat komplett verloren. Früher – ganz früher, also in der Höhle – war das so: Du hattest ein Lagerfeuer, du hattest verschieden alte Leute mit Lebenserfahrung und du hattest die Dorfältesten, die diesen Status hatten, weil sie lebensweise waren und wirklich etwas über das Leben wussten. Wenn du an einem Punkt angekommen bist, an dem du nicht weiterwusstest, bist du abends zum Lagerfeuer gegangen und hast mit ihnen gesprochen. Diese Gesprächskultur haben wir komplett verlernt.« Nora hat sich mittlerweile ihren eigenen Dorfältestenrat gesucht und sieht die Spitze ihrer Karriereleiter darin, irgendwann einmal selbst Dorfälteste zu werden. »Was mich glücklich macht, ist, mit Menschen in Kontakt zu sein, die mich Sachen bestärkend lehren können, die mir noch fremd sind. Und zugleich die Sachen, bei denen ich vielleicht die Nase ein bisschen vorn habe, weiterzugeben. Das ist, was innerer Erfolg letztendlich ist.«

Ich habe Nora gefragt, welche Dorfältesten sie an ihr Lagerfeuer setzen würde. »Die Schauspielerin Jeanette Hain, die Produzentin Anke Greifeneder, den Sänger Herbert Grönemeyer (der würde in der Mitte sitzen), die Familientherapeuten Jesper Juul und Katia Saalfrank, der Zen-Meister Leo Babauta und den Autor Alain de Botton.« Es geht bei den Dorfältesten nicht darum, dass man jede Person persönlich kennt. Auch aus der Ferne – durch Podcasts, Bücher und Liedtexte – kann man sich von ihrem Erkenntnisgewinn wärmen lassen.

An meinem persönlichen Lagerfeuer sitzen meine Frau Stephanie und mein Sohn. Dazu gesellen sich Nora Tschirner, der Autor und Hausgott Roger Willemsen und meine Freunde Philip, David und Dirk.

Am Ende des Gesprächs sind unsere Köpfe hochrot. Ich habe von meinen drei Zetteln voller Fragen gerade mal zwei stellen können. Völlig egal. Nora hat zwischendrin einfach die Richtung gewechselt. Damit ist klar: Sie ist die Direktorin meiner Schule. Als Letztes frage ich, welchen Satz sie für eine Woche auf eine große Plakatwand am Alexanderplatz schreiben würde. Direktorin Nora antwortet prompt:

> **Meine Damen und Herren – Sie stehen nicht im Stau, Sie sind der Stau.**

# SARAH KUTTNER

## ÜBER DAS ENTSPANNTWERDEN

Es gibt die guten Tage, da läuft man wie auf Wolken durch die Welt und lächelt alles Negative mit Gleichmütigkeit weg. Es fühlt sich so an, als könne nichts, absolut gar nichts an der eigenen Mitte rütteln. Und dann gibt es andere Tage, an denen könnte man direkt anfangen zu heulen, weil die Zahnpasta am Morgen alle ist. Man weiß, dieser Tag wird nicht gut enden, denn es wird heute noch sehr viel *alle* sein. Sarah Kuttner kennt diese Tage. Vermutlich sogar besser als ich. Sie sagt: »Es ist wirklich nicht so einfach, ich zu sein.« So großherzig sie auf der einen Seite ist, so erahnt man häufig auch ihre inneren Feuerbälle.

Sarah und ich haben uns vor über fünfzehn Jahren bei *Radio Fritz* kennengelernt. Damals war sie Praktikantin und ich ein kleiner Indiemusiker. Sarahs großes Talent vor der Kamera wurde schnell entdeckt. Sie wurde als VIVA- und MTV-Moderatorin so etwas wie eine Ikone ihrer Generation und ein Vorbild für guten Geschmack und dafür, an den richtigen Stellen die Klappe aufzumachen. Sarah moderierte sich durch eigene Shows und interviewte so ziemlich alle großen Superstars. Dann die große Überraschung: 2010 veröffentlichte sie ihren ersten Roman *Mängelexemplar*. Er wurde zum Bestseller, inklusive Verfilmung. Danach folgten drei weitere erfolgreiche Bücher.

Wir kennen uns relativ gut, leben im gleichen Kiez, meine Frau Stephanie und Sarah sind eng befreundet. Es ist ein bisschen ungewohnt für mich, eine nahestehende Person zu interviewen. Was ist zu privat? Was darf man ansprechen, was auf keinen Fall? Auf der anderen Seite kann man als Interviewer auch Sachen fragen, die man eine gute Bekannte sonst nicht fragen würde.

**Ich habe von Sarah Kuttner gelernt, dass man auch von denen lernen kann, die eine Sache selbst noch nicht gut beherrschen, was zwei Sekunden bewirken können und dass man Fremden Komplimente machen sollte.**

## ENTSPANNTER DURCH THERAPIE

Vielleicht liegt es daran, dass wir uns kennen. Ich könnte mir aber auch vorstellen, dass Sarah generell sehr offen über ihre Therapien spricht. So direkt habe ich sie nicht danach gefragt, aber wir landen von selbst nach wenigen Minuten bei diesem Thema.

»Ich möchte gern lernen, entspannter zu sein in Situationen, die mich stressen. Ich neige dazu, einen Feuerball im Bauch zu haben, ich bin leicht zu verletzen und schnell zu enttäuschen und reagiere sehr schnell, weil ich schlagfertig bin. Und das stresst mich und überfordert Menschen. Meine Therapeutin hat mir beigebracht, dass alles, was wir an Reaktionen auf Sachen geben, von uns selbst freiwillig gewählt ist. Es ist nicht so, dass der Körper das einfach mit uns macht. Nehmen wir ein ganz kleines Beispiel: Vor mir fährt jemand Auto und ist super langsam. Der fährt zu langsam, der fährt scheiße, der blinkt nicht – Klassiker. Man sitzt im Auto dahinter und denkt: Du Wichser. Oder man drückt auf die Tube, weil das die erste Reaktion ist: Du nervst mich, du stresst mich, du machst mein Leben schwerer. Meine Therapeutin meinte, dass es eigentlich nur wichtig wäre, zwischen Aktion und Reaktion ein oder zwei Sekunden Zeit reinzukriegen, den Fuß in die Tür zu kriegen, um einmal kurz zu überlegen, warum das gerade passiert. Dann kommst du in den Modus des Nachdenkens. Die Wahrscheinlichkeit, dass der andere das macht, um mich zu ärgern, ist null, denn er kennt mich nicht. Das ist aber das, worauf ich reagiere – ich *fühle* mich geärgert. Also fang ich an nachzudenken: Vielleicht ist das sein erstes Mal Auto fahren, seit er den Führerschein gemacht hat – ich war ja auch so aufgeregt danach. Oder vielleicht hat er Liebeskummer. Vielleicht ist gerade jemand gestorben und er ist ganz traurig und er ist einfach nicht konzentriert. All das hat nichts mit mir zu tun. Und ich bin ja wiederum sehr emphatisch. Wenn jemand vor mir weint, dann lasse ich alle Hüllen fallen. Allein der Gedanke, dass der Autofahrer vor mir vielleicht Liebeskummer hat, löst also exakt das Gegenteil in mir aus und ich denke: Vielleicht steige ich schnell aus und gebe ihm ein Taschentuch. Diese zwei Sekunden muss man sich aber nehmen, indem man ganz kurz überlegt: Was ist hier gerade passiert? Ist es wirklich ein Angriff gegen mich? Wahrscheinlich nicht, denn es ist meistens kein Angriff. Ist es vielleicht eher Unsicherheit von dem anderen oder Überforderung? Wenn man das weiß, ist man viel entspannter. Das muss man aber üben. Und ich habe das bei kleinen Situationen geübt. ==Wir reagieren alle häufig so auf Situationen, als wolle uns jemand aktiv verletzen. Also versuche, im nächsten Moment, wo du verletzt von etwas bist, ganz kurz zu überlegen, wie das gemeint ist.== So kommt man schon etwas runter.« Wie logisch! Diese Herangehensweise hat Sarah in einer Verhaltenstherapie gelernt.

SARAH KUTTNER

## WARUM SICH THERAPIEN LOHNEN

Sarah singt weiter das Hohelied der Therapie. »Was auch frustrierend ist und gleichzeitig ganz schön zu wissen: Dass all die Leute, die kacke waren zu uns in unserer Kindheit, auch keine bösen Menschen sind. Sondern sie sind so, weil sie mit ihren Gefühlen nirgendwo hinkonnten. Weil sie nicht zu Therapeuten gegangen sind, weil sie ihren eigenen Rucksack tragen mit ihren Verwandten und Eltern. ==Also jeder, der unfair zu uns war, ist so, weil er nicht in der Lage ist, seinen Kack zu lösen. Deswegen bin ich wirklich großer Fan von Therapien.== Du musst dafür ja nicht depressiv oder schizophren sein. Allein wenn du weißt, da reagiere ich immer wieder nicht zufriedenstellend – das reicht schon, um mal zum Therapeuten zu gehen. Denn irgendwann platzen diese eitrigen Blasen immer – und zwar meist an einem Ort, wo das nicht hingehört. Und dann verletzt man Menschen. Insofern ist ein Therapeut im Grunde genommen einfach ein guter Gesprächspartner.«
Erstaunlich viele meiner Gäste haben gemeinsam, dass sie sich durch Therapie mit sich und ihren Unzulänglichkeiten auseinandergesetzt haben. Das Stigma, das früher von Therapien ausging, löst sich hoffentlich immer weiter auf. Es ist so wichtig, offen darüber zu sprechen. Auch Nora Tschirner hat zu diesem Thema viel zu sagen – du kannst es in ihrem Kapitel nachlesen.

## NÄCHSTENLIEBE

Sarah ist vor und hinter der Kamera dafür bekannt, dass sie sagt, was sie denkt. Sie ist geradeheraus und sehr direkt. Bei ihr weiß man immer, woran man ist, und das empfinde ich als große Erleichterung, denn das gilt bei ihr für alle Gefühlslagen, ob Wut, Lob oder Liebe.

»Mir ist neulich eine Frau im Park entgegengekommen, die einfach nur fantastisch aussah. Super edgy Haare, die hatte richtig Bock, anders auszusehen als die anderen, und das auf eine coole Art. Ich sah sie an und dachte, wie super sie aussieht. Und als ich an ihr vorbei war, dachte ich, das muss man der auch mal sagen. Also bin ich umgedreht und habe ihr hinterhergeschrien: ›Du siehst super aus!‹ Sie war komplett überrascht. Weil bei Freunden denkt man immer: Ja, musst du jetzt auch sagen, klar magst du mein Buch. Aber wenn ein Wildfremder dir etwas sagt ... Neulich hatte ich einen Taxifahrer, der nicht wusste, wer ich bin, und wir sind zusammen gefahren, hatten eine gute Zeit, und als ich aus-

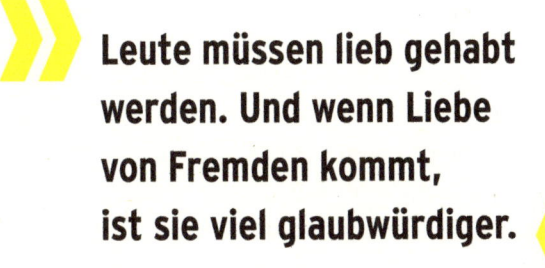

**Leute müssen lieb gehabt werden. Und wenn Liebe von Fremden kommt, ist sie viel glaubwürdiger.**

gestiegen bin, hat er zu meiner Begleitung gesagt: ›Also das war ja eine frische Nette, solche Menschen müsste es häufiger geben.‹ Da habe ich mich so gefreut, weil der wusste nicht, dass ich Sarah Kuttner bin, der fand mich einfach angenehm. Und das möchte ich Leuten auch geben. Für all die Kacke, die ich ihnen gebe, möchte ich ihnen auch die guten Sachen geben.«

## ES IST OKAY, KEINE AHNUNG ZU HABEN

Zum Geradeheraus-Sein gehören auch Neinsagen und Dinge ablehnen. Dabei habe ich Sarah immer als Meisterin empfunden.
»Dieses Neinsagen musste ich mir tatsächlich auch ein bisschen erarbeiten, aber eher aus einer anderen Richtung. Weil natürlich von einem erwartet wird, dass man Ahnung hat. Ich habe wahnsinnig wenig Ahnung von unserem Land, von Politik, es interessiert mich auch nicht genug, weil ich es nicht kapiere. Ich verstehe das alles nicht. Ich habe das Gefühl, selbst wenn ich es verstehen würde, würde ich keine vernünftige Meinung finden, es überfordert mich, deswegen weiß ich wenig darüber. Das traut sich natürlich keiner laut zu sagen, und ich fühle mich wahnsinnig schlecht, wenn ich es tue. Aber ich habe irgendwann gemerkt, dass es einfacher ist, die Wahrheit zu sagen, nämlich: Nein, ich möchte nicht oder ich kann nicht oder ich bin unsicher, statt so zu tun als ob. Das ist auch bei anderen meine allergrößte Allergie: Menschen, die so tun als ob. Das finde ich so unsexy, weil es so leicht zu durchschauen ist. In diesem Status zu leben

ist total unentspannt, weil du ja dauernd auffliegen könntest. So mit Anfang zwanzig habe ich gemerkt, dass Menschen in meinem Umfeld bestimmte Erwartungen an mich haben, auch meine Eltern. Damals habe ich festgestellt, dass ich denen nicht entsprechen kann – und auch nicht will. Ich habe gemerkt, dass es viel einfacher ist zu sagen: ›Nein, danke. Ich interessiere mich für etwas anderes.‹ Damit bin ich kein schlechterer Mensch, nur weil ich keine Ahnung von Politik habe und dafür vielleicht mehr Ahnung von Hunden. Das ist einfach nur ein anderes Themenfeld. Und bei den verschiedenen Themenfeldern ist keines, auch das musste ich lernen, wertiger als das andere.«

Im Grunde geht es darum, uns selbst zu akzeptieren. Zu akzeptieren, wie wir sind, was wir können, was wir nicht können. Zu sagen: Ich bin okay so. Und wenn wir Mitgefühl für uns selbst entwickeln, auch für unseren inneren Feuerball, dann können wir es an andere weitergeben. Der amerikanische Autor und Business-Coach Jerry Colonna wurde mal gefragt, was er durch die Arbeit mit den vielen Führungskräften gelernt habe. Seine Antwort: »The struggle is universal« – jeder von uns hat zu kämpfen.

Ganz oft denken wir, das Schlechte passiere nur uns. Die Perspektive von Menschen wie Sarah ist deshalb so wertvoll, weil sie zeigt, dass man nicht allein ist und dass man seinen *Struggle* bearbeiten kann. Auf eine große Plakatwand am Alexanderplatz würde Sarah übrigens schreiben: »Hey, du bist schön.« Schön!

# LARS EIDINGER

## ÜBER ERFOLG UND DIE SUCHT NACH DEM LEBEN

# LARS EIDINGER

Mit beruflichen Erfolgen ist es eine komplizierte Sache: Jeder hat seine eigenen Vorstellungen davon, wie sie aussehen sollen. Doch wir glauben alle, dass wir glücklicher sein werden, wenn wir sie erreicht haben. Der Schauspieler träumt von einer Hauptrolle, die Musikerin von einem Plattenvertrag, die Sportlerin von einer Goldmedaille. Manche träumen von einer Million Euro, andere von Firmenanteilen und die ganz Großen, die es eigentlich schon geschafft haben, von einer Auszeichnung fürs Lebenswerk. Sie glauben, wenn sie das erreicht haben, werden sie glücklicher sein.

Lars Eidinger ist ganz oben angekommen. Er zählt zu den erfolgreichsten Schauspielern des Landes und sagt: »Der Erfolg macht mich nicht glücklich und der Misserfolg macht mich todunglücklich.«

Wir sitzen zusammen auf einer Bühne, ich interviewe Lars live vor Publikum in Berlin. Bekannt geworden ist er durch seine sehr körperliche, moderne Spielweise an der Berliner Schaubühne. Seinen Durchbruch über die Stadtgrenzen hinaus hatte er 2009 mit dem Film *Alle anderen*. Er ist einer der aufregendsten und gefragtesten deutschen Schauspieler unserer Zeit. Lars legt als DJ auf, ist Erfinder der *Autistic Disco* in Berlin und der absolute Frauen- und Männerschwarm. Er hat etwas an sich, dass man nicht genug von ihm bekommen kann. Ich glaube, dass es die Mischung aus großer Selbstüberschätzung (er sagt, er sei der beste Schauspieler der Welt) und tiefer Melancholie ist.

**Ich habe von Lars Eidinger gelernt, dass man auf keinen Gipfel stürmen muss, dass es mehr Verlierer als Gewinner gibt und dass alles, was er tut, ein Schrei nach Liebe ist.**

## WONACH SUCHST DU IN DER NACHT?

Wenn man Lars auf seinem Instagram-Kanal folgt, kann man ihn mittags mit seinem artifiziellen Blick auf die Welt auf dem Roten Platz in Moskau sehen. Wenige Stunden später ein Blick aus dem Flugzeug. Schnitt. Dann ist Lars in einem edlen Club in Berlin und legt als DJ auf. Sein Gesicht ist vollgeklebt mit Stickern. Seine Zähne glänzen gold. Er grinst. Schnitt. Ein anderer Club. Lars legt auch hier auf. Viele Mädchen, viel Konfetti, viel Pop. Viel von allem. Schnitt. Um acht Uhr morgens ist die Übertragung beendet. Was sucht er um diese Zeit auf der Tanzfläche?
»Ich will möglichst intensiv leben und ich spüre mich auch am meisten, wenn ich das tue. Natürlich ist es auch ein bisschen armselig, weil es eigentlich ausweglos ist. Denn diese Befriedigung, nach der ich suche – ich weiß es ja im Grunde auch –, die kriege ich da natürlich nicht. Also nicht, wenn ich um acht Uhr morgens im Club tanze. Wahrscheinlich nicht, aber ich vermute sie da irgendwo und ich weiß nicht, wo man sie sonst kriegt. Es ist so leicht zu sagen: ›Weißt du, am glücklichsten bin ich, wenn ich mit meinem Coffee-to-go auf einem Spielplatz sitze und meiner Tochter beim Schaukeln zuschaue.‹ Das ist mir zu einfach, da gehen mir die anderen Eltern zu sehr auf die Nerven, als dass ich das schön finden könnte.« Lars ist verheiratet und hat eine Tochter. Er erzählt, dass sie ihm neulich gesagt habe, sie wolle bei seiner Frau bleiben, falls er und sie sich trennen. Ich weiß nicht was ich dazu sagen soll, und schweige.

## ES IST MEIN ERSTES LEBEN

Lars' Fingernägel sind bemalt, auf sein Jackett sind kleine Plüschmonster genäht, dazu trägt er kurze weiße Hosen und Chucks. Später wird er sich noch Aufkleber ins Gesicht kleben. Er liebt es ganz offensichtlich, gesehen zu werden und anders zu sein. »Ich habe mir neulich gedacht, mit 42 – ein total geiler Gedanke: ›Hey Lars, es ist dein erstes Leben, also woher sollst du es denn wissen?‹ Das war total gut für mich, diese Erkenntnis. Ich dachte schon immer, dass man viele Sachen doch gar nicht wissen kann. Also ich kann ja nicht aus der Erfahrung von früheren Leben schöpfen und sagen: Siehst du, das passiert mir jetzt in diesem Leben schon wieder. Das passiert mir alles zum ersten Mal und ich mache auch alles zum ersten Mal falsch.« Im Publikum grinsen viele über diesen Freifahrtschein. Denn wenn man es so sieht, kann man sich ja im Grunde alles erlauben.

## ES GIBT MEHR VERLIERER ALS GEWINNER

Momentan sieht es so aus, als würde ihm alles gelingen. Er wird von Kritikern und vom Publikum gleichermaßen verehrt. Doch Lars ahnt schon, dass es nicht immer so sein wird: »Wir leben in einer Welt, in der der Fehler kein besonders hohes Ansehen genießt. Wenn die Nationalmannschaft ausscheidet, dann steht auf dem Pappaufsteller der meistgelesenen Zeitung: ›Ende Gelände‹. Das ist das, was ich meine: Missgunst, Hass, Häme. Aber da sind doch eigentlich die Menschen gefragt. Die Wahrscheinlichkeit, dass die Mannschaft gewinnt, ist ja verschwindend gering. Die Wahrscheinlichkeit, dass sie verliert, ist viel größer. Gewinner gibt es immer nur einen in jeder Disziplin, und alle anderen sind Verlierer. Das heißt, wir sind ja eigentlich alle die ganze Zeit Verlierer. Warum haben wir dann keine Kultur des Scheiterns?«

Ich glaube, dass die Angst vorm Scheitern so groß ist, weil sie unser Antrieb ist. Hätten wir sie nicht, dann müssten wir uns fragen, was uns außer der Angst noch antreibt. Diese Frage ist noch schwerer zu beantworten und darum entwickeln wir auch keine Kultur, die uns davor bewahrt.

## MAN MUSS NICHT AUF DEN GIPFEL STÜRMEN

Der Fußballtitan Oliver Kahn wurde mal gefragt, wie es ist, so erfolgreich zu sein. Er entgegnete, dass es ganz viele Bücher darüber gebe, wie man nach oben kommt, aber keiner sagt einem, was passiert, wenn man dort angekommen ist. Lars könnte da helfen: »Ich verstehe es jetzt erst langsam: Ich habe immer gesagt, dass ich der Erste sein will, ich wollte immer gewinnen, aber das ist, glaube ich, der falsche Weg. Ich bin ja super erfolgreich in meinem Beruf, ich verdiene wahnsinnig viel Geld, ich kriege jeden Tag ein Drehbuch geschickt und ich kriege auch viele Komplimente und Anfragen. Das macht mich aber tatsächlich nicht glücklicher und das zu sagen ist keine Koketterie. Es ist einfach nur der Gruß aus der Küche an alle, die nicht so erfolgreich sind: Ihr müsst es gar nicht sein, ihr werdet dadurch auch nicht glücklicher. Ich bin nicht irgendwie frustriert oder so. Der

Vergleich hinkt ein bisschen, aber ich bin wie der Typ, der vom Mount Everest runterschreit: Leute, ihr braucht hier gar nicht hochzukommen, so gut ist es hier gar nicht.«

Mir kommt eine Wanderung in den Sinn, die ich vor Jahren in Südfrankreich unternommen habe, ein Küstenweg von einem Ort zum anderen. Auf der einen Seite der unendliche Ozean, auf der anderen Seite das felsige Land und wir genau dazwischen, die Klippen hoch und wieder runter in einem ständigen natürlichen Fluss. Es gab Momente purer Anstrengung, des Nicht-weiter-Wollens und dann wieder eine große Zufriedenheit an der Freude der Bewegung. So stelle ich mir ein erfüllendes, kreatives und glückliches Leben vor. Wir sollten unsere Karriere und unser Leben vielleicht nicht länger als Gipfel denken, auf dem wir uns irgendetwas erhoffen, sondern als eine Wanderung entlang einer Küste, hoch und runter. Es geht nicht um ein Ziel, sondern um den abwechslungsreichen Weg.

## DIE OFFENBARUNG DER EIGENEN VERLETZBARKEIT

Am Anfang hat das Publikum noch viel gelacht, doch nach und nach wird es immer stiller. Lars zeigt auf der Bühne eine Verletzlichkeit und Ehrlichkeit, die betroffen macht. Wir bemerken es und versuchen, wieder an die Oberfläche zu kommen, doch es gelingt uns nicht. Stattdessen gehen wir noch tiefer. »Wenn ich morgen früh aufwache, kann ich eigentlich sicher sein, dass ich denke: Scheiße, ich bin wieder die ganze Nacht durchgefickt worden. In dem Moment, wo ich so viel preisgebe, habe ich das Gefühl, dass ich mich total an-

greifbar mache, aber ich mache es trotzdem. Da stellt sich die Frage nach dem Warum. Ich glaube, ich erlebe so mehr, aber da gehen ein gutes und ein schlechtes Gefühl miteinander einher. Ich habe das in letzter Zeit so oft, dass ich aufwache mit dem total schlechten Gefühl.«
»Weil du so viel gegeben hast?«, hake ich nach.
»Ja, ich bin dann total hin- und hergerissen, so wie jetzt auch. Auf der einen Seite merke ich: Wow, läuft gut, die Leute lachen, ich bin originell, ich kann mich gut mitteilen, lande ein paar Pointen. Und auf der anderen Seite denke ich: Oh Gott, wie schrecklich, hörst du dir überhaupt zu? Das läuft bei mir immer parallel. Ich finde mich immer gleichermaßen ganz abstoßend und total geil.«

## IN UNSERER AUFLÖSUNG LIEGT DIE TOTALE SCHÖNHEIT

So viele Momente der Stille wie in diesem Gespräch gab es selten im *Hotel Matze*. Wenn Lars eine Frage vermeintlich fertig beantwortet hatte und seine Stimme nach unten ging, habe ich eine Pause gelassen und ihn staunend angesehen. Die Stille hat er mit neuen Erkenntnissen gefüllt, die ich so nicht hätte erfragen können:
»Ich habe eine wahnsinnige Sehnsucht nach einem Gefühl und das hält mich wach. Ich möchte einfach diese Sehnsucht befriedigt wissen. Dazu habe ich immer diesen einen Gedanken und glaube auch fest daran, dass das stimmt: Das, wonach wir alle Sehnsucht haben, ist der Tod – also dieses Gefühl, das sich irgendwann einstellen wird. Wahrscheinlich ist es kein Gefühl, aber dieser Zustand ist es, wonach

wir uns alle sehnen. Eigentlich arbeiten wir nur darauf hin und das heißt nicht, dass ich suizidal bin und auch nicht supermorbide. Aber ich finde den Gedanken eher tröstlich und denke, dass in der Auflösung eine totale Schönheit liegt. Wahrscheinlich ist der Zustand, geboren zu sein und zu leben, die totale Qual.«
Vor mir sitzt kein Schauspieler. Da sitzt ein ganz und gar nackter Mensch.

» **Ich glaube, es geht immer nur darum, geliebt zu werden. Es gibt gar keine andere Motivation im Leben. Da lässt sich alles drauf runterbrechen. Alles, was ich mache, ist nur ein Schrei nach Liebe.** «

Stille.
Und dann Applaus.

# TITUS DITTMANN

## ÜBER DAS BEZWINGEN VON ÄNGSTEN

Pflastersteine, überall Pflastersteine. Warum ausgerechnet hier in Münster die deutsche Skateszene ihren Ursprung hat, will mir nicht ganz einleuchten. Die ganze Innenstadt wackelt und huckelt und ich bekomme schon beim Gedanken daran, dass hier jemand mit dem Skateboard durchfährt, ein Schleudertrauma.
Ich bin hier, um den großen Skateboard-Pionier Titus Dittmann zu besuchen.
Für alle, die in den Neunziger- und Nullerjahren jung waren, war es immer ein großes Highlight, wenn der neue *Titus*-Katalog im Briefkasten lag. Das war so etwas wie unser Instagram. *Titus* fanden alle cool, die ich cool fand. Doch Skaten war für den Namensgeber schon immer mehr als ein Trendsport oder eine Freizeitbeschäftigung. Für ihn ist es eine Philosophie, mit der man lernt, seine Ängste zu besiegen. Man fällt immer wieder hin, muss immer wieder aufstehen und kann so die Urangst vor dem Fallen bezwingen.
Ursprünglich war Titus Dittmann Lehrer. Im Sportunterricht wollte er jedoch lieber mit seinen Schülern auf dem Brett stehen, als Volleyball zu üben. Die Schüler sahen das auch so, und damit sie etwas hatten, worauf sie fahren konnten, musste der Lehrer ihnen Boards besorgen. So war Titus 1985 einer der Ersten, der Skateboards nach Deutschland importiert hat. Den Lehrerjob hat er irgendwann aufgegeben, um sich fortan ausschließlich um diese neue Jugendkultur zu kümmern.
Mit mehr als dreißig *Titus*-Shops, einem Versand- und Onlinehandel und diversen Skate-Events ist sein Unternehmen *Titus* führender deutscher Einzelhändler für Skateboards

und Streetwear. Titus Dittmann hat mehr als hundert Firmen gegründet, in einem Jahr über 75 Millionen Umsatz gemacht und kurze Zeit später zehn Millionen Euro Schulden gehabt. Hinfallen und wieder aufstehen – das kann er.
Die Firma *Titus* leitet nun sein Sohn, Titus selbst kümmert sich um seine *Skate Aid*-Stiftung, schreibt Bücher und ist Dozent an der Universität in Münster. Wir treffen uns in seinem Büro. Statt eines Klingelschilds steht ein Skateboard im Fenster. Das reicht hier natürlich. Er ist siebzig Jahre alt und strotzt vor Energie. Fester Händedruck, flammende Augen. Titus ist ein Krafttier.
Wir setzen uns an einen kleinen Tisch. Es gibt Kaffee und Kuchen. Titus öffnet eine Pillendose, zwinkert mir zu: »Ritalin. Wirkt aber erst in einer Stunde.« Und dann geht es los.

**Ich habe von Titus Dittmann gelernt, wie man seine Ängste unter der Bettdecke besiegen kann, warum extreme Selbstbeschäftigung effizient ist und was Omeletts mit Freiheit zu tun haben.**

## WARUM UND WIE BESCHÄFTIGST DU DICH MIT DEINER ANGST?

Wir fangen direkt mit dem Thema Angst an: »Angst war für mich immer ein Riesenthema, weil ich als Kind ein Schisser war. Das hat mich fürchterlich genervt, weil die Angst meine Entfaltung gebremst und die Entwicklungsmöglichkeiten für meine Zukunft eingeengt hat. Ich habe aber sehr früh gemerkt: Je mehr man sich mit sich selbst beschäftigt und sich fragt, wovor man eigentlich Angst hat, desto mehr wird die Quelle der Angst zu etwas Bekanntem. Dadurch hat man irgendwann keine Angst mehr. Nicht, weil man plötzlich Mut hat, sondern weil man sich mit der Sache auseinandergesetzt hat und beurteilen kann, ob man der Anforderung gewachsen ist oder nicht. Das ist der Anfang, um auch andere Dinge, unter denen man leidet oder die einen hemmen, anzuschauen. ==Angst ist nun mal die größte Handbremse im Leben, und wenn man so richtig Gas geben will, muss man sich als Erstes damit beschäftigen, warum man dauernd Angst hat, und sich fragen: Ist sie begründet oder nicht?==«

Bei Titus trifft Logik auf Leidenschaft, und mit dieser Kombination löst er seine Herausforderungen. Er erklärt mir, wie er seine Angst vor einem Fallschirmsprung ganz logisch durch mentales Training gelöst hat: »Wenn ich sportlich etwas machen will, was für andere wie ein Risiko aussieht, dann nehme ich mir die Angst, indem ich das mental immer wieder durchspiele. Bevor ich das erste Mal allein mit dem Fallschirm aus dem Flugzeug gesprungen bin, habe ich das vorher intensiv mental trainiert. Wie man sich in der Luft bewegt, kann man auch im Auto üben, wenn man jemanden bittet, schnell über die Autobahn zu fahren. Man öffnet das Schiebedach und stellt sich mit ausgebreiteten Armen in den Fahrtwind. So kann man Teile des Sprungs üben, die man dann nur zusammenbasteln muss. Das kannst du nachts unter der Bettdecke machen, bevor du einschläfst oder wenn du nicht schlafen kannst. In Gedanken springst du unendliche Male aus dem Flugzeug und übst alles, was du gelernt

hast, schon mal im Kopf. Die richtige Körperhaltung, die Lage und die Orientierung in der Luft werden schnell Routine. Das hast du im Auto ja schon geübt. Und wenn du tausend Sprünge unter der Bettdecke gemacht hast, dann denkt dein Kopf, die hättest du wirklich gemacht. Und dann stehst du irgendwann oben an der Flugzeugtür und hast tatsächlich keine Angst davor zu springen, weil du dir sicher bist, dass du alles im Griff haben wirst.«
So kann man das mit jeder schwierigen Situation machen: Man zerlegt sie in ihre Einzelteile, übt, indem man sie separat durchspielt, und setzt alles nach und nach wieder zusammen.

## WAS HILFT BEI LAMPENFIEBER?

Ich freue mich, dass Titus von sich aus auf das Thema Bühnenangst kommt, denn ich habe Angst davor, auf einer Bühne zu stehen und vor Leuten zu sprechen. Als Musiker habe ich das zwar jahrelang gemacht – also auf der Bühne zu stehen –, aber immer im Schutz des Instruments und mit der Deckung der anderen Bandmitglieder. In dieser Konstellation habe ich mir nahezu alles zugetraut. Doch allein im Rampenlicht zu stehen, ohne sich verstecken zu können, ständig bedacht darauf, nichts Komisches zu sagen, oder noch schlimmer, nicht zu wissen, was ich überhaupt sagen soll – ja, das macht mir Angst. Gleichzeitig genieße ich die Bestätigung, wenn ich merke, dass ich die Leute mit dem, was ich gerade mache, ganz unmittelbar, ganz direkt berühre. Darum zieht es mich auf Bühnen, obwohl ich Angst davor habe.

Titus wurde in den Siebzigerjahren gefragt, ob er bei einer Veranstaltung eine Begrüßungsrede halten könne. Ähnlich wie ich kann er in kleinen Runden wunderbar labern, auf der Bühne ist das jedoch etwas komplett anderes: »Ich war so nervös, ich habe kein Wort rausgebracht. Meine Freunde, die Band hinter mir, sind zu mir gekommen und haben mir Sätze wie ›Herzlich willkommen‹ ins Ohr geflüstert, die ich dann nachgeplappert habe. Das war peinlich ohne Ende. Woran lag das? Ich hatte mir einen Zettel gemacht und eine richtig geile, kurze Rede aufgeschrieben, doch vor lauter Aufregung habe ich mich an kein Wort mehr erinnert. Da habe ich gemerkt: Wenn ich mich zu detailliert vorbereite, gibt das eine scheiß Rede, weil ich vor Aufregung alles vergesse. Also bin ich zu der Selbsterkenntnis gekommen: Wenn ich das Thema inhaltlich draufhabe, brauche ich mich nicht vorzubereiten. Außerdem kam das Bewusstsein dazu, dass ich nicht nur durch den Inhalt wirke, sondern auch durch mein brennendes Herz und die Begeisterung, die ich rüberbringe. Diese Authentizität, das, was von innen nach außen kommt, das spüren die Zuschauer. Das hat mir die Sicherheit gegeben: Wenn du immer ehrlich bist zu dir selbst, dann brauchst du keine Angst davor zu haben, dass du dich verplapperst, denn du kannst ja nur das sagen, was sowieso da ist. Jeder wird sehen, dass ich das meine, was ich sage, und dass das kein auswendig gelerntes Wissen ist. Meine Vorbereitung ist jetzt eine ganz andere: Ich beschäftige mich mit Themen, ich werde kompetent, gehe ganz tief rein, möchte die Zusammenhänge erkennen und die Plausibilität spüren. Dann kann auf der Bühne nichts mehr passieren.«

Klingt logisch. Für mich ist es außerdem wichtig, mich weit

im Voraus für ein Vorhaben zu verpflichten. Zum Beispiel hatte ich mir für vergangenes Jahr vorgenommen, elfmal auf einer Bühne zu stehen und dort allein zu sprechen. Bei Anfragen, die ich vorher aus Angst abgelehnt hätte, denke ich an meine Liste. So verpflichte ich mich, muss mich damit beschäftigen und eine Routine auf der Bühne entwickeln.

## EXTREME SELBSTBESCHÄFTIGUNG IST EFFIZIENT

Immer wieder kommen wir im Gespräch auf das Thema Erkenntnis durch die Beschäftigung mit sich selbst. Doch wer das häufig tut, gilt als Egoist. Für Titus ist das Quatsch.
»Ich habe mich extrem mit mir selbst beschäftigt, was ich als das Sinnvollste empfinde, was man als Mensch in seiner Persönlichkeitsentwicklung überhaupt machen kann – nicht nur um sich selbst, sondern auch um die Menschheit und die Gesellschaft zu verstehen. Wenn man den Menschen im Allgemeinen verstehen will, sollte man erst bei sich anfangen, denn man gehört ja zu dieser Gattung. Man sollte sich richtig kritisch zerpflücken und gucken, was man für Macken hat und was bei einem selbst noch an Trieben und Automatismen aus dem Reptiliengehirn nachwirkt.«
Titus ist in Fahrt. Ich muss mich extrem konzentrieren, um alles aufzusaugen, was er sagt. Beim Abhören des Gesprächs entdecke ich so viele Weisheiten: »An den eigenen Schwächen erkennt man auch die Schwächen der Menschheit. Ich habe aber auch gemerkt, dass das einen ganz anderen Effekt hat, wenn man sich ehrlich mit sich selber beschäftigt. Denn je besser ich meine Schwächen kenne, desto besser kann ich

mich auch nach außen zu ihnen bekennen, um dann gar nicht mehr angreifbar zu sein. So kann ich die Zeit nutzen, um meine Stärken zu stärken. Wenn ich die Zeit mit dem vergeude, was mir peinlich ist, weil ich schlecht darin bin – das aufzubessern wäre nicht effizient.«
Als Dozent für Sportwissenschaften an der Universität in Münster beschäftigt er sich mit selbstbestimmtem Lernen und der daraus resultierenden Persönlichkeitsbildung. Deshalb empfiehlt er BWL-Studenten, Managern oder Unternehmern in seinen Keynotes, sich neben Betriebswirtschaftslehre auch mit Philosophie, Soziologie und Pädagogik zu beschäftigen. Lehrer Titus: »Wer den Markt verstehen will, der muss die Menschen verstehen, denn der Markt besteht nun mal aus Menschen.«

## WIE SCHAFFT MAN ES, SO VIEL ZU MACHEN?

Mit einer Mischung aus Stolz und Lausbubigkeit erzählt Titus, dass er hundert Firmen gegründet hat, und fügt mit einem breiten Lachen hinzu, dass natürlich nicht alles davon hingehauen hat. Mich fasziniert, wie man das hinbekommt. Während des Gesprächs musste ich oft an Fynn Kliemann denken, der auch immer noch eine Sache mehr machen will.
Titus hat sich immer von Bedürfnissen leiten lassen. Die Kids haben ihm – dem erwachsenen Titus – erzählt, was sie wollten. Titus hat sich die Leidenschaftlichsten von ihnen ausgesucht und mit ihnen eine Firma gegründet. Die große Konstante durch all seine Firmen ist seine Frau Brigitta, mit

der er auch beruflich alles gemeinsam macht und die sich im Hintergrund stets darum gekümmert hat, dass alles geordnet läuft.

»Ich habe das alles aus menschlicher Logik heraus gemacht und nicht mit System. Hätte ich mir vorher überlegt, ich will mal eine Holding mit hundert Firmen haben, hätte ich das nicht gemacht, weil ich mir das gar nicht zugetraut hätte.«
Bei Titus geht es über eher kleinere, schrittweise Ziele: »Damit ich keinen Frust kriege, verarsche ich mich selbst. Das habe ich als Kind gelernt, weil mir im Grunde keiner was zugetraut hat. Wenn ich eine Vision im Kopf hatte, die vielleicht zu groß war, habe ich nach Möglichkeit keinem davon erzählt, denn dann hätte ich ja schon wieder Erfolgsdruck gehabt. Deshalb setze ich mir immer Ziele, die relativ nah sind und wo ich genau weiß, die habe ich schnell erreicht. Dann gehe ich folgendermaßen auf das Ziel zu – vergleichen wir das mal mit einer Hochsprunglatte: Wenn ich unterwegs merke, jetzt bin ich gleich dabei, über die Latte zu springen, dann nehme ich sie schnell und werfe sie ein Stück höher. So habe ich nie den Frust, dass das Ziel zu weit weg oder zu hochgesteckt ist, stattdessen hab ich dauernd Erfolgserlebnisse. Ich sage immer: Wer sein Ziel im Leben erreicht, der hat es nicht hoch genug gesteckt.«

## HAST DU WIRKLICH ALLES ZU VERLIEREN?

Keine Heldengeschichte ohne Krise – oder um in Titus' Wortwelt zu bleiben: Kein Skaten ohne blaue Flecken und Schürfwunden. Seine größte Angst war es, die Firmengruppe und seinen Status zu verlieren. Anfang 2000 wollte Titus an die Börse, damals hat er knapp hundert Millionen D-Mark Jahresumsatz gemacht. Um den Börsengang zu schaffen, hatte er Investoren beteiligt. Titus hat sich aus dem operativen Geschäft zurückgezogen und wurde als Repräsentant der Firmengruppe durch die Medien gereicht. Der Börsengang platzte, und allein in den ersten vier Jahren des neuen Jahrtausends hat die Gruppe über zwanzig Millionen Euro Verlust gemacht. Die Investoren schickten Berater ins Unternehmen, um die Firmengruppe zu retten. Titus und seine Frau Brigitta hatten nichts mehr zu sagen und die Berater entwickelten immer neue Sanierungspläne, die alle scheiterten. Titus stand kurz vor dem Aus.

»Ich hatte damals so ein angepasstes Verhalten. Dieser Wohlstand, diese Anerkennung, das ist alles so schön, denn du bist plötzlich wer in einer Gesellschaft, die dich früher nicht anerkannt hat. Das wollte ich genießen und das sollte sich nicht ändern. Ich hatte das Problem, dass meine Frau und ich Angst hatten. Angst davor, was die Leute sagen, wenn wir pleitegehen und in eine Sozialwohnung ziehen müssen, Angst davor, mit der Firma unser gemeinsames Baby zu verlieren.

Brigitta und ich saßen damals zusammen und haben festgestellt, dass uns die Kohle nie interessiert hat, dass sie aber plötzlich so wichtig wurde. Wir haben uns gefragt: Brauchen wir ein reetgedecktes Haus? Brauchen wir einen Weiher mit Badesteg? Brauche ich meine ganzen Autos? Brauchen wir alles nicht. Haben wir nur gekauft, weil die Kohle übrig war. Wir stellten fest, dass Glück und Sinnstiftung auch ohne Kohle mit einer Citroën-Ente auf Sahara-Tour möglich sind.

Wenn man Angst hat, fühlt man sich erpresst, und wenn man sich erpresst fühlt, ist man nicht frei. Man fühlt ja die Erpressung der Bank, die damit droht, den Stecker zu ziehen, wenn man die Kohle nicht bringt. Das Selbstbewusstsein war unten. Das Leben machte keinen Spaß mehr und dann haben wir uns daran erinnert, wann wir uns am freisten gefühlt haben. Wir haben an unsere Sahara-Trips gedacht, die wir gemacht haben, als wir Anfang zwanzig waren, da haben wir Freiheit und Glück gespürt.«

Die damals Frischverliebten sind mit ihrer Ente bis tief in die Sahara gefahren. Das Geld dafür wurde verdient, indem Titus andere Enten repariert und mit allem Möglichen gehandelt hat. In der Sahara lebten sie vom Einfachsten. Titus erinnert sich an Omeletts für zehn Pfennige und das Feilschen um die Anzahl der Eier.

»Wir saßen 2007 in der heftigsten Krise abends bei uns vorm Haus und wir wussten, egal was passiert, aus dieser Situation müssen wir raus. Wir haben entschieden, dass alles wegkann. Ich hatte mir noch eine nagelneue Ente vom Fließband gesichert. Wir haben gesagt, dass wir die wegstellen, damit niemand da rankann, und wenn alles schiefgeht, dann nehmen wir die Ente und fahren wieder in die Sahara, bauen da ein neues Leben auf und essen Omeletts. Plötzlich hatten wir einen Plan B – einen Plan B zum Glück.«

Auch in der großen Krise, unter größter Angst, hat sich Titus mit mentalem Training geholfen: »Wenn man sich vorher mental von alledem löst, was einem rein rechtlich noch gehört, dann hat man überhaupt keine Angst mehr, etwas zu verlieren, weil man im Kopf schon gar nichts mehr hat.«

Am Tag darauf kamen die von der Bank eingesetzten Berater.

Titus und Brigitta haben befreit von jeder Angst angeboten, ihnen die Firma für einen Euro zu überlassen. Sie erzählten den Beratern, dass sie auswandern wollen. Da hat der Chef der Berater seinen Alukoffer zugeklappt und zu seinem Mitarbeiter gesagt: »Damit handelt es sich um eine Abwicklung und nicht um eine Sanierung, dafür sind wir nicht zuständig.« Auch die Bank war schockiert. »Es hatte sich schon rumgesprochen, was wir vorhatten, und zum ersten Mal kam der Bankdirektor sogar pünktlich und war mit einem Verzicht in Millionenhöhe einverstanden. Und das alles nur wegen eines Angstwechsels. Durch unser Lösen aus der Angst hatte die Bank plötzlich die Macht und Kontrolle über Brigitta und mich verloren und selbst Angst bekommen, über zwanzig Millionen Euro zu verlieren.« Titus und Brigitta konnten dann sogar die Aktien der Investoren günstig zurückkaufen und die operative Führung wieder übernehmen. Sie sanierten das Unternehmen, indem alle Gebäude, Lebensversicherungen und vieles mehr dafür eingesetzt wurde, und führten es innerhalb von zwei Jahren wieder ins Plus. Seit 2012 arbeiten die Dittmanns am Generationswechsel. Titus ist – und das sieht man ihm an – wirklich frei von jeglicher Angst. Das finde ich ungemein beeindruckend. Und jetzt bin ich gespannt, was du heute unter deiner Bettdecke machst.

# SIBYLLE BERG

# ÜBER DAS RETTEN DER WELT IM RAHMEN DER EIGENEN MÖGLICHKEITEN

Ich verrate ein Geheimnis: Manchmal frage ich einfach Gäste an, ohne allzu viel über sie zu wissen, und wenn sie dann zusagen, habe ich quasi den Auftrag, mich richtig mit ihnen und ihrem Werk zu befassen. Sibylle Berg fällt in diese Kategorie.
Ihr Name tauchte über die Jahre immer wieder auf meinem Radar auf. Klar, sie ist eine der meistgelesenen Kolumnistinnen in Deutschland, sie hat mehrere Bestseller verfasst, Theaterstücke geschrieben und inszeniert. Gesehen oder gelesen hatte ich aber bisher noch nichts von ihr. Die Pressestimmen zu ihrem neuesten Buch *GRM:Brainfuck* haben sich nahezu überschlagen. Die Checker in meinem Freundeskreis haben es über Monate empfohlen, also dachte ich, ich frage sie einfach mal für ein Gespräch an. Die Antwort vom Verlag kommt schnell, Frau Berg gibt eigentlich gerade keine Interviews mehr, die einzige Möglichkeit wäre, sie in Tessin zu sprechen. Ohne weiter darüber nachzudenken, sage ich sofort zu. Der Verlag freut sich und die Autorin wundert sich; wie sie mir später gesteht, dachte sie, dass sie so um das Interview herumkommen würde. Beim Blick auf die Karte verstehe ich, warum: Tessin ist kein Ort in Brandenburg, auch wenn der Name so klingt, sondern eine Region in der Südschweiz, fast in Italien.
Ich fliege nach Zürich. Sibylle schickt mir ein paar Empfehlungen, was ich mir dort anschauen kann. Einen Tag später fahre ich mit dem Zug weiter Richtung Tessin. So weit bin ich noch nie für ein Interview gereist.
Wir treffen uns im teuersten und luxuriösesten Hotel, in dem ich je war. Da wahrer Luxus unbezahlbar ist, wie auf der Hotelwebseite vom *Castello de Sol* zu lesen ist, hat Frau

Berg ihre Beziehungen spielen lassen, damit ich hier kostenlos nächtigen kann. Beim Lesen der Hotelbroschüre meine ich später ihren Sprachstil zu erkennen und ahne, woher die Verbindung kommt. Selbstverständlich hat das Hotel auch einen Privatstrand am Lago Maggiore. Dort lassen wir uns nieder und sprechen über die eigene Bedeutungslosigkeit. Passender geht es nicht.

**Ich habe von Sibylle Berg gelernt, dass das Erkennen der eigenen Mittelmäßigkeit eine Befreiung sein kann, wie sie Hoffnungslosigkeit aushält und wie sie die Welt mit ihren Mitteln rettet.**

## GEGEN DIE EIGENE BESCHRÄNKTHEIT

Ihr Buch *GRM:Brainfuck* habe ich in der Zwischenzeit gelesen und es hat mich fast in eine Depression versetzt, so düster und hoffnungslos ist es. Wer das Weltgeschehen so gewaltig aufschreiben kann wie Frau Berg, der muss viel darüber wissen wollen. Woher kommt das? »Alles ist schon immer angetrieben von dem Wunsch, viel zu verstehen. In dieser kurzen Zeit des Aufenthalts hier auf der Welt möchte ich so viel wie möglich begreifen. Ich weiß nicht, was ich eigentlich damit tun will. Aber das ist ein bisschen eine Sucht. Andere haben andere Süchte, ich habe das. Und es geht mir wie allen, die was verstehen wollen: Es wird immer filigraner und man kommt immer mehr zu dem Schluss, dass man nicht alles kapiert, weil es einfach so viel ist. Die eigene Beschränktheit macht einen dann ein bisschen wütend.« Und darum macht sie weiter.

## WER BIN ICH?

Ich frage Sibylle, ob ihr großes Interesse daran, die Welt zu verstehen, begonnen hat, nachdem sie sich selbst besser verstanden hat, oder ob das parallel abläuft. »Mich selbst zu verstehen ist sehr intuitiv passiert. Ich habe mich nie analysiert, ich weiß nicht, wer ich bin. Ich habe keine Ahnung. Ich habe nur herausgefunden, in welchen Situationen mir wohl ist. Und dann einfach versucht, die Situationen, in denen mir unwohl ist, im Rahmen meiner Möglichkeiten zu vermeiden. Ich kann dir nicht sagen, warum das so ist. Das hat mich auch nie interessiert. Ich dachte immer, ich bin ja einfach mit mir zusammen, was muss ich mich auch noch kennen? Das ist doch eher langweilig.«

## DU BIST DER WELT EGAL, ABER DAS IST NICHT SCHLIMM

»Als sehr junger Mensch dreht sich ja alles um einen selbst. Da denkst du, weil du noch ein bisschen blöd bist, *du* wärst die Welt, und sie entsteht auch nur dadurch, dass du auf sie blickst. Deswegen ist das ein schönes, aber auch kritisches Alter von der Pubertät bis Mitte zwanzig. Du beziehst alles auf dich und fühlst dich ständig unwohl und denkst, alle gucken dich an. – Nein, tun sie nicht. Du bist denen scheißegal. Das ist ja eigentlich das, was man später lernt, dass du der Welt egal bist. Deshalb ist es eine gute Zeit, wenn du anfängst, dich für alles, was außerhalb von dir ist, zu interessieren.«

**SIBYLLE BERG**

## WIE HÄLTST DU HOFFNUNGSLOSIGKEIT AUS?

*GRM* handelt von vier Jugendlichen in England, die versuchen, aus dem System auszusteigen, und dabei scheitern. Es ist nicht klar, in welcher Zukunft diese Handlung spielt. Viele von den gesellschaftlichen Entwicklungen, die wir derzeit im Ansatz beobachten können, werden im Roman weitergedacht: Überwachung, Privatisierung und Diskriminierung. Sibylle hat sich für das Buch mit vielen Wissenschaftlern getroffen und war in den düsteren Regionen Englands unterwegs, wo das Buch spielt. Mir fiel es schwer, die geschriebene Hoffnungslosigkeit zu ertragen und zu verarbeiten. Wie hat sie das ausgehalten?

»Es war, gerade die Zeit, wo ich in England war, teilweise unglaublich schön. Ich habe da wirklich in allem Elend und Abgedrängtsein so fantastisch süße Menschen getroffen. In Manchester Salford zum Beispiel, wo Sozialbauten sind, die wirklich Martin-Parr-mäßig aussehen, kleine Häuschen, schäbig, mit Kampfhunden davor und jungen Menschen, die rumlungern. Da gab es einen Sozialarbeiter, der aus dieser Gegend war. Mit dem bin ich da rumgeradelt und habe mit den Kids geredet. Das klingt blöd kitschig, aber zu sehen, was so ein Mensch bewirken kann, der für einen ganzen Haufen jugendlicher Menschen Halt bietet und denen hilft, da rauszukommen ... Du hättest die alle nur küssen können, permanent. Solche Begegnungen gab es da pausenlos, sodass ich gar nicht voll Zorn war, sondern einfach dachte: Ey, toll, man muss irgendwie weitermachen und versuchen, die Welt im Rahmen seiner Möglichkeiten zu retten.«

## DAS ERKENNEN DER EIGENEN MITTELMÄSSIGKEIT

Zwei ältere Gäste laufen mit Bademänteln zum See und gehen nur mit den Füßen ins Wasser. Ein paar Enten laufen zufrieden über die Wiese, hinter uns spricht ein sportlicher Mann in tarnfarbener Badehose aufgeregt in sein Telefon. Der Kellner bringt uns eine Cola. Zeit, über die eigene Bedeutungslosigkeit zu sprechen.
»Ich finde es unglaublich befreiend, wenn man sich die eigene Mittelmäßigkeit ab und zu mal klarmacht. Mittelmäßigkeit oder Bedeutungslosigkeit, das hat beides so einen negativen Beigeschmack. Die meisten von uns sind ja bedeutend im Kreise der Menschen, die uns gernhaben und die wir gernhaben, und das ist ja schon mal was. Was jeder von uns beitragen kann, hat eine gewisse Bedeutung, wenn man etwas tut, was nicht böse ist und was man gern und gut macht. So setzt sich die Welt zusammen: Acht Milliarden Menschen, die irgendwas ganz gut können, gern machen und anderen nicht schaden wollen. Die wirklich genialen Wissenschaftlerinnen, die es gibt, die echte Superhirne haben, das sind eher wenige. Mich erwischt das manchmal und ich denke dann: Oh Gott, ich werde nie eine künstliche Intelligenz entwickeln können oder Systembiologie begreifen oder irgendwas machen, was die Menschen wirklich rettet. Ich vergleiche mich immer mit Wissenschaftlerinnen und schneide da sehr schlecht ab. Das beruhigt mich eigentlich wieder und holt mich runter. Weil ich denke dann: Ich bin nicht großartig und ich muss es nicht sein. Ich muss nur versuchen, das, was ich kann, gut zu machen. Viel mehr ist gar nicht drin und viel mehr ist auch nicht vorgesehen. Wenn du

das Gefühl hast, du bist genial und wahnsinnig bedeutend, dann bekommst du eigentlich nie das, wovon du meinst, dass es dir zustünde.« Was für eine Erkenntnis.

» **Es gibt so viele kleine Möglichkeiten, die Welt besser zu machen, die gar keiner Genialität bedürfen. Du musst ja nicht Gandhi sein und durch dein Land latschen, sondern du kannst kleiner arbeiten und dich einbringen.** «

## THE SCHOOL OF BERG

Ich stelle mir vor, dass Frau Berg eine wunderbare Schuldirektorin abgeben würde, und so frage ich sie gegen Ende unseres Gesprächs, was sie an der *School of Berg* unterrichten würde? »Vermutlich würde ich versuchen, den Menschen das Gefühl zu vermitteln, dass sie nicht allein sind auf der Welt und dass sie auch nicht das Zentrum sind. Dass wir uns alle ähnlicher sind, als wir denken, und dass es relativ wurst

ist, wie man aussieht, wen man liebt und woran man glaubt. Das klingt alles wie ein Ratgeber für Schwachsinnige …
Meine Vision von einer guten Welt wäre ja, dass jeder aussehen kann, wie er will, dass Männer, wenn sie Lust haben, Frauenkleider tragen dürfen, dass es Männerkleider und Frauenkleider als Kategorien überhaupt nicht mehr gibt. Dass jeder wirklich in Ruhe so blöd aussehen kann, wie fast alle Menschen nun einfach mal aussehen, wenn man sie nicht in Kleidung hüllt. Und dass sich alle in Ruhe lassen, das wäre gut. Also dass es keine Richtigkeit von Lebensentwürfen gibt. Ich glaube, ganz viel Hass basiert darauf, dass Menschen so unsicher werden, wenn ihr Lebensmodell oder ihre Werte, an die sie glauben, durch andere Lebensentwürfe infrage gestellt werden. Das wäre doch mal eine richtige Aufgabe, oder? Dass man allen vermittelt: Es gibt kein Gut oder Schlecht. Es ist alles völlig gleichwertig, egal. Wir haben eine sehr kurze Zeit hier. Und es geht einem wirklich viel besser, wenn man einander in dieser kurzen Zeit einfach in Ruhe lässt. So was?« Ja, so was! In diese Schule schicke ich meinen Sohn.
Wir malen uns aus, wohin wir flüchten würden, wenn die Welt untergeht. Sibylle bliebe natürlich hier im Tessin und würde in eine Steinhütte in den Bergen ziehen. Ich würde vermutlich ins Wendland auswandern und preppen. Auf dem Weg vom Strand zurück ins Haupthaus des Hotels kommen wir an einer kleinen Apfelplantage vorbei. Wir stopfen so viele Äpfel wie möglich in unsere Taschen. Man kann ja nie wissen …

# DUNJA HAYALI

## ÜBER ENGAGEMENT UND DIE EIGENEN VORURTEILE

Ich schaue nervös auf die Uhr. In fünf Minuten soll es auf die Bühne gehen. Ich frage die Stage-Managerin, ob sie etwas von Dunja gehört hat – sie schüttelt den Kopf. Mein Herz pocht. Was mache ich denn, wenn sie nicht auftaucht? Allein auf die Bühne zu gehen und den tausend Zuschauerinnen irgendwas zu erzählen kommt nicht infrage. Noch drei Minuten. Ich schreibe meinen Freund Philip Siefer, der auch auf dem Festival ist, ob er schnell als Back-up kommen kann. Er antwortet nicht. Noch zwei Minuten. Jetzt wird auch die Stage Managerin nervös. Dreißig Sekunden, bevor wir auf die Bühne sollen, steht sie plötzlich da. Sie wirkt viel kleiner und unscheinbarer, als man denkt. Sie schaut sich um, sie schaut mich an. Sie ist müde. Los geht's.

Dunja Hayali ist Moderatorin beim ZDF. Sie ist im *Morgenmagazin*, im *aktuellen sportstudio* und in ihrer eigenen Sendung *Dunja Hayali* zu sehen. Ich nehme sie allerdings viel mehr im Netz wahr, wenn sie sich engagiert, wenn sie nachfragt, wenn sie sich einmischt, wenn sie streitet, wenn sie zuhört, wenn sie – ja – Haltung zeigt wie kaum eine andere Person des öffentlichen Lebens.

Dunja ist eine perfekte Symbiose aus Aktivistin und Moderatorin, die innerhalb von nur zwei Jahren die Goldene Kamera und das Bundesverdienstkreuz verliehen bekommen hat. Zudem ist sie eine wichtige Identifikations- und Symbolfigur für Deutsche mit Migrationsvordergrund.

Wir sitzen nun zusammen auf der Bühne beim Female Future Force Day. Vor uns sitzen dementsprechend fast ausschließlich Frauen. Ich frage Dunja erst einmal, wie es ihr geht. Sie muss kurz nachdenken. »Ich weiß es gar nicht, wie es mir geht. Ich bin im Moment nicht unglücklich, ich beklage mich nicht, aber ich mache mir Sorgen. Aber nicht um mich ...« Nur wenige Tage vor unserem Gespräch im Oktober 2019 gab es einen Anschlag auf eine Synagoge in Halle. Wann immer so etwas passiert, ist Dunja eine der öffentlichen Personen, die berichtet, die erklärt, die ermahnt, die Stellung bezieht.

**Ich habe von Dunja Hayali gelernt, dass wir unsere Vorurteile nicht unter den Teppich kehren sollten, dass wir in unserer kleinen Welt anfangen sollten, wenn wir die große Welt verändern wollen, und dass es in Ordnung ist, wenn man Augenringe hat.**

## JEDER WURDE SCHON DISKRIMINIERT

Ich glaube, ich habe das Wort »Diskriminierung« erstmals 1991 bewusst wahrgenommen, als in Deutschland Asylheime angezündet wurden. Nicht nur in Rostock-Lichtenhagen oder Hoyerswerda, auch in meinem Dorf sind Neonazis mit Baseballschlägern auf Asylbewerber losgegangen. An der Bushaltestelle stand »Ausländer raus!«, ich wurde als »Zecke« beschimpft. Diese Zeit hat mich stark geprägt. Ich konnte nicht begreifen, woher die Diskriminierung und der Hass kommen.
»Jeder wurde schon diskriminiert: Der Dicke in der Schule, der beim Sport nicht ins Team gewählt wurde, der, der tätowiert ist, Brillenträger, Rothaarige – mir schreiben Menschen querbeet aus dieser Gesellschaft, von finanzstark bis finanzschwach, von dick bis dünn, vom Land und aus der

Stadt, jung und alt. Und wenn man sich das mal vor Augen führt, dann muss einem doch irgendwann der einfachste Spruch einfallen: Behandle jeden so, wie du auch selbst behandelt werden möchtest! Wenn man sich daran ein bisschen orientiert, dann würde es, glaube ich, mit dem Zusammenleben auch besser funktionieren.«

## WIE KANN MAN DIE GESELLSCHAFT VERÄNDERN?

Jeden Tag lesen wir von neuen Katastrophen. In dieser Woche war es Halle. Was ist es nächste Woche? Wie ist diese Welt bloß zu retten?
»Auf meinen Lesungen werde ich gefragt, was wir denn tun können, wir können ja nicht alle die Welt retten? Nee, können wir nicht und nicht jeder kann Greta Thunberg sein, das ist ein *lucky punch*. Aber wenn man sich bewegt, kann man was bewegen. Das sieht man an dieser jungen Frau. Ich bin so viel auf Reisen und man wird auch ein bisschen wund, denn ich lege sehr viel Wert auf die gute alte Kinderstube. Es macht was mit einem, wenn man nie ein *Danke* bekommt. Frag mal jemanden, der acht Stunden an der Kasse sitzt oder der Bus fährt, einen Sanitäter oder Lehrer. Meine Nichten sind Lehrerinnen, was die mir erzählen, unfassbar. Was es mit dir macht, wenn du nicht einmal ein freundliches Lächeln bekommst. Ich glaube, dass so etwas, und das mag naiv klingen, im Kleinen etwas verändert. Es gibt dieses schöne Bild: Der Hund, der in einen Spiegelraum geht und die Zähne fletscht, und plötzlich fletschen alle die Zähne. Klar, weil er sich im Spiegel sieht. Aber wenn er in den glei-

chen Raum reingeht und lächelt, dann lächeln ihn alle an. Mit mir macht das total was. Ich würde mir wünschen, dass wir wieder ein bisschen freundlicher, emphatischer miteinander umgehen.«

## FÜR WAS GEHST DU AUF DIE STRASSE?

Es vergeht derzeit kein Tag, an dem es keine Petition oder Demonstration gibt, an die man sich dranhängen und für die man sich engagieren könnte. Wenn Dunja nur für oder gegen eine Sache auf die Straße gehen könnte, welche wäre das?
»Ich glaube, für Menschlichkeit. Ich will nicht immer gegen Sachen sein – also *für* Menschlichkeit. Aber wir werden die Welt auch nicht mit Hashtags und Demos retten, sondern wir müssen uns an die eigene Nase fassen. Es ist toll, ein wichtiges Zeichen und Signal, wenn man sieht, man ist nicht allein. Aber es braucht einfach mehr. Und es fängt im Kleinen an. Hingucken, selber ein gutes Vorbild sein, sich vielleicht in der Kommune engagieren. Junge Leute müssen in die Politik gehen zum Beispiel. Ich werbe dafür, ich könnte es aber selbst nicht, weil ich mit Parteien nichts am Hut habe. Doch wenn wir nicht aufhören, Politiker-Bashing und Parteien-Bashing zu betreiben, werden wir keinen Nachwuchs bekommen, der sich politisch engagiert, aber dort kann man Dinge verändern. Der Bundestag ist so homogen, also was die Altersstruktur anbelangt, den beruflichen Hintergrund – Menschen mit Migrationsvordergrund, Menschen mit Behinderungen, Homosexuelle, die müssen alle da rein! Wir sind das Volk, aber das Volk sitzt nicht unbedingt so abgebildet im Bundestag. Und

deswegen noch mal der Appell: Engagieren Sie sich, wenn es inhaltlich für Sie passt, auch in einer Partei.«

## WOHIN MIT DEN EIGENEN VORURTEILEN?

Auch wer sich als besonders liberal und offen einschätzt, ist nicht frei von Vorurteilen. Also ich bin es jedenfalls nicht. Wie gehen wir damit um? »Vorurteile zu haben ist nicht schlimm. Man muss sich nur klar werden, dass es ein Vorurteil ist, und dann gucken: Stimmt das eigentlich? Ich wohne in der Nähe vom Görlitzer Park, da gibt es mehr Drogenverkäufer als Bäume. Es sind hauptsächlich Menschen mit einer dunklen Hautfarbe, die dort dealen. Das ist meine Lebenswelt und meine Lebenserfahrung. Ich laufe dreimal am Tag durch diesen Park mit meinem Hund. Wenn jemand mit dunkler Hautfarbe dahinkommt, den ich noch nicht kenne, denke ich natürlich als Erstes: Hallo, herzlich willkommen neuer Drogendealer, hier gibt es kaum noch Platz. Aber dann sehe ich, dass er vielleicht zu seiner Familie geht oder auch einfach seinem Hund hinterläuft. Und so warte ich in der Regel erst mal ab und gucke, ob der Quatsch in meinem Kopf sich überhaupt bestätigt. Das macht auch Spaß, weil man ganz oft völlig falschliegt.«
Sich daran erfreuen, falschzuliegen und die eigenen Annahmen dann zu korrigieren – was für eine schöne Einstellung! Weil man die eigenen Fehleinschätzungen meist am liebsten unter den Teppich kehrt und danach so tut, als wäre nichts gewesen. Sich im Nachhinein darüber zu freuen, dass man es jetzt besser weiß, ist eindeutig der bessere Umgang.

DUNJA HAYALI

» **Ich will kein Übermensch sein, keine Lichtgestalt. Ich will kein Vorbild sein. Ich möchte mir morgens mit müden, aber offenen Augen ins Gesicht gucken können und sagen: Du bist einigermaßen anständig und du bemühst dich, bei all deinen Fehlern und bei all deinen Abgründen. Also Kopf hoch! Es geht jetzt um was und es ist nicht die Zeit, sich zurückzulehnen.** «

**EIN RATSCHLAG FÜR DIE EWIGKEIT**

Wir sprechen noch viel über tagespolitische Dinge. Am Ende teilt Dunja mit mir und dem Publikum, was sie am Anfang ihrer Karriere mit auf dem Weg bekommen hat.
»Mir hat eine alte, weise Frau vor Jahren mal gesagt, als ich gerade beim ZDF angefangen habe: ›Wenn du mal richtig berühmt wirst, dann bilde dir nichts drauf ein. Sorge im-

mer dafür, dass du Freunde und Familie hast, die dir auf den Kopf hauen, damit du schön auf dem Boden bleibst. Und setze dich für zwei oder drei Dinge ein. Nicht für mehr, gib deinen Namen nicht für irgendetwas her, auch wenn du es super findest. Wenn du was machst, dann mache es richtig. Und hör auf zu jammern, denn wenn du später mal so alt sein wirst wie ich, wirst du nicht darüber nachdenken, wie oft du müde und erschöpft warst, sondern du wirst dich an all das zurückerinnern, was du in deinem Leben erlebt, gesehen, gerochen, ertanzt, erschmeckt, erfühlt hast.‹ Das ist so ein schöner Satz, den trage ich immer mit mir.«

Ich schaue Dunja noch einmal richtig an, ihre Augenringe sind wirklich unübersehbar. Letzte Nacht hat sie irgendwo in Deutschland gelesen und danach noch lange diskutiert. Sie ist früh aufgestanden, um jetzt hier zu sein, um weiterzureden, weiter zu erklären, zu verbinden und – ganz wichtig – um zuzuhören. Nach diesem Gespräch weiß ich, dass Augenringe nichts Schlechtes sein müssen. Die Frage ist eher, warum man sie hat. Und ich weiß auch, dass Dunja Hayalis Müdigkeit ein Zeichen für ihr engagiertes Leben ist.

Auf eine große Plakatwand am Alexanderplatz würde sie übrigens schreiben: »Die Würde des Menschen ist unantastbar, nicht nur die der Deutschen.«

# KÜBRA GÜMÜŞAY

## ÜBER DEMUT UND STÄNDIGE WEITER-ENTWICKLUNG

Als Kübra Gümüşays Buch *Sprache und Sein* bei uns zu Hause ankommt, schnappt meine Frau es sich, verschwindet im Schlafzimmer und beginnt sofort zu lesen. Das macht sie sonst nur bei neuen Büchern von Juli Zeh und Haruki Murakami. Für mich ist das der Impuls, mich sofort beim Verlag zu melden, weil ich Kübra sprechen möchte. Irgendwann lässt mich Stephanie dann auch mal ins Buch schauen. Kübra beschäftigt sich darin mit der Begrenztheit unserer Sprache, teilt eigene Erfahrungen und trifft damit den Zeitgeist vieler Debatten der letzten Monate.

Kübra ist in der dritten Generation einer türkischen Einwandererfamilie in Hamburg geboren, sie hat Politikwissenschaft studiert und wurde als *taz*-Kolumnistin und Aktivistin des feministischen Blogs *Mädchenmannschaft* bekannt. Sie gilt als eine der wichtigsten migrantischen, muslimischen und feministischen Stimmen unseres Landes.

Ein paar Wochen nach meiner Anfrage beim Verlag kommt sie zu uns ins Berliner *Mit Vergnügen*-Büro. Sie ist müde und mitgenommen. Am Vorabend war sie Gast in einer Talkshow. In Hanau ereignete sich wenige Tage zuvor, im Februar 2020, ein rassistischer Anschlag auf eine Shisha-Bar, bei dem zehn Männer ums Leben kamen.

Vor einiger Zeit saß Kübra ständig in solchen Talkrunden und hat sich nach eigener Aussage danach gefühlt wie eine intellektuelle Putzfrau, die den Mist, den andere dort äußerten, wegputzen musste. Sie will keine »andere« Stimme sein, sie will ihre eigene Stimme sein und nicht als eine Vertreterin einer bestimmten Gruppe etwas verteidigen. Inzwischen wählt sie genau aus, an welchen Runden sie teilnimmt. Dass sie für viele Frauen in meinem Umfeld ein Vorbild ist, merke ich nicht nur bei meiner Frau, sondern auch bei meinen Kolleginnen, die ein wenig aufgeregt sind, als Kübra zum Gespräch vorbeikommt. Sie setzt sich, trinkt erst mal einen großen Schluck Wasser. Es gibt viel zu besprechen.

**Ich habe von Kübra Gümüşay gelernt, wie man durch Erzählungen in einer neuen Stadt oder Umgebung ankommen kann, wie man seinem Kind Verantwortung beibringt und dass man einen Menschen oder eine Sache zwar nie komplett verstehen kann, es aber unbedingt versuchen sollte.**

## DIE MAGIE DES ERZÄHLENS

Im Zuge der Vorbereitung auf das Gespräch habe ich aufgeschnappt, dass Kübra in ihrem Wohnzimmer in Hamburg mit ihrem Mann zusammen regelmäßig Erzählabende veranstaltet. Das hat mich sofort interessiert:
»Als wir von England nach Hamburg zurück gezogen sind, hatten wir im ersten Jahr ehrlich gesagt das Gefühl, nicht angekommen zu sein. Als wir unsere Wohnung umgebaut haben, hatte ich den Wunsch, dass sie nicht einfach nur ein Zuhause für uns sein soll, sondern auch ein Ort, wo Begegnungen stattfinden können. Ein Ort, der quasi auch uns verkörpert, denn mein Mann und ich haben Freude daran, Menschen zusammenzubringen – das bewegt uns auch in unserer Arbeit und sollte sich deshalb in unserer Wohnung widerspiegeln. So haben wir den ersten Erzählabend veranstaltet. Die Regel lautet so: Wir geben ein Thema vor

wie *Mut, Vergessen, Hass und Liebe* oder *Altern*. In unserer Wohnung kommen dann die unterschiedlichsten Menschen zusammen: Freunde und Freundinnen, Menschen aus Wissenschaft, Musik, Kunst, Kultur, aus den Medien. Der Karatelehrer meines Mannes, unsere älteren Nachbarinnen und Nachbarn, Kollegen und Kolleginnen, Zufallsbekanntschaften und viele andere kommen – also ganz unterschiedliche Menschen, unterschiedliche Altersgruppen, unterschiedlichste Herkunft. Zwischen sechs und zehn Personen erzählen dann eine wahre Geschichte, die ihnen widerfahren ist. Zwischendurch spielt eine Band Livemusik, alle bringen was zu essen mit und es gibt ein riesen Buffet. Das Spannende ist, dass sich die meisten Menschen vorher nicht kennen. Es sind manchmal bis zu sechzig Personen da, es wird dann sehr eng und im Sommer auch sehr heiß. Es ist so schön zu sehen, was für eine Verbundenheit zwischen den Menschen entsteht und wie selten es ist, dass wir mit fremden Menschen derart enge Beziehungen aufbauen können. Man verbringt einen ganzen Abend zusammen und spricht manchmal nicht ein einziges Mal darüber, was man beruflich macht. Der Status gerät in den Hintergrund. Stattdessen verbindet man sich auf einer ganz menschlichen Ebene. Und dort öffnen sich Menschen.«

Kübras Augen leuchten, während sie von den Erzählabenden erzählt. Sie ist der Überzeugung, dass in allen Menschen Geschichten schlummern, auch in denjenigen, die das von sich selbst nicht glauben. Die Abende sind dabei auch eine kleine Utopie dafür, wie die Dinge im Großen viel öfter sein sollten.

»Wir kamen durch diese Abende in Hamburg an. Sie spiegeln wider, wie wir uns die Gesellschaft wünschen würden:

Unterschiedlichste Menschen, die zusammenkommen, und nicht Inseln voller homogener Menschen. Wir wollen, dass diese Vielfalt zusammenkommt und man ein Beisammensein kultivieren kann, wo die Unterschiedlichkeiten das verbindende Element sind.«

 **Was wir sagen und in die Welt tragen, sagt ja viel mehr über uns aus als über die Welt.**

### WIE MAN SEIN KIND VERANTWORTUNGSVOLL ERZIEHT

Kübra ist die älteste von fünf Geschwistern, ihre Eltern sind Akademiker. Am Küchentisch wurde über Politik gesprochen, im Kinderzimmer statt der *Bravo* der *Spiegel* gelesen und schon mit zehn Jahren wollte Kübra ihr erstes Buch schreiben. Ich habe sie gefragt, wie ihre jugendliche Rebellion aussah.
»Ich glaube, ich war ein altkluges Kind, das auch viel Raum eingenommen hat. Ich habe einfach das Gefühl gehabt, mitsprechen zu dürfen, und wurde ernst genommen. Ich habe eine große Verbundenheit zu allen gespürt. Und ich war nie ein rebellisches Kind, denn mein Vater hat was sehr Kluges gemacht, kurz vor der Pubertät. Er hat mir gesagt: ›So, wir

haben dir jetzt alles beigebracht, was wir wissen und was wir kennen und was wir richtig finden, und alles, was du ab jetzt tust, ist in deiner Verantwortung. Du musst damit klarkommen und keine Rechenschaft vor uns ablegen, sondern wenn – meine Eltern sind auch religiös –, dann musst du Rechenschaft vor Gott ablegen.‹ Also dachte ich mir: Okay, ich darf alles tun, was ich möchte, ich kann sein, wer ich möchte, ich muss aber Rechenschaft für mich ablegen. Damit haben mir meine Eltern Freiheit an die Hand gegeben, zugleich aber auch eine Bedienungsanleitung für die Welt.«

## LEG DEINE HAND UNTER JEDEN STEIN

Als Vater frage ich mich sofort, wie man es schafft, seinem Kind ein derartiges Verantwortungsgefühl zu vermitteln. Kübra erzählt, wie sie das durch einen ganz bestimmten Spruch gelernt hat.
»Meine Eltern haben mir gesagt: ›Wenn du kannst, wenn du die Möglichkeit hast, leg deine Hand unter jeden Stein.‹ Das ist ein Redewendung aus dem Türkischen und das war ihre Herangehensweise zur Welt. Ob das nun im Kleinen ist, dass du jemandem über die Straße hilfst, oder ob das gesellschaftliche Probleme und Missstände sind. Diese Aussage hat für mich dazu geführt, dass ich mich auf eine bestimmte Art und Weise zu dieser Welt positioniert habe. Nicht die Welt muss mir etwas geben, sondern ich habe Möglichkeiten und ich kann der Welt etwas geben.«

KÜBRA GÜMÜŞAY

## WIE MAN DEM EIGENEN FRUST MIT DEMUT BEGEGNEN KANN

Wenn man sich umschaut, was alles schiefläuft auf der Welt und unter wie viele Steine wir unsere Hände legen sollten, dann könnte es passieren, dass man den Weg vor lauter Steinen nicht mehr sieht oder dass die meisten Steine zu groß für unsere kleinen Hände erscheinen. Wie geht Kübra mit dem Frust um, dass man sich nicht um alles kümmern kann?
»Es gab Phasen in meinem Leben, da habe ich jemandem auf der Straße geholfen und war wütend über alle anderen, die das nicht getan haben. Diese Wut hat mich begleitet und auch dazu geführt, dass ich extrem frustriert war über das, was in der Welt passiert. Warum wird es nicht besser, obwohl ich doch so viel gemacht habe? Warum wird es sogar schlimmer? Das ist natürlich die Schattenseite dieser Herangehensweise an die Welt.«
Kübra erzählte einer Freundin von ihrem Frust und sie entgegnete ihr, dass es Kübra an Demut fehle. Sie gab der Freundin recht: »Es war eine Vermessenheit, zu glauben, ein Stein müsse sich heben lassen, bloß weil man seine Hand darunterlegen möchte. Was für eine Vermessenheit, anzunehmen, dass ich als einzelner Mensch den Anspruch habe, dass das, was ich tue, Wirkung entfalten muss. Meine Verantwortung ist, dass ich tue, was ich kann. Ob es funktioniert, liegt nicht in meiner Hand. Die Erwartungshaltung zu haben, dass das, was ich tue, funktionieren muss, ist vermessen und ein eklatanter Mangel an Demut, den ich damals an den Tag gelegt habe. Als ich das realisierte, ist die Wut verflogen, weil ich verstanden habe: Ich kann nur probieren, mit

all meinen Mitteln das zu tun, was ich kann, und vielleicht andere zu inspirieren, auch etwas zu tun.« Dieser Gedanke erinnert mich an Sibylle Berg, die sagte, dass man die Welt nur mit den eigenen Möglichkeiten und Mitteln retten kann.

## DIE FREUDE ÜBER DIE EIGENE UNWISSENHEIT

In ihrem Buch skizziert Kübra, welche Macht Sprache hat, und regt an, sie sich wie ein Museum vorzustellen: »Es gibt zwei Kategorien von Menschen in diesem Museum: die Benannten und die Unbenannten. Die Unbenannten sind Menschen, deren Existenz nicht hinterfragt wird. Sie sind der Standard. Die Norm. Der Maßstab. Unbeschwert und frei laufen die Unbenannten durch das Museum der Sprache, denn es ist für Menschen wie sie gemacht. Es zeigt die Welt aus ihrer Perspektive. Das ist kein Zufall, denn es sind Unbenannte, die die Ausstellungen des Museums kuratieren.« Als Muslimin, als Feministin, als Kopftuchträgerin zählt Kübra jedoch zu den Benannten und wird immer wieder mit Vorurteilen konfrontiert.
»Die Lösung ist nicht, Kategorien abzuschaffen, denn wir brauchen sie, um uns durch die Welt zu navigieren. Die Lösung ist, sie nicht an einen Absolutheitsglauben zu koppeln. Also nicht im Irrglauben zu leben, wir hätten einen Menschen abschließend verstanden, weil wir ihn ›korrekt‹ einer Kategorie zugeschrieben haben. Wir müssen begreifen, dass kein Mensch und nichts auf dieser Welt abschließend verstanden wurde, bloß weil wir einen Namen dafür haben. Sondern dass wir die allermeisten Dinge auf dieser Welt

nicht begreifen, nicht verstehen. Dass die allergrößten Fragen nicht abschließend beantwortet sind. Wir müssen uns als Menschen die Neugierde erhalten, die wir als Kinder ja haben. Freude über das Neue, Freude über die eigene Unwissenheit. Denn alles Neue, was du erlebst, signalisiert dir, wie wenig du vorher wusstest.«

Sich an den eigenen Fehlern erfreuen, weil man durch sie auch etwas Neues lernt – davon hat mir auch Dunja Hayali erzählt. Mir gefällt diese fast schon liebevolle Sicht auf die eigene Unwissenheit und die unseres Gegenübers sehr.

Kübra führt den Gedanken noch etwas weiter aus: »Die Menschen, die ich als Vorbild empfinde, sind die, die sich bis ins höchste Alter Neugierde bewahrt haben, eine Freude am Neuen. Die in dem Bewusstsein leben, wie wenig sie wissen, obwohl sie vielleicht emeritierte Professoren und Professorinnen sind, die mehr Bücher gelesen haben, als ich wahrscheinlich in meinem ganzen Leben lesen werde. Die mehr Länder bereist, mehr Dinge erlebt, mehr Leid gesehen haben und trotzdem immer weiter wachsen und sich dennoch die Neugierde und das Bewusstsein für die eigene Begrenztheit erhalten haben.«

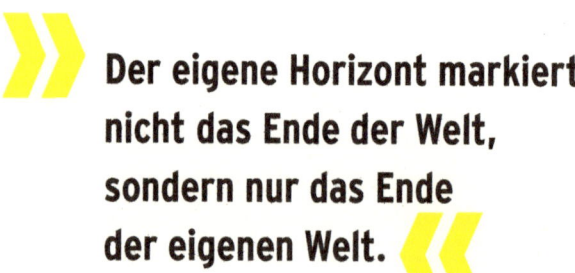

» **Der eigene Horizont markiert nicht das Ende der Welt, sondern nur das Ende der eigenen Welt.** «

## UNSERE ZUKUNFT

Wenn man Kübra zuhört und ihre Texte liest, kommt man aus dem Staunen und inneren Kopfnicken gar nicht mehr heraus. Kübra hat eine bemerkenswerte Weltsicht und Güte, wofür sie absurderweise immer wieder extrem angefeindet wird. Beim Durchscrollen ihrer Timeline auf Twitter merke ich, wie jeder ihrer Kommentare interpretiert und angegriffen wird. Nicht nur von politisch Andersdenkenden, sondern auch von Feministinnen, die ihr absprechen, Feministin zu sein, weil sie ein Kopftuch trägt, oder von Muslimen, die ihr ihren Glauben absprechen. Warum geht Kübra überhaupt in die Öffentlichkeit, warum tut sie sich das an? »Ich möchte Realitäten schaffen und nicht nur damit beschäftigt sein, auf Realitäten zu reagieren, die andere schaffen. Eine meiner Methoden ist es, genau darüber zu sprechen. Also zu fragen: Warum kommen wir nicht mehr ins Denken? Wie sieht unsere Zukunft aus? Fragen zu stellen, die sich nicht daran abarbeiten, was irgendwelche AfD-Heinis verzapfen, sondern ein unabhängiges Hindenken, ein Trainieren der Hirnmuskeln mit der Frage: Wohin wollen wir? Nicht weil ich Antworten habe, sondern allein, um einen Raum zu schaffen, wo dieses Fragen schon ein Schaffen von Realität ist. Wenn wir über die Zukunft sprechen, können wir uns als Gesellschaft bewegen und progressiver werden.
Empörung ist wichtig, sie ist ein wichtiges politisches Werkzeug und das sollte man nutzen, aber nur punktuell, doch gegenwärtig tun wir das permanent. Denn man bewegt sich nicht fort in die Zukunft, wenn man vor allem damit beschäftigt ist, dass der aktuelle Zustand nicht schlimmer

wird. ==Es kann also nicht das Ziel sein, dafür zu sorgen, dass die Dinge nicht schlimmer werden. Das Ziel muss sein, dass Dinge besser werden.== Und wenn wir die Gesellschaft nicht dahin bringen, stagnieren wir.«

## WIE SCHAFFST DU ES, BEI DIR ZU BLEIBEN?

»Was mir hilft, ist, nicht nur die Welt als etwas zu sehen, worum ich mich sorgen kann und sollte, sondern auch mein Herz. Mein Herz ist auch ein Organ, das von mir gepflegt werden – und mit dessen Krankheiten ich mich befassen muss. Das ist auch meine Verantwortung, denn ich trage eine Verantwortung mir selbst gegenüber. Dieser Gedanke schärft den Blick auf sich selbst noch mal ganz stark.«

## DIE ROLLE DES GLAUBENS

Glaube ist etwas sehr Privates. Kübra wurde als Muslima und Kopftuchträgerin oft dazu befragt, und gerade weil sie keine Benannte sein will, die man direkt in einen bestimmten Topf wirft, will sie sich eigentlich nicht mehr dazu äußern. Ich frage sie im Vorfeld, ob es für sie in Ordnung ist, wenn wir trotzdem darüber sprechen, weil mein christlicher Glaube eine Rolle in meinem Leben spielt, doch wenn ich davon erzähle, sehen mich die Menschen oft etwas verwundert – ja ungläubig – an. Ich habe lange das Gefühl gehabt, mich gerade in meiner urbanen Umgebung dafür rechtfertigen zu müssen, und habe es lange nicht thematisiert. Kübra willigt ein und erzählt, wie sie zu ihrem Glauben steht:

»Heute Morgen bin ich aufgewacht und habe zu meinem Mann gesagt: ›Ich bin so dankbar, dass ich das in meinem Leben habe.‹ Weil sich die Sinnfrage klärt. Die Frage danach, warum wir leben. Warum wir existieren. Was unser Auftrag auf dieser Welt ist. Selbst wenn niemand mitbekommt, was du tust und was du versuchst, denn du brauchst diese Anerkennung gar nicht. Denn <u>wenn du glaubst, weißt du, dass du losgelöst bist von der Anerkennung durch andere Menschen.</u> Du hast eine ganz andere Motivation, einen ganz anderen inneren Drang, dich als Mensch weiterzuentwickeln und einem von dir persönlich formulierten Ideal zu entsprechen, das dich befreit. Das ist eine ganz schmale Gratwanderung zwischen: die gesamte Welt umarmen und lieben und Verantwortung dafür übernehmen und zugleich loslassen. Das widerspricht sich alles vermeintlich, doch Glauben ist immer voller Widersprüche. Aber nur vermeintlicher, denn es fügt sich ja alles: Die Verantwortung, Macht und Machtlosigkeit zugleich zu spüren und beides zusammen zu leben ist die ganz große Herausforderung und zugleich etwas, worin ich im Glauben Kraft finde.«

Noch Wochen nach unserem Gespräch wirken Kübras Gedanken bei mir nach. So viele Sätze, die ich mir rausgeschrieben habe. Ich mache im Kopf eine Gästeliste für einen Erzählabend bei uns zu Hause und denke über ein Thema nach. Ich glaube, es würde sich um »Kleine Abenteuer« drehen. Ich bin gespannt, was Kübra dazu zu erzählen hat. Was würde dir einfallen?

# CARL JAKOB
# HAUPT

## ÜBER DIE KUNST, EIN GLÜCKLICHES LEBEN ZU FÜHREN

Das Blut schießt in meinen Kopf und mir wird schwindelig. Mit jedem Atemzug spüre ich mein Herz, so als würde es gleich aus meiner Brust springen. Ich stehe in einem kleinen Konferenzraum unseres Berliner Büros, als mich die Nachricht erreicht, dass Carl Jakob Haupt gestorben ist.

Ich denke an den Moment, als wir uns das letzte Mal getroffen haben. Das war vor einem Jahr auf der Straße in Berlin Mitte. Er war auf dem Weg zum Gallery Weekend, ich war auf dem Weg nach Hause. Wie immer, wenn wir uns so zufällig begegnet sind, haben wir uns verabredet. Wie immer ist daraus nichts geworden.

Carl Jakob hat ein Leben geführt, auf das ich ein kleines bisschen neidisch war. Er ist als Modeblogger mit dem Blog *Dandy Diary* bekannt geworden, den er zusammen mit seinem Freund David Roth betrieben hat. Auf dem Blog ging es nicht darum, die neuesten Sneaker abzufeiern, sondern darum, in der Fashionwelt Haltung zu beweisen und dabei auch selbst Fashion zu sein. Die beiden hatten eine unglaubliche Lust zu provozieren: Auf der Mailänder Modemesse schickten sie einen Nacktflitzer über den Laufsteg von Dolce & Gabbana und sie drehten einen Clip über H&M, der Kinderarbeit thematisiert. Und dann gab es da noch die legendären *Dandy-Diary*-Partys zur Berliner Fashion Week. Jeder wollte da hin, um vom Glamour und der Gefahr, die die beiden stets umgab, ein wenig abzukommen.

Carl Jakob war ein begnadeter Konzepter und ein mutiger Macher, vor allem aber war er jemand, der sein Leben in vollen Zügen genießen konnte. Ich habe ihn immer als jemanden erlebt, der glücklich und zufrieden im fast schon buddhistischen Sinne war, und mich immer gefragt, wie er das schafft. Am 23. April 2019 habe ich es erfahren: Er konnte auch so leben, weil er dem Tod schon sehr nahegekommen ist. Unser Gespräch fand im August 2017 statt, damals hatte er die erste Chemotherapie hinter sich. Ich wusste allerdings nichts von der Krankheit.

**Ich habe von Carl Jakob Haupt gelernt, dass nichts für die Ewigkeit ist, warum er möglichst wenig Verantwortung übernehmen wollte und warum es eine Pflicht ist, ein gutes Leben zu führen.**

## BIST DU ERFOLGREICH?

Es ist sechzehn Uhr an einem Mittwoch. Carl Jakob hat sich ein wenig verspätet. Macht nichts, man kann ihm sowieso nichts übelnehmen, weil er einen so wahnsinnig strahlend anlächeln kann. Er ist in Quatschlaune und erzählt, dass er schon auf einem Champagnerfrühstück war und sich dort aus Jux einen Totenkopf hat tätowieren lassen. Am Abend wird er in einem Klamottenladen in Charlottenburg auflegen und danach wahrscheinlich in die *Paris Bar* weiterziehen, um sich mit seinen Freunden zu betrinken. Er lebt wirklich das Klischee-Blogger-Leben oder besser gesagt, er spielt es, denn so richtig ernst kann er es selbst nicht nehmen. Ich frage, ob er sich als erfolgreich empfindet: »Was ist Erfolg? Ja, ich verdiene Geld und ich verdiene mit Sicherheit leichter und mehr Geld, als es in anderen Sparten oder Branchen der Fall ist. Erfolg ist aber natürlich auch: Ich führe ein sehr gutes Leben und würde mit kaum jemandem, wahrscheinlich mit niemandem tauschen wollen. Ich bin sehr zufrieden. Ich wache morgens auf und bin glücklich in den allermeisten Fällen. Und ich bin total frei, weil ich machen kann, was ich möchte. In zwei Wochen fahre ich nach New York und bleibe dann einfach einen Monat da. Ich reise viel. Ich lerne tolle Leute kennen, nicht nur aus der Modebranche. Wenn auch das Erfolg ist, wenn Erfolg nicht nur viel Geld ist, dann habe ich sozusagen doppelt Erfolg.«

## ALLES AUF EINE KARTE

Carl Jakob ist 1984 geboren und in einem kleinen, für ihn viel zu engen Kaff bei Kassel aufgewachsen. In der Schule hat er seinen Freund David kennengelernt, weil der auch anders war. Carl Jakob studierte Politikwissenschaft in Hamburg, schrieb für kleine Musikblogs, später auch für die *Financial Times*. David begann 2010 in Berlin, über Mode zu bloggen und fragte seinen alten Schulfreund, ob er nicht Lust habe mitzumachen. So fing es mit *Dandy Diary* an. »Irgendwann waren wir an einem Punkt, wo *Dandy Diary* sehr viel Arbeit gemacht hat und wir uns überlegt haben: Entweder wir stecken noch mehr Energie rein, dann können wir aber nicht mehr unsere eigentlichen Jobs machen, oder wir lassen es. Und da haben wir entschieden: Lass es uns doch probieren.«

## BLOSS KEINE VERANTWORTUNG

*Dandy Diary* wurde schnell zum erfolgreichsten Männermodeblog in Deutschland. Viele große Medien berichteten über die Aktionen der beiden. Bei ihnen war immer was los. Als wäre es das normalste der Welt, erzählt Carl Jakob von seinem typischen Alltag. Er steht gegen zehn Uhr auf, dann schreibt ein bisschen was, bespricht kostenlos zugeschickte Klamotten, telefoniert mal schnell, schreibt wieder und unternimmt dann etwas mit seinen Freunden. Das hört sich fast zu schön an. Ich frage ihn nach den ernsten Momenten: »Ein Minus auf dem Konto ist ein ernster Moment. Da merkt man: Jetzt ist gerade Ernst und es geht mal nicht um einen Witz. Das haben wir auch manchmal, wenn wir Videoprojekte machen, die immer viel Geld kosten. Zwischendurch hatten wir auch mehrere Mitarbeiter, und wenn man verantwortlich dafür ist, dass die ihr Gehalt bekommen, dann ist das sehr ernst. Da werden die Dinge dann sehr real plötzlich und deswegen wollen wir das auch nicht mehr. Diese Verantwortung nimmt uns die Leichtigkeit. Und bei uns ist die Leichtigkeit ganz wichtig. Die Möglichkeit zu sagen: Hey, wir machen jetzt mal ein paar Tage nichts. Ich glaube, das ist Teil unserer DNA. Wenn man dann verantwortlich ist für Leute, denen man Gehälter zahlen muss, passt das nicht zusammen.«

Die Mitarbeiter wurden wieder entlassen. Nur wenige Menschen können ihre Prioritäten so benennen und danach handeln. Die Karriereleiter kommt dazwischen, man wird befördert oder befördert sich selbst. Mitarbeiter werden eingestellt und plötzlich trägt man die Verantwortung, muss sie managen, muss sie bezahlen, muss sich darum kümmern, dass genügend Geld da ist. Und plötzlich ist man kein Kreativer mehr, sondern Manager. Das wollte Carl Jakob nicht sein, das hat er begriffen.

## WEM FÜHLST DU DICH VERPFLICHTET?

»Ich bin ein bisschen meinem Partner David verpflichtet. Dazu, unsere gemeinsame Sache gut zu machen und nicht völlig abzufucken. Und ich bin mir selbst verpflichtet, dass ich glücklich bin und ein gutes Leben habe. Ich bin auch gegenüber meinen Freunden verpflichtet, dass ich nicht jeden Abend, wenn ich sie treffe, dasitze und rumheule, wie schlecht mein Leben ist. Nein, es soll mir bitte gut gehen, damit ich das weitertragen kann an andere, und auch für mich selbst.«
Ich frage ihn, ob er nicht auch seinen Lesern gegenüber eine Pflicht fühlt. »Überhaupt nicht! Ich glaube tatsächlich, dass niemand ein schlechteres Leben hätte, wenn es *Dandy Diary* nicht mehr geben würde. Es würde vielleicht ein bisschen was fehlen in der Branche, aber es ist im Großen und Ganzen völlig irrelevant und egal.«
Das habe ich durch Carl Jakob und auch durch Sibylle Berg und Atze Schröder gelernt: Die Dinge, die man macht, müssen nicht den Anspruch haben, den Augenblick zu überdauern. Wenn sie für den Moment genau richtig sind, dann reicht das vollkommen aus.

CARL JAKOB HAUPT

## ES IST NUR GELD

Wir sprechen über *Dandy Diarys* aufsehenerregende Aktion gegen H&M. Nach wenigen Tagen musste das inszenierte Video, das Kinder in Indien beim Nähen einer neuen Kollektion zeigt, aus dem Netz genommen werden. Carl Jakob freut sich, dass die beiden Jungs aus Hofgeismar es geschafft haben, dem zweitgrößten Modekonzern der Welt ans Schienbein zu treten. Bei den entstandenen fünfstelligen Anwaltskosten winkt er ab: »Mir ist Geld wirklich egal. Das ist natürlich auch eine gewisse Luxusposition, weil wir irgendwie einfach Geld verdienen. Aber es ist mir egal, ob etwas viel Geld kostet oder mehr Geld kostet, als ich habe. Das ist nur Geld, es ist nicht wichtig. Ich habe viel mehr Angst vor Langeweile. Ich habe viel mehr Angst davor, keine Idee mehr zu haben, was ich sagen will. Ich mache mir auch im Vorhinein keine Gedanken darüber, was ein Anwalt kosten könnte. Bewusst nicht. Ich will mir vorher gar nicht überlegen, was schiefgehen könnte.«

» **Wenn ich mir was aussuchen könnte, das ich weitergebe, dann wäre es nicht Sicherheit. Es wäre Mut zur Freiheit.** «

## WAS MÖCHTEST DU GEWESEN SEIN?

Als ich beim Abhören des Gesprächs an dieser Stelle lande, werde ich noch schwermütiger, als ich es ohnehin gerade bin. Die Frage nach dem Ende, beantwortet von einem, der zu früh gegangen ist: »Ich glaube, ich möchte ein guter Freund gewesen sein. Ja. Ich glaube, ich wünsche ich mir, dass die Leute dann sagen: Jakob war ein guter Freund.«

## WAS LERNST DU GERADE, WAS DU NOCH NICHT SO GUT KANNST?

Langsam kommen wir zum Ende. Ich muss zum Pilates und Carl Jakob muss noch auflegen. Die Frage danach, was mein Gast gerade lernt, zählt zu meinen Schnellfragen. Oft wird es dann praktisch, aber nicht bei Carl Jakob.
»Im letzten Jahr habe ich gelernt, noch relaxter zu sein. Einfach noch mehr zu denken: Komm, ist doch eh egal. Alles ist ja egal, genauso wie alles nicht egal ist. Es kommt, wie es kommt. Das habe ich gelernt und da bin ich immer noch dabei. Ich bin saumäßig relaxt, ich bin super Zen und Buddha. Früher habe ich mich wahnsinnig oft geärgert, war wütend und hatte so einen jugendlichen Hass und Wut. Das war auch ganz oft meine Antriebskraft, aber mittlerweile bin ich easy. Ich bin tatsächlich auch angstfrei. Denn was soll kommen? Was denn? Ich habe keine Angst. Meine Kraft kommt jetzt woandersher.«
»Wo kommt sie denn her?«, hake ich nach.
»Ich habe festgestellt, dass das alles total egal ist. Ich habe nicht weniger Kraft, nicht weniger Antrieb, aber es kommt

jetzt aus einer anderen Richtung. Ich ärgere mich über gar nichts mehr. Über mich urteilt keiner. Ich bin so frei. Ich brauche noch nicht mal einen Gott, der hinterher sagt, ob es gut oder schlecht war.«

Ich frage nach, was ihm dabei geholfen hat, weil ich mir in diesem Moment nicht erklären kann, woher diese riesige Zufriedenheit und die Freiheit kommen. Er behauptet, dass er es nicht wisse, und grinst mich an. Ich glaube ihm nicht und sage das auch. Carl Jakob lächelt: »Vielleicht weiß ich es, aber ich sage es dir nicht.«

Er wusste es natürlich. Nach seinem Tod wurden Teile seines Tagebuchs veröffentlicht. Darin steht, dass er am 7. Juni 2016 erfahren hat, dass er Krebs hat.

## FREEDOM

Als Letztes frage ich auch Carl Jakob, was er auf eine große Plakatwand am Alexanderplatz schreiben würde: »Ich finde es schwierig, Gedanken und Ideen auf wenige Worte runterzubrechen, das klingt sofort nach Wahlplakat. Aber eigentlich würde ich es mit William Wallace halten und natürlich ›Freedom‹ draufschreiben.« Er erzählt, dass *Braveheart* – der Film über Wallace – der beste Film aller Zeiten sei und dass er laut »Freedom« gerufen habe, bevor man ihm die Kehle durchgeschnitten hat. »Wenn das das letzte Wort ist, was man raushaut ... Ich bezweifle, dass das dann wirklich so ist. Ich glaube, man ist im Angesicht des Todes tatsächlich doch irgendwann ängstlich und nicht so stark, nicht so *braveheart*, nicht so mutig und herzig.«

CARL JAKOB HAUPT

## FRÜHAUFSTEHER DER MENSCHHEIT

Das Gespräch ist zu Ende. Wir stehen noch ein bisschen rum. Ich schaue Carl Jakob an und merke, dass er der glücklichste Mensch ist, den ich bisher interviewt habe. Ich sage ihm das und er freut sich aufrichtig und erzählt dann von seiner Vision für die Zukunft. Ich stoppe ihn und bitte darum, dass wir das doch noch aufnehmen können, und so machen wir den Rekorder noch einmal an – für ein Dokument für die Ewigkeit: »Ich glaube, dass wir am Ende einer Epoche sind und dass in einer nicht zu fernen Zukunft ein für unsere Generation einschneidendes Erlebnis passieren wird. Was das sein wird, weiß ich nicht. Ich habe so ein Epochenende-Gefühl. Es ist, als würde die Zeit gerade stillstehen – bis irgendwann etwas passiert, was alles relativiert. Ich weiß nicht, ob das ein subjektives Gefühl ist, ob es nur bei mir so sein wird oder ob es nur unsere Generation betrifft oder doch die gesamte Gesellschaft ... Es ist die Ruhe vor dem Sturm. Es geht uns auffällig gut gerade. Das hier ist der letzte Tanz.«
Am Tag, als ich von seinem Tod erfahren habe, habe ich alle Termine abgesagt und unser Gespräch noch einmal gehört. Diese eindrückliche Stelle habe ich nicht vergessen. Ich dachte erst, dass seine Vorsehung im Angesicht seiner Krankheit entstanden ist und dass er doch eher sich selbst damit meint. Drei Jahre nach unserem Gespräch ist die Welt dem Coronavirus ausgesetzt und wir befinden uns tatsächlich in einer Art globaler Relativierung. Zu Hause in der Quarantäne merken wir, dass so vieles, was uns so wichtig erschien, doch gar nicht so bedeutsam ist. Eine Hörerin be-

zeichnete Carl Jakob als einen »Frühaufsteher der Menschheit«. Das passt.

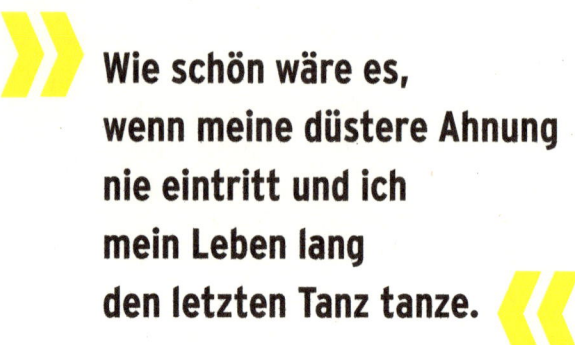

» **Wie schön wäre es, wenn meine düstere Ahnung nie eintritt und ich mein Leben lang den letzten Tanz tanze.** «

»Das wäre wahnsinnig toll, stell dir das mal vor. Und vielleicht ist das auch gut, dass ich so empfinde, weil ich dann immer das Gefühl habe: So, jetzt noch mal, eine letzte Pirouette, und wenn die ewig geht, toll … Ich glaube, da kommt was. Wenn es kommt, dann will ich dabei sein. Und wenn nicht, umso besser, weil ich es ja total schön finde hier.« Carl Jakob Haupt ist am 19. April 2019 in Bad Saarow gestorben.

# BENJAMIN VON STUCKRAD-BARRE

## ÜBER DAS SCHREIBEN, FREUNDSCHAFTEN UND DEN ZWEIFEL

Auf meiner Traumgästeliste, die ich ganz am Anfang für *Hotel Matze* gemacht habe, stehen drei Namen ganz oben. Lars Eidinger, Angela Merkel und Benjamin von Stuckrad-Barre. Im November 2018 bin ich nach Hamburg gefahren, um den zweiten meiner Oberwunschkandiaten zu treffen. Ich bin zwei Züge früher los, um mir Zeit für meine Aufregung zu nehmen, um langsam vom Hauptbahnhof nach St. Georg laufen zu können. Die Lange Reihe entlang, vorbei an der Buchhandlung Wohlers und am hippen Sneaker-Store Saint Cream. An einer Ecke entdeckte ich einen Haustierbedarfsladen mit dem Namen »Pet Shop Boyz«. Ich brauche nicht auf Google Maps nachzuschauen, um zu wissen, dass ich auf dem richtigen Weg zu Benjamin von Stuckrad-Barre bin.

Meine Verehrung für ihn hat mit seinem ersten Buch *Soloalbum* angefangen. Im Roman wird der Erzähler von seiner Freundin verlassen und versucht, sich mit Oasis zu retten. In meinem kleinen WG-Zimmer in Berlin wusste ich 1999 dank *Soloalbum*, dass es da draußen noch jemanden gibt, der die gleiche Herzscheiße erlebt wie ich. Und ich war nicht der einzige Junge, der sich dank ihm nicht mehr allein gefühlt hat – Stuckrad-Barre wurde der Popstar der neuen deutschen Literatur.

Wir treffen uns in der Lobby des Hotels *The George*. Stuckrad-Barre trägt seine weiße Signature-Jeans, dazu weiße Air Max. Er kommt gerade vom Sport, ist hellwach und checkt mich kurz ab. »Wir können auch in mein Hotelzimmer gehen.« Alles klar – ich habe scheinbar bestanden. »Hotelzimmer« heißt bei Stuckrad-Barre seine Wohnung, sein Zuhause, denn wie sein großer Held Udo Lindenberg lebt auch er im Hotel. Sein Zimmer ist eine Suite in der sechsten Etage, bestehend aus zwei mittelgroßen Räumen und zwei Balkonen. Dem Ordnungsfaktor nach zu urteilen, darf der Roomservice die Räume täglich betreten. Neben dem Sofa liegt eine Setliste von Clueso, sein Album *Handgepäck* und das neue Buch von David Sedaris. Sonst erzählt dieses Zimmer nichts über den Bewohner – denke ich zumindest jetzt. Wir setzen uns und ich erkläre Benjamin meine 24-Stunden-Regel, die besagt, dass meine Gäste einen Tag Zeit haben, um mir zu sagen, ob es etwas im Gespräch gab, was sie lieber rausschneiden möchten. Dann fangen wir direkt an. Wir wollen anderthalb Stunden reden, aber die werden nicht reichen.

**Ich habe von Benjamin von Stuckrad-Barre gelernt, wie er schreibt und wie er seine Freundschaften und seine Selbstzweifel lebt.**

## WIE SCHREIBST DU?

An Stuckrad-Barres Texten beeindrucken mich besonders seine Verletzlichkeit und seine Beobachtungsgabe. Mein Anliegen heute ist, zu begreifen, wie er das macht, wie er schreibt. Für die Arbeit an seinen letzten Roman *Panikherz* ist er ins berühmte Hotel *Chateau Marmont* nach L. A. gezogen:
»Ich habe immer morgens geschrieben, also direkt nach dem Aufwachen, ohne aufs Handy geguckt zu haben, ohne mit jemandem geredet zu haben, fast noch im Schlaf. Wenn

man dann richtig wach ist, sitzt man bestenfalls schon an einem geöffneten Dokument und hat sich selbst überlistet. Das ist am besten, weil man so ein bisschen ins Vorbewusste oder gar Unterbewusste vordringen kann, wenn man noch nicht so viel nachdenkt, sondern in der Übergangsphase von Schlaf zu Wachsein ist. Das ist ganz gut zum Schreiben.«
Vor seinem Hotelzimmer im *Chateau* hing ein riesiges Gucci-Plakat, das er von seinem Schreibtisch aus sehen konnte. Es hängt scheinbar immer dort. Er erzählt, dass Drew Barrymore auch schon in seinem Zimmer gelebt und die Dachpfannen zertreten habe. Und dass James Franco sogar dort gewohnt habe, als er selbst auf dem Plakat zu sehen war.
»Das ist ja quasi Lebensziel.«
Schon nach wenigen Minuten unseres Gesprächs verflüchtigen sich Stuckrad-Barres Gedanken hin zu ständig neuen Assoziationen, Verweisen und Winkeln. Dabei ist er zugleich Erzähler und Kommentator des Gesagten. Ich folge ihm einfach und versuche, ihn immer mal wieder zurück zum Thema zu bringen: »Ich sitz da und schreibe so vor mich hin und es gehört dazu, das Geschriebene immer wieder laut zu lesen – ich spreche die ganze Zeit beim Schreiben. Es wirkt ein bisschen, als sei man verrückt, aber es sind ja keine anderen Leute im Zimmer. Es ist ganz selten, dass man in diesen Flowzustand gerät. Man geht ja auch nicht joggen und hat nach zwei Minuten ein Runner's High. Aber wenn es klappt, dann schreibt irgendwie ein *Es*. Ja, tatsächlich. Dann ist das Sprechen und Formen im Einklang und irgendwie wissen die Finger einen Ticken vor einem selbst, was jetzt die Richtung ist.«

## FESTE ABLÄUFE

Ich finde es bemerkenswert, dass sich viele Künstler, die ich im *Hotel Matze* getroffen habe, nicht vorstellen können, in einem festen System mit Chef und festen Aufgaben zu arbeiten, sich aber trotzdem eine ziemlich strenge Routine schaffen. »Immer wenn ich in L. A. war, war der Ablauf so, dass ich bis ziemlich genau zwölf Uhr geschrieben habe und kurz davor oder kurz danach merkte, jetzt ist deutlich die Luft raus. Es gab auch ein Zwischentief um elf Uhr, wo ich mir immer einen Saft von gegenüber geholt und dann noch mal weitergemacht habe. Diese festen Abläufe sind ganz wichtig, wenn man keinen Boss hat, der einem sagt: ›So, jetzt ist Kernarbeitszeit.‹«
Nach dem Mittag ist er mit dem Fahrrad zum Pilates gefahren. »Das ist eine sehr koordinative Anstrengung und man kann dabei nicht groß wegdriften im Denken, weil du dann einfach auf die Fresse fliegst. Dabei setzt sich interessanterweise das vorher Gedachte, Geschriebene, Getane und es fällt einem irgendeine Abkürzung ein. Nach dem Sport muss ich diese Ideen sofort notieren, also noch vor dem Umziehen. Einfach nur fünf Schlagwörter, dann weiß man schon.«

## DER WORTSAMMLER

Stuckrad-Barre zeigt mir eins seiner Notizbücher, die auf dem Schreibtisch liegen. »Ich hab wirklich bestimmt hundert solcher Bücher, die ich dann im besten Fall, wenn ich wirklich im Schreiben drin bin, gar nicht mehr brauche.

Dann gucke ich da überhaupt nicht rein. Ich schreibe mir die ganze Zeit Sachen auf. Was ich gehört hab, wie jemand spricht. Was aus der Zeitung, was aus dem Fernsehen. Wörter, die ich lustig finde oder die für irgendwas stehen, was ich noch gar nicht weiß.«
Ich frage ihn neugierig, ob ich darin blättern darf – leider nicht. Stuckrad-Barre sagt, dass das Mitschreiben erst mal ein Reflex sei und dass es weniger darum gehe, sich etwas Bestimmtes zu merken. »Wenn jemand zum Beispiel *jobmäßig* sagt, dann schreib ich das auf. Das hilft später mal, ich weiß nur noch nicht wofür. Das ist das Schönste, wenn ich merke, ich kann grad viel verwenden von dem, was ich höre, denke, träume, lese. Deshalb bin ich auch so gerne in Hotels, weil ich da allein bin, aber nicht einsam.« Er vermeidet es, nachts zu schreiben, weil dann der nächste Tag zu sehr darunter leidet.

## DIE RELATIVIERUNG DER ROUTINE

Das hört sich nach einem sehr disziplinierten Leben an – was ich mir aus der Ferne gar nicht so vorgestellt hätte. »Je länger ich das mache, desto lächerlicher finde ich die ganz einfachen Antworten. Also speziell am Anfang hab ich natürlich wie jeder Anfänger die ganz großen Losungen, Motti und Methoden rausgehauen: Man muss so und so schreiben, oder natürlich schreibe ich, wenn ich über Boris Becker schreibe, über mich selbst. Das ist alles auch sehr wahr, aber vollkommen uninteressant und ich hab für alles auch sofort Gegenbeweise. Ich werde ganz misstrauisch, wenn man sich über die Form auslässt, statt einfach zu machen. Das ist dann eigentlich immer falsch. Wenn man das so genau erklärt, dann kann man sicher sein, dass man gerade nicht schreibt. Man ist dann auf einem Theorie-Kahn unterwegs.« Und auf diesem Kahn ist er nicht gern. Seine Stimmung wird ruhiger, die Gedanken denken langsamer.

»Die Tageszeiten, die wir eben so durchgegangen sind, sind ja optimal. So hab ich *Panikherz* in L. A. geschrieben, aber hier in Hamburg ist das jetzt schon wieder ganz anders. Deshalb ist das Sprechen über feste Arbeitsweisen so eine Selbsthistorisierung, die eitel ist und auch immer gleich wieder falsch. Man kann so etwas über abgeschlossene Sachen sagen, aber je nach Tageszeit, Verfassung, Laune, Verliebtheitsgrad oder Wetter zum Beispiel – echt wichtig, ehrlich gesagt – bin ich ganz panisch oder zuversichtlich, aber jedenfalls immer in einem wackligen Stadium.«

## DIE ZWEIFEL NACH DEM ZWEIFEL

Ich habe so ziemlich alles gelesen und verfolgt, was Stuckrad-Barre nach *Soloalbum* gemacht hat. Es gab Bücher mit Reportagen und Sammlungen und diverse TV-Shows, aber keinen Roman mehr. Dafür immer wieder verstörende Meldungen über Drogenabstürze, Klinikaufenthalte und erneute Rückfälle des Helden – und dann ganz lange Funkstille. Fast zwanzig Jahre nach *Soloalbum* erschien im Frühjahr 2016 endlich der neue Roman *Panikherz*. Ich bin am Erscheinungstag in den Buchladen gegangen und habe ihn gekauft, so wie man das früher beim Erscheinen eines neuen Albums der Lieblingsband gemacht hat. An einem Wochenende auf dem Land habe ich es rauschhaft durchgelesen und seitdem noch zwei weitere Male.

»Mit *Panikherz* verbinde ich eine ganz geglückte Zeit, obwohl im Zentrum des Buches eine Zeit beschrieben wird, in der es mir extrem schlecht ging. Aber der Vorgang des darüber Schreibens, das war so ein glückliches Jahr. Das ist einfach so passiert plötzlich. Nach Jahren des Rumtastens war das richtig schön, von Januar bis Dezember. Zwischendurch war es allerdings auch ganz furchtbar, weil ich überhaupt nicht wusste, ob es klappt. Ich hatte ganz viele Anhaltspunkte aus den Jahren davor, dass es eher nicht funktionieren wird, und jetzt ist es ein Buch geworden, das ich wirklich mag. Es ist ein gutes Buch, glaube ich, also innerhalb meiner Möglichkeiten. Dieser Gedanke ist zugleich auch wahnsinnig furchtbar, weil da irgendwie alles drinsteht, was ich zu dem Zeitpunkt wusste, und sehr viel mehr ist nicht dazugekommen. Dann war es das wohl jetzt. Denn immer, wenn was gelungen ist, ist das die ehrliche Rückseite davon: Scheiße, das krieg ich nicht noch mal hin. Da kann man drüber jammern und das mach ich auch, jetzt gerade zum Beispiel –, aber es hilft ja nichts. Nur weitermachen, einfach weitermachen.«

## WERKEN UND MENSCHEN FOLGEN

Stuckrad-Barre hatte seine ersten Fangefühle bei Udo Lindenberg, den sein Bruder ihm »beigebracht« hat. Voller Hingabe folgt er ihm und mittlerweile auch vielen anderen

Künstlern. In unserem Gespräch fallen so viele Namen: Helmut Dietl, WestBam, Clueso, Maximilian Hecker, Rocco Clein, David Sedaris, Yung Hurn, Lary, Thomas Bernhard, Florian Illies und natürlich Udo. Das distanzlose Fansein ist ein Bestandteil von Stuckrad-Barres Texten und ein übergroßer Bestandteil seines Lebens. Er nennt seine Idole seine Hausgötter.

»Das ist etwas, was ich als sehr schön empfinde: Werken und Menschen zu folgen. Dazu gehört das gesamte Werk inklusive der Durchhänger und alles, was noch über jemanden zu lesen ist. Jede Ausstellung, jedes Konzert, jeden Dokumentarfilm zu sehen – und dann noch mal von vorn. Das ist für mich sofort Heimat. Zum Beispiel *Holzfällen* von Thomas Bernhard, was ich einmal pro Jahr lese, das beruhigt mich wahnsinnig und ich finde es unerreicht toll. Es ist so schön, so ein Buch mit durch die Jahre zu nehmen und so einen Künstler zu haben. Es kann mir so scheiße gehen, wie es will, und es ist egal wo ich bin, wenn ich Bernhards *Holzfällen* oder Max Frischs *Montauk* zur Hand nehme, dann ist alles wieder ganz okay. So schlecht kann es einem gar nicht gehen, dass diese Bücher nicht eine Verbesserung herbeiführen.«

Wenn er Bücher lesen will, die er gerade nicht dabeihat, dann kauft er sie nach. In Berlin hat er eine Wohnung, in der er seine Bücher ablädt. Gerade war er wieder da, um zwei volle Koffer hinzubringen.

## DAS VERGLEICHEN MIT ANDEREN

Das Schwärmen geht weiter. Stuckrad-Barre lobt gerade Florian Illies in den Himmel. Ich frage ihn, ob so eine Verehrung nicht auch hinderlich für das eigene Schaffen sein kann. »Man kann sowieso nie heranreichen an die persönlichen Götter. Das ist aber auch überhaupt nicht die Idee. Das wäre ja wahnsinnig vermessen, Vollidiotentum sozusagen. ›Ich schreibe jetzt das beste Buch, das es gibt.‹ Das ist ja überhaupt kein Ansatz, sondern man sagt: ›Ich kann es eigentlich nicht und habe wahnsinnig Angst dabei, ich weiß aber, dass es mir manchmal gelingt, was zu schreiben.‹ Wenn man nicht begreift, dass das der Job ist, dann sollte man den nicht machen.«

## VON DER GROSSZÜGIGKEIT IN FREUNDSCHAFTEN

Es ist selten, dass in meinen Interviews so viele andere Namen fallen, vor allem nicht assoziiert mit Freundschaft und Verehrung. Stuckrad-Barre spricht so warmherzig über Clueso, Florian Illies und seine anderen Begleiter, dass es sich anhört, als hätte er einen ganzen Klassenraum voller Freunde. Wie viele sind es tatsächlich? »Ganz schön viele irgendwie. Aber die echten, tollen Freunde sind ja die, die man – je nachdem, welche Kurven das Leben gerade nimmt – auch mal ein, zwei Jahre gar nicht spricht, und dann läuft man sich wieder über den Weg und kann sofort, bam, weitermachen. Ich bin reich beschenkt mit tollen Freunden und habe ein paar ganz enge. Das verschiebt sich ja auch immer, je nachdem, wo wir gerade sind. Man muss sich nicht notwendigerweise zerstreiten oder überwerfen, um keinen Kontakt mehr zu haben, sondern dann ist das Leben halt gerade ein bisschen anders. Das macht aber gar nichts. Man muss da großzügig miteinander sein. Das ist meine Rettung. Ich hab ausreichend tolle Freunde.«

Mit diesen tollen Freunden pflegt Stuckrad-Barre zum Teil sehr enge Beziehungen: »Ich empfinde enge Freundschaft immer auch wie eine Liebesbeziehung. Den Anspruch hab ich, dass eine Freundschaft auch so betrieben wird. Von beiden Seiten aneinander denken, schön kitschig. Wirklich mit dem anderen mitzuleben und mal von sich selber abzusehen. Wo steckt der andere gerade? Was fällt mir dazu ein?«

## ÜBER DAS ENDE VON FREUNDSCHAFTEN

Ein enger Freund von Benjamin Stuckrad-Barre war der verstorbene Regisseur Helmut Dietl, mit dem er sehr lange Zeit eng verbunden war: »Der ist jetzt trotzdem noch dabei, ich sprech immer noch mit ihm. Ich weiß schon, dass er tot ist, aber ich sprech manchmal plötzlich bayrisch. Irgendwas von ihm ist noch dabei. Genauso auch Freunde, mit denen es auseinandergegangen ist. Nicht durch Tod, sondern durch einen Streit, durch eine Entwicklung, durch Zeit, durch das Leben. Die sind auch immer noch da und es schmerzt genauso wie der Tod oder das Ende einer Liebe, wenn etwas anderes als der Tod einen scheidet. Das ist natürlich grauenhaft bei ganz engen Freunden, mit denen man sich überwirft. Darüber gilt es zu weinen.«

»Aber manchmal kommt man wieder zusammen und kann verzeihen, oder?«, frage ich.

»Ja, aber es bleibt dann etwas Schales oder man ist etwas vorsichtiger miteinander. Und wenn all diese Versuche scheitern und man gar nicht unbedingt die Schuld verteilen will, sondern einfach nur merkt, scheiße, es ist vorbei, dann ist das natürlich auch ein Traurigsein über das Vergehen des Lebens. Das ist gar nicht so narzisstisch gemeint, nach dem Motto: Wir müssen alle sterben und ich vor allem, sondern man denkt ganz einfach: Schade, ich vermiss den. Ich vermisse aber nicht uns beide, wie wir jetzt miteinander sind, weil wir nichts mehr miteinander anfangen können, sondern ich vermisse das, was wir waren. Und ich hätte so gerne, dass wir jetzt zusammen hier auf dem Balkon stehen und eine Zigarette rauchen und dass es so wieder ist, wie es war, als es so schön war. Das ist bei Liebe und Freundschaften identisch, also den echten, großen Freundschaften, die zu Bruch gehen.«

Wir gehen auf den Balkon. Er zeigt mir die Fixpunkte seines Lebens. Hier im Viertel ist er mit Anfang zwanzig gelandet, als er von Göttingen hergezogen ist, um bei der Plattenfirma L'âge d'Or ein Praktikum zu machen. Einen Steinwurf entfernt befindet sich das *Atlantic Hotel*, wo sein Held, Freund und Retter Udo Lindenberg lebt, und direkt gegenüber ist das Hotel, wo er im Drogenrausch am Rande seiner Existenz zusammengebrochen ist. Wir befinden also uns im Zentrum von alldem. Ich schaudere kurz. Es sind nicht nur die Hausgötter, die ihm Heimat geben, sondern auch sein eigenes Schicksal. Er holt es hier in diesem Ort ganz nah an sich heran.

Nach vier Stunden beenden wir die Aufnahme. Wir sind beide wahnsinnig erschöpft. Ich frage Stuckrad-Barre zum Schluss, welchen Satz er auf eine große Plakatwand schreiben würde. »Keine Ahnung« würde er dort gerne lesen. Damit fasst er unser Gespräch und die vielen anderen in diesem Buch wunderbar zusammen. Niemand weiß so ganz genau, wie das geht, dieses Leben, und darum passt »Keine Ahnung« an dieser Stelle auch so gut. »Das beinhaltet ja zumindest die Möglichkeit, dass man diesen Zustand ändern möchte, aber auch ein Zurückschrecken vor allzu schnellen Meinungen und Erklärungen in dieser meinungsverrückten Zeit. Ein angenehmer Ansatz: Wenn man zugibt, von bestimmten Sachen gar keine Ahnung zu haben, das aber nicht stolz vor sich herträgt, sondern sagt: ›Ich möchte das gerne ändern. Bitte erklärt mir was, aber nicht mit Meinung, sondern nur die Leute, die echt was davon verstehen.‹ Das wäre toll.«

Ich laufe die Lange Reihe entlang zurück zum Hauptbahnhof. Im Schaufenster vom Sneaker-Store sehe ich die weißen Turnschuhe von Nike, die mein Hausgott Stuckrad-Barre anhatte. Ich gehe rein und kaufe sie mir zur Belohnung.

Wie komme ich jetzt an Angela Merkel ran?

# ZUM SCHLUSS

Um den größten Teil des Buches zu schreiben, bin ich nach Brandenburg in die Einöde gefahren. Meine Freundin Franziska hat hier ein kleines Landhaus. Das Dorf, in dem es sich befindet, besteht aus zwei Straßen, die um einen kleinen See führen. Der nächste Supermarkt, die nächste Kneipe, das nächste Irgendwas sind zehn Kilometer entfernt, und da ich kein Auto habe, war ich einige Wochen lang einfach nur in diesem Dorf. Entweder saß ich am großen Esstisch, war im Wald unterwegs oder im Bett.

Mein Freund David hat mich in der zweiten Woche besucht. Er fragt mich, wie mein Tag hier so sei. Ich erzähle ihm, dass ich von Stuckrad-Barre ja gelernt habe, dass man direkt am Morgen nach dem Aufwachen schreiben sollte, und dass ich das mache. David fragt weiter, ob ich denn Zweifel beim Schreiben hätte, und ich erzähle von Doris Dörrie, von der ich gelernt habe, dass man in einen Zustand des Schreibens ohne Nachdenken kommen muss, dass ich diesen Rat befolge und dass er ziemlich gut funktioniert. David will wissen, ob ich denn nervös sei, und ich antworte, dass das Buch das Beste ist, was ich jetzt machen kann, dass ich stolz darauf bin und nicht mehr tun kann. »Das kommt doch von Kim Frank?«, hakt er nach. Genau! In diesem Moment wird mir noch mal deutlich, wie viel von dem, was meine Gäste mir geschenkt haben, mir allein beim Schreiben dieses Buches geholfen hat.

David wollte auch wissen, welche wiederkehrende Gedanken mir bei meinen Gästen aufgefallen sind. Die Quintessenz aus dem *Hotel Matze* sozusagen. Et voilà:

1. Meine Hotelgäste wissen sehr genau, was ihre Stärken und Schwächen sind, und sie versuchen, die Stärken zu stärken, statt sich auf die Schwächen zu konzentrieren. Sie wissen, was sie wann am besten können und was sie brauchen, um »gut« zu sein.

2. Viele meiner Gesprächspartner haben sich stark mit sich selbst auseinandergesetzt, oftmals auch in Form einer Therapie. Sie tendieren dazu, Dinge, die sie einschränken, näher an sich ranzuholen und sie so in den Griff zu bekommen, anstatt sie zu vergraben.

3. Die Existenzangst bleibt! Egal ob es dabei um Finanzen geht, um den eigenen Einfallsreichtum oder um die Aufmerksamkeit des Publikums. Am Anfang der Karriere geht es darum, gesehen zu werden und von seinen Ideen leben zu können. Wenn man das mal erreicht hat, kommt die Angst, alles wieder zu verlieren. Ich frage mich, was die Kunst wohl ohne die Existenzangst wäre?

4. Die meisten Menschen, mit denen ich gesprochen habe, begreifen ihre Arbeit als Handwerk und weniger als Kunst. Darum spielen Routinen, Strukturen und Fleiß so eine große Rolle. Jeder hier weiß, wie viel Arbeit wirklich in kreativer Arbeit steckt.

5. Apropos Fleiß: Nur sehr wenige meiner Gesprächspartner gönnen sich längere Auszeiten. Auffällig ist, wie viel sie alle arbeiten, gerade in jungen Jahren. Es gehört scheinbar dazu, sich zu übernehmen – auch um heraus-

zufinden, was man wirklich machen will. Über Urlaub spricht niemand.

6. Meine Hotelgäste nehmen ihre Arbeit sehr ernst, sich selbst jedoch überhaupt nicht. Eine gute Dosis Humor und Albernheit sind wichtig.

7. Kaum jemand fokussiert sich nur auf eine Sache. Kaum jemand ist nur Buchautor, nur Moderator, nur Schauspieler. Es besteht immer die Lust, sich auch auf anderen Spielwiesen voll auszutoben. Manche spielen dabei auch weit über das Spielfeld hinaus.

8. Meine Gäste wollen immer dazulernen, Dinge verstehen und durchdringen. Ganz oft ist der Antrieb für eine Entscheidung, dass sie inneres Wachstumspotenzial bietet. Manchmal ist es natürlich auch nur Geld. Aber darüber sprechen hier die wenigsten.

9. Alle meine Gäste haben ihren eigenen Umgang mit Kritik gefunden. Manche beschäftigen sich gar nicht mehr damit, andere betrachten die Kritik als einen Kommentar zu ihrem Werk (Christian Ulmen) und manchen verhilft sie zu neuen Erkenntnissen (Atze Schröder). Besonders schön fand ich den Gedanken von Frank Elstner, der sagte, dass er schlechte Kritiken schnell und gute Kritiken langsam lese.

10. Berufliche Erfolge wie Auszeichnungen, Aufstiege und Applaus machen am Ende nicht nachhaltig glücklicher

und zufriedener. Es sind andere Dinge im Leben, die uns wärmen und die es zu finden gilt.

11. Was mir bei all den großartigen Menschen am häufigsten begegnet ist: Sie trauen sich, wirklich einzigartig zu sein. Ob in Büchern, Filmen, Kollektionen, Bildern, Texten oder ihrem Engagement – es geht immer um die eigene Sicht auf die Welt, mit den eigenen zur Verfügung stehenden Mitteln und den Mut, sich zu trauen, diese Sicht mit der Welt zu teilen.

Morgen packe ich meine Sachen, fahre zurück in die Stadt und lasse den Alltag wieder beginnen. Ich hoffe, du hattest eine gute Zeit in der Schule meines Lebens. Ich bin sehr gespannt zu erfahren, welche Stellen du dir angestrichen hast und was du daraus machst. Das Buch zu schreiben hat mir wahnsinnig viel Freude gemacht. Jetzt, am Schluss, kann ich es ja verraten: Mein Wunschort dafür ist die Toilette oder der Nachttisch, wo es einfach liegen bleibt und du ab und zu mal darin blätterst. (Schick mir gern ein Foto! *@matzehielscher*)
Ich freue mich, dass ich bald wieder mit Menschen in meinem imaginären Hotelzimmer sitzen werde. Die Schule geht natürlich weiter. Ich werde davon berichten – im Podcast, und vielleicht auch in einem neuen Buch.

Vielen Dank fürs Dabeisein!
*Dein Matze*

# DANKE

Mein größter Dank gilt natürlich meinen Hotelgästen, deren Geschichten, Erkenntnisse, Werke und vor allem Mut mir sehr viel geschenkt haben. Ich danke euch für euer großes Vertrauen, für eure Zeit und eure großartige Arbeit. Ihr seid eine immense Bereicherung!
Danke an meine Frau Stephanie und meinen Sohn für die Liebe, die Freiheit und den Kuchen.
Danke an meine Lektorin Anja Hänsel und die netten und entspannten Menschen beim Piper Verlag. An meine Agentin Kristine Meierling, an Pablo Lüttkenhaus für das Cover, an Eye Candy für das Foto, an Jeanette Severin und Katja Born für die Hilfe beim Transkribieren, an meine Schwester Mareen Hielscher, Heike Faller, Stefanie Luxat und an David Noel für die wohlwollenden, kritischen Kommentare. Und an die Familie Hardenberg für das Haus in Brandenburg.
Danke an Annie Hoffmann für die redaktionelle Unterstützung und an Jan Köppen für die Titelmusik beim Podcast, meinen Booker Alexander Kralisch, an meinen Dauergast Philip Siefer, an meinen Partner Pierre Türkowsky und die vergnügte Gang dafür, dass ihr mich nicht angerufen habt.
Und ein bewunderndes High Five an meine liebsten Interview-Podcaster Tim Ferriss, Dax Shepard, Joe Rogan, Terry Gross, Marc Maron, Christoph Amend, Jochen Wegner, Eva Schulz, Philipp Westermeyer und Bettina Rust.

*www.hotelmatze.de*